예측의 역사

A Short History of
PREDICTION

점성술부터 인공지능까지
인간은 어떻게 미래를 예측해왔는가

예측의 역사

마틴 반 크레벨드 지음
김하현 옮김

ᕫ현암사

예측의 역사

초판 1쇄 발행 · 2021년 12월 15일

지은이 · 마틴 반 크레벨드
옮긴이 · 김하현
펴낸이 · 조미현

책임편집 · 김호주
표지 디자인 · ZIWAN

펴낸곳 · (주)현암사
등록 · 1951년 12월 24일 (제10-126호)
주소 · 04029 서울시 마포구 동교로12안길 35
전화 · 02-365-5051 팩스 · 02-313-2729
전자우편 · editor@hyeonamsa.com
홈페이지 · www.hyeonamsa.com

ISBN 978-89-323-2187-5 (03900)

에리히 바드와 안네케 바드에게

차례

일러두기

- 본문 중 [ ]와 ( ) 속 설명은 저자가 직접 쓴 것이다. [ ]는 주로 누락된 인용문에 대한 보충으로, ( )는 의미를 설명할 때 쓰였다.
- 페이지 하단의 각주는 모두 옮긴이주다.
- 본문에 언급되는 책의 원제는 가능하면 원어를 병기하였으나, 원제를 알기 어렵거나 영어 제목의 접근성이 높은 경우 영어로 병기하기도 하였다.
- 원문 중 그리스 문자, 히브리 문자 등 국내 독자가 읽기 어렵다고 여겨지는 것들은 로마자로 변환하여 표기하였다.
- 인명과 지명 등은 국립국어원의 외래어 표기법을 따랐다.

머리말

신을 웃기고 싶은가? 그럼 신에게 당신의 계획을 말해보라.

— 우디 앨런

이 책의 아이디어가 처음 떠오른 건 2017년 중반쯤이었다. 내 학생이기도 했던 저명한 학자 유발 노아 하라리의 3부작 중 2부인 『호모 데우스*Homo Deus*』가 아이디어의 모체였다. 책을 읽는데 머릿속에 똑같은 생각이 계속 떠올랐다. 유발 하라리는, 그리고 그와 비슷한 시도를 한 많은 사람들은 미래에 벌어질 일을 어떻게 아는 걸까? 미래학자 레이 커즈와일과 스티븐 호킹, 소설가 H. G. 웰스와 쥘 베른은 어떤가? 노스트라다무스와 미래를 예언한 수녀 빙겐의 힐데가르트, 로마의 점쟁이들, 그리스의 여성 사제 피티아, 히브리의 예언자들, 칼데아의 점성술사들은? 그들의 예언에는 어떤 가정이 깔려 있을까? 그들은 어떤 종류의 추론을 적용하고 어떤 방법을 사용할까? 생각하면 할수록 어려운 질문 같았다. 내가 이 질문들과 씨름할 용기를 낸 것은 그것이 정말 멋진 도전처럼 보였기 때문이었다.

　미래를 내다보고자 하는 의지와 그 능력은 개인과 집단으로서의 인간 삶에서 결코 과장할 수 없는 크나큰 역할을 한다. 그 이름이 예측이든 예지력이든 선견지명이든 예보든 예언이든 간에, 우리가 아는 인간의 삶은 이것 없이 절대 존재할 수 없다. 목표를 설정할 수 없고 목표 달성을 위한 활동에 착수할 수도 없으며 그 목표를 이루거나 이루지 못했을 때 발생할 결과도 고려할 수 없다. 위협과 위험 요소를 파악한 뒤 맞서거나 피할 수도 없다. 이건 우리가 처음 인간이 됐을 때나 지금이나 마찬가지다. 아마 우리가 인간으로 남아 있는 한 앞으로도 쭉 마찬가지일 것이다. 간단히 말하면, 예지력과 그 능력을 행사하려는 시도 없이는 우리가 '생각'이라 여기는 것의 상당 부분이(아마 대부분이) 존재할 수 없을 것이다. 소포클레스의 비극『안티고네*Antigone*』에서 코러스는 이렇게 노래한다.

"영문을 모르고 걷다가 뜨거운 불에 발을 데게 된다네."[1]

일부 철학자와 과학자는 여기서 더 나아간다. 그들은 미래, 즉 아직 존재하지 않는 것을 예측하고 그에 따라 행동할 수 있는 능력이 인간에게만 있다고 보지 않았다. 그들은 이 능력이 불가사의하고 무어라 정의 내리기 힘든 '생명'이라는 현상의 본질이자 특징이라고 생각한다.[2] 어쨌거나 우리 시대는 이른바 포스트휴머니즘의 시대다. 진화상의 인간 선조 및 우리와 그들 사이의 공통점을 다시금 강조하는 것이 바로 포스트휴머니즘의 주요 토대 중 하나이며, 구체적으로는 우리의 뇌가 "선형적으로 확대된" 영장류의 뇌에 불과하고[3] 영장류의 뇌 또한 선형적으로 확대된 척추동물의 뇌에 불과하다는 믿음이 여기에 포함된다. 그리고 이렇게 가다

보면 길버트와 설리번이 쓴 유명한 오페레타 대사 "원시적인 원형질의 원자 덩어리"까지 거슬러 올라가게 된다. 그 결과, 최근까지만 해도 오직 인간만의 것으로 여겼던 다양한 특징이 이제 어느 정도는 다른 많은 동물도 공유하는 것으로 여기게 되었다. 예를 들면 공감 능력과 이타심, 사고력이 그렇다. 놀랍게 들릴지 모르겠지만 도덕성도 마찬가지이며, 많은 사람이 도덕성의 근원이라고 믿는 종교적 감정도 마찬가지다. 현존하는 최고의 보노보 전문가에 따르면 보노보 무리에서도 희미한 형태의 종교적 감정을 발견할 수 있다.[4]

예지력도 이러한 특징 중 하나다. 적어도 고대 그리스 시대부터 전 세계 문화권에서 날씨와 난파 사고, 지진처럼 인간 삶을 위협하는 중요한 사건을 예측하는 능력이 여러 동물에게 있다고 믿었다. 그것이 사실인지 아닌지에 대한 과학적 의견은 여전히 분분하다.[5] 하지만 일부 동물, 특히 다람쥐와 까치가 먹이를 저장해두었다가 나중에 찾아 먹음으로써 예지력을 발휘한다는 사실은 이미 잘 알려져 있다. 어류학자들이 실시한 몇몇 실험은 물고기 역시 미래를 내다볼 수 있음을 보여준다. 특정 상황에서 특정 목표가 있을 때, 최소한 어느 정도는 그렇다. 어떤 종류의 물고기들은 어째서인지 자기가 사는 해안가의 못이 곧 마르리라는 것을 인지하고 바로 옆의 못으로 점프한다(옆에 못이 있다는 사실을 어떻게 아는지, 그 못으로 어떻게 넘어가는지 역시 미스터리지만 그건 여기서 다룰 문제가 아니다). 다른 물고기들도 이런저런 것을 위한 자기 차례를 기다릴 줄 아는데, 이를 통해 물고기가 '미래'라는 것의 존재와 미

래에 일어날 일을 어느 정도 짐작한다는 사실을 알 수 있다.[6]

그러나 여전히 질문은 남는다. 독일 오버하우젠의 수족관에 살며 먼 미래를 내다본 경이로운 문어 '파울'은 수많은 축구 경기의 결과를 정확히 예측했다. 그렇다고 해서 엄밀히 말하면 뇌조차 없는 연체동물에게 예지력이 있다고 (그리고 우리 인간이 연체동물과 같은 수준이라고) 봐도 되는 걸까? 그렇다면 가장 단순한 형태의 생명인 세균과 바이러스는 어떤가? 세균과 바이러스도 앞으로 일어날 일을 미리 예견해서 그에 따라 행동을 수정하나? 그게 아니라면 열이나 압력, 습기, 산 같은 자극에 반응하는 작은 단백질 덩어리일 뿐일까? 지금껏 실험한 모든 척추동물에게 특정 신호와 뒤이은 사건을 연결하는 능력이 발견된 것은 사실이다. 그 동물들은 자기 행동의 결과를 몇 분이나 최소 몇 초 일찍 예측하기도 했다.[7] 하지만 주술사와 예언가, 점성술사, 미래학자가 하는 방식처럼 미래에 일어날 일을 알아내는 유인원은 아직 발견되지 않았다.

몇 년 전부터 전 세계 수천수만 명의 과학자가 '뇌는 그저 전기화학 장치에 지나지 않음'을 입증하려고 인간과 비인간의 뇌에 온갖 짓을 시도하고 있다. 그 반대쪽에서는 수천수만 명의 컴퓨터 엔지니어가 인간만큼, 또는 인간보다 더 잘 '사고'할 수 있는 장치를 개발하려고 노력 중이다. 체스와 바둑을 두고 상식 퀴즈를 푸는 프로그램의 등장과 인공지능의 놀라운 업적을 보면 성과가 아예 없었던 것은 아니다.

하지만 여기에는 한계가 있는 듯 보인다. 모든 컴퓨터가 제 일을 하는 것은 프로그래머가 버튼을 누르고 편히 기대 앉아 쇼를

즐기기 전에 컴퓨터가 따라야 할 이러저러한 명령을 미리 입력해 두었기 때문이다. 컴퓨터는 미래에 일어나리라 예상하거나 일어 났으면 하고 바라는 내용이 아닌, 과거에 입력된 명령에 따라 작동한다. 컴퓨터에 기억장치는 있어도 본인이 직접 선택해서 추구하는 목표나 예지력은 없다. 컴퓨터는 그 무엇도 추구하거나, 기대하거나, 예상하거나, 의도하거나, 기다리지 못한다. 컴퓨터는 앞에서 뒤로 진행하는 것이지 뒤에서 끌어당기는 것이 아니다. 즉 컴퓨터는 언제나 처음이 끝을 설명해주지, 끝이 처음을 설명해주지 않는다. 컴퓨터가 '아는' 것이라곤 x 다음에는 반드시 y가 온다는 것뿐이다. 다른 저자들이 무어라 말하든, 컴퓨터에는 이 책의 주제, 즉 의미와 예지력이라는 능력을 행사하고자 하는 '의지'가 없다. 상황이 곧 바뀔 것 같지도 않다. 전부는 고사하고 이 중 하나라도 가능한 컴퓨터를 만드는 것은 상상조차 불가능할 정도로 아직 요원하다. 앞에서 말한 과학자와 엔지니어들이 수십 년간 애써왔음에도 그러한 컴퓨터 제작에 1인치나마 가까워졌는지도 알 수 없다. 외계 문명이 발견되지 않는 한, 우리 인간이 하듯 미래를 내다보는 능력과 그러고자 하는 의지는 오직 인간만의 것으로 보인다.

17세기의 위대한 철학자이자 정치학자인 토머스 홉스는 미래를 내다보고자 하는 욕구가 "끝없는 공포"에서 비롯된다고 말했다. 이 공포는 "죽음과 빈곤, 그 밖에 다른 재앙에 대한" 공포다. 홉스는 인간의 이 공포가 "잠시라도 멈추는 일이 없고, 불안도 사라지지 않으며, 그저 인간은 잠들 뿐"이라고 말한다. 그게 다가 아니다. 독수리가 프로메테우스의 간을 물어뜯으며 프로메테우스의 정신을 각종 미신 앞에 활짝 열어놓듯이, 이 공포 또한 매일 인간을 '물어뜯는다'.[8] 예를 들면 정치인과 고위 관료는 전쟁이 일어날 것인지, 만약 일어난다면 언제 어떤 양상을 띨 것인지를 가능한 한 미리 예측하고자 노력해야 한다. 증권 중개인은 시장이 어디로 향할지, 언제 방향을 바꿀지를 확실히 알 수만 있다면 달이라도 따주려고 할 것이다. 농부들은 다가올 계절이 가물지 비가 잦을지 알고 싶어 한다(참고로, 이것은 가장 뛰어난 기상학자에게도 몹시 어려운 일이다.) 공중보건 전문가들은 지금부터 몇 년 뒤에 입원이 필요한 환자의 수가 늘어날지 줄어들지를 미리 파악하려고 애써야 한다. 그리고 사실상 우리 모두는 (병원에 입원한 환자와 교도소에 수감된 죄수를 제외하면) 날씨에 맞게 옷을 입고 계획을 짜기 위해 내일의 날씨를 알고 싶어 한다.

장 자크 루소에게 예지력은 "인류의 모든 지혜, 또는 고통의 근원"이었다.[9] 물론 그의 말은 옳다. 하지만 그건 답의 일부일 뿐이다. 인간이 미래를 내다보고 싶어 하는 것은 오직 유용성 때문만이 아니다. 예측은 아마도 주로 호기심 충족에 관한 문제이기도 하다. 담장 위로 목을 길게 빼고 건너편에 무엇이 있는지 알아내려 하는 것, 많은 SF 작가들이 썼듯 무언가 새롭고 다르고 예상치 못한 것과 맞닥뜨리는 스릴을 경험하는 것, 심장이 빠르게 뛰고 눈이 커다래지고 폐가 거칠게 호흡하고 입이 딱 벌어지고 말을 못 할 정도로 목구멍이 좁아지고 두 다리가 사라진 듯한 느낌이 들게 하는 무언가. 이런 반응들은 희망과 사랑, 경이가 불러일으키는 반응과도 흡사하다. 하지만 동일한 것은 아니다. 즉, 미래 예측은 그저 수단이 아니다. 어느 정도 미래를 예측하지 않고서 우리는 존재할 수 없지만, 미래 예측은 그 자체로 하나의 목표이기도 하다. 미래를 예측할 때 우리는 삶에서 다른 활동을 할 때만큼이나 충족감과 즐거움을 느낀다.

하지만 이것조차도 문제의 핵심이 아닐 수 있다. 포스트휴머니즘의 관점을 잠시 옆으로 치워두면, 미래에 유혹을 느끼는 능력은 인류를 정의하는 특성 중 하나라는 결론을 내릴 수 있을 것이다. 도덕성, 또는 선과 악을 구분하는 능력만큼이나 그렇다(「창세기」와 『성경』 전반). 노인과 손윗사람을 공경하는 마음만큼이나 그렇다(공자). 이성적 사고력만큼이나 그렇다(플라톤과 아리스토텔레스). 신에 대한 믿음(성 아우구스티누스), 유머 감각과 웃을 수 있는 능력(라블레), 자아감이나 의식, 또는 자유의지(데카르트), 먹고살기 위해 일하고 생산하는 능력(마르크스와 엥겔스), 창조하고 아름다움을 감상하는 능력(니체), 죄책감과 수치심, 후회를 느끼는 능력(프로이트)만큼이나 그렇다. 즉, 미래에 무슨 일이 벌어질지를 파악하고자 고안한 방법들을 추적함으로써 우리는 인간의 본성을 들여다볼 수 있다.

나는 이 책에서 미래를 예측하려는 시도를 철학적으로 논하려는 것이 아니다(수백 년, 어쩌면 수천 년간의 사색에도 불구하고 아직 적절한 답을 얻지 못한 매우 어려운 문제다). 미래를 예측하는 여러 방법이 얼마나 좋고 나쁜지, 또는 그동안 얼마나 발전해왔는지를 알아보려는 것도 아니다. 두 과제 모두, 특히 후자는, 수천 가지 분야에서 수천 명의 전문가가 이미 수천 번 시도했다. 들어맞거나 들어맞지 않은 예측의 사례를 모아두려는 것도 아니다. 이 또한 이미 수천 번 시도된 일이며, 관련자를 지나치게 추켜올리거나 지독히도 부당하게 평가하는 방식인 경우가 많았다.[10]

그 대신 나는 역사적 접근법을 취하고자 한다. 내가 하려는 것은 미래를 예측하는 몇 가지 방식이(몇 가지를 추려낼 수밖에 없는데, 그 가짓수가 수천 가지에 이를 것이기 때문이다) 언제, 어디서, 왜, 어떻게 비롯되었는지를 가능한 한 파악하는 것이다. 또한 여기에 더해 그 방법들의 토대가 된 원칙이나 신념, 방법들 간의 관련성, 그러한 방법을 방해하는 장애물이 만만치 않은 이유, 미래를 내다보는 인간의 능력이 수 세기 동안 진보해왔는가를 알아볼 것이다. 연구를 마무리하고 또 나의 호기심을 충족시키기 위해, 만약 미래 예측이 그 목표를 달성한다면, 즉 확실성을 얻고 불확실성을 영원히 제거한다면 이 세계가 어떻게 변할지에 관한 내용도 포함했다.

무엇보다도, 우리 대부분이 이미 익숙하거나 당연히 여기는 것과는 다른 미래 예측 방식에 독자들이 관심을 갖기를 바란다. 그럼으로써 오직 '깊이 있는' 비교를 통해서만 얻을 수 있는 관점을 제공하고, 어쩌면 독자의 기존 관점을 수정할 수 있기를 바란다. 이러한 관점을 가진 사람은 매우 드물며, 그동안 이러한 관점을 독자에게 제공하고자 하는 사람은 더더욱 드물었다.

이 주제를 파헤치기 전에, 두 가지 매우 중요한 단서를 달고자 한다. 먼저, 이어질 내용에서 물리법칙에 너무 단단히 뿌리박고 있어서 기적이 일어나지 않는 한 틀림없이 발생할 미래나 너무 근접한 미래는 논하지 않을 것이다. 불의 속성을 완전히 이해하기 훨씬 전에도 사람들은 불에 손을 넣으면 화상을 입을 것임을 잘 알았다. 뉴턴이 중력을 발견하기 훨씬 전에도 사람들은 지붕에서 뛰면 땅으로 떨어지리란 것을 알았다. 이쪽으로 날아오는 포탄 앞에 서 있으면 포탄에 맞고, 번개가 치면 오래지 않아 천둥이 따라온다. 이런 종류의 미래를 내다보는 데에는 특별한 생각이나 방법이 필요치 않다. 그저 삶을 어느 정도 산 사람이 다음 24시간 동안에도 생존하기 위해 반드시 지녀야 할 약간의 경험만으로도 충분하다.

두 번째로, 이 책의 목적은 역사를 통틀어 미래 예측에 사용된 주요 방법들 뒤에 어떤 추론 과정이 있었는지를 살펴보는 것이다. 사기꾼이 자신의 미래 예측 방법이 진짜라고 믿도록 사람들을 속인 방식은 다루지 않는다. 자신이 원하거나 필요로 하는 예측을 얻으려는 의뢰인이 예언가에게 영향력을 행사하고 그를 통제한 방식도 다루지 않는다. 즉 사기꾼과 사기, 또는 권력자에게 진실을 말하는 어려움에 대해서는 새로운 사실을 밝히지도, 논하지도 않을 것이다.

이런 문제가 존재하지 않는다는 뜻이 아니다. 이런 일들은 과거에도 있었고 지금도 있다. 기원전 2050년에 세워진 이집트 중왕국 시대에도 수많은 옛 예언을 끄집어내 기록 시기를 수백 년 전으로 앞당겼다. 그리고 그 예언에 얼마간의 진정성을 부여하기 위해 당시 상황에 맞게 예언을 끼워 맞추려고 노력했다.[1] 그보다 훨씬 뒤 『구약』도 똑같은 운명을 맞이했다. 「이사야」는 연대순이 너무 수상해서 현대 학자들은 다른 시대를 살았던 두 명, 심지어 세 명의 예언자가 쓴 것이라는 결론을 내렸으며,「다니엘」을 비롯한 다른 여러 예언서도 마찬가지다. 가장 흥미로운 사례는「신명기」다.(18:22)「신명기」는 실제보다 기록 시기가 수 세기 앞당겨졌는 데, '진짜' 예언자와 '가짜' 예언자를 어떻게 구분할 수 있는지 이 야기한다.

기원전 705년부터 681년까지 아시리아를 통치한 센나케리브 왕은 의심할 여지 없이 사기를 예방하려는 목적에서 후계자 에사 르하돈(기원전 681~669 재위)에게 점성술사들을 '서너' 그룹으로 나누라고 조언했다. 점성술사들이 서로 소통하지 못하게 막음으로써 언제나 원하는 결과를 얻을 수 있다는 것이었다.[12] 훗날 왕이 된 에사르하돈의 점성술사 중 한 명이 그에게 편지를 보내 월식이 다가올 것이고, 그 결과 홍수가 날 것이라고 말한다. 그리고 자신 이 "아무도 모르게끔 여기 바빌로니아에서 한밤에 둑을 뚫겠다" 라고 말한다![13] 수많은 사람이 이와 비슷한 속임수를 사용했으며 오늘도 매일 사용하고 있다. 앞선 사례들이 보여주듯이, 미래학자 들에게 맡기기에는 미래가 너무 중요해서 이들을 철저히 통제하 거나 심지어 입을 막는 때가 있고, 또 어떤 때에는 온갖 종류의 선 지자와 미래 예측 전문가가 자신을 믿어달라고 고용주와 의뢰인 을 설득하기도 한다. 어느 쪽이든 간에 이는 타인을 마음대로 쥐 고 흔드는 일부 사람들의 문제다.

하지만 프톨레마이오스가 점성술을 변호하며 말했듯이 인간 의 다른 모든 활동에도 마찬가지 어려움이 있다.[14] 이 세계가 존재하는 한 사기꾼도 늘 존재한다. 이들은 터무니없는 전제에 기대 추종자들에게 즉각적인 부에서부터 건강, 심지어 지고의 목표인 구원에 이르기까지 온갖 종류의 이익을 약속한다. 하지만 그렇다고 해서 의학과 경제학, 신학의 역사를 조사할 수 없거나 조사해선 안 되는 것은 아니다. 19세기 초에 그 유명한 '터키인' 인형이 스스로 체스를 둘 수 있다고 사람들을 속인 적이 있다고 해서 인공지능의 역사를 추적하는 것이 무가치해지는 것은 아니다. 20세기 초반에 한스라는 이름의 영리한 독일 말이 주인이 보내는 신호에 따라 수학 문제를 푼 것으로 밝혀졌다고 해서(주인이 의도한 것은 아니었다) 말의 사고방식을 이해하려는 노력을 멈춰야 하는 것은 아니다.[15]

게다가 사기 행위는 사람들의 신념에 맞게 맞춤 제작된다. 이러한 이유로 사기는 사람들의 신념을 훤히 드러내줄 수 있다. 어떤 경우에는 사기가 아닌 행위보다 그 역할을 더 잘 해내기도 한다. 그렇기에 이 책에서는 그 두 가지를 굳이 명확히 구분하려 하지 않았다. 미래를 내다보고자 하는 인간의 바람에 대해, 인간이 미래를 예측하기 위해 만들어낸 방법에 대해, 그 방법들이 서로서로, 크게는 문명과 관계 맺는 방식에 대해 생각해보는 것은 곧 인간성의 본질을 파고드는 것과 같다. 이 책에 어떤 의미가 있다면, 그 의미를 부여해주는 것은 바로 이러한 사실일 것이다.

1부

미스터리한 여행

1

영과 소통하는 존재, 샤먼

이번 장의 주제이자, 미래를 내다보는 '방법' 중 하나인 샤머니즘이 '샤먼'이라는 단어에서 나왔음은 굳이 설명할 필요가 없을 것이다. 시베리아의 퉁구스어에서 사만samân은 '흥분하고, 동요하고, 고양된 사람'이라는 뜻이다. 한 현대 학자는 샤먼을 '스스로를 치료하다'라는 뜻의 고대 인도어와 관련지었다. 또한 샤먼은 '노래'라는 뜻의 산스크리트어 단어 사만saman과 관련이 있을 수도 있다.[1]

처음으로 샤먼 개념을 단어에 편입시키고 샤머니즘이 무엇인지 설명하려 했던 서구인은 17세기 말과 18세기 초에 시베리아를 찾은 탐험가들이었다. 유명한 독일인 의사인 다니엘 메서슈미트를 비롯한 일부 탐험가들은 표트르 1세와 그 후계자들의 명령을 따랐다. 그들의 임무는 잘 알려지지 않은 시베리아 지역의 지리와 민족을 묘사하고 그곳에 있을지 모를 유용하고 희귀한 것들의 정보를 가져오는 일이었다. 그 외의 초기 탐험가들은 선교사거나 전쟁 포로였다.

서구인이 샤머니즘을 이해한 방식은 시대에 따라 바뀌었는데, 크게는 다섯 단계로 구분된다. 약 1700년부터 진행된 세속화 이전에 시베리아 및 지구 다른 곳의 샤먼들은 종종 자기 자신과 타인 모두에게 위험한 악마의 특사로 여겨졌다. 샤먼이라는 단어를 처음으로 공식 사용한 러시아 주교 아바쿰 페트로비치는 샤먼이 "마술을 부려 악령을 불러들이는 악마"라고 적었다.[2] 심지어 일부는 샤먼을 사탄으로 여기기까지 했다.

고향으로 돌아와 자기만의 설명을 내놓은 계몽주의 시대의 여행가와 학자들은 정반대 견해를 취했다. 그들은 샤먼에게도 나름의 이유가 있을 거라고 확신했고, 샤먼을 기이하고 불길한 꿍꿍이가 있는 악마의 창조물이 아니라 그저 어처구니없는 사기꾼으로 여겼다. 이를 통해 샤먼이 각기 다른 언어에서 그 이름을 얻게 된 이유를 알 수 있다(이탈리아어로는 조콜라레giocolare, 프랑스어로는 종글뢰르jongleur, 독일어로는 가우클러Gaukler, 영어로는 위저드wizard). 예카테리나 대제는 이러한 관점에서 희극을 쓰기까지 했는데, 이렇게 함으로써 본인이 미신에 '큰 타격'을 주었다고 적었다. 또한 예카테리나 대제는 자기 권리를 더욱 강화해 아무에게도 알려지지 않은 광활한 동쪽 땅으로 자신의 계몽주의 원칙을 확장시키려고 했다.[3] 일부는 샤먼이 거짓 주장을 한 것에 대한 처벌을 받아야 한다고 주장하기도 했다.

하지만 이건 시작일 뿐이었다. 19세기의 식민지 행정부와 인류학자들은 러디어드 키플링의 말처럼 샤머니즘이 "반은 악마이고 반은 어린애"인 정신의 산물이라고 생각했다. 이들은 그러한 관습을 인간성과 상식에 맞지 않는 '혐오스러운 것'으로 여기고 최선을 다해 억압했다. 나머지 사람들은 샤머니즘을 우스워하며 참아주거나, 때로는 '순진한' 원주민을 통제하는 방법 중 하나로 활용하기도 했다. 그러다 세기가 바뀔 때쯤 이른바 샤먼의 내면을 들여다보려는 경향이 점점 커지기 시작했다. 그 목표는 문화적 간극에 다리를 놓음으로써 샤먼의 사고방식과 그들이 사회에서 맡는 역할을 이해하는 것이었다.

약 1970년부터 다문화주의와 다양성 및 '뉴에이지' 개념이 등장하면서 이러한 경향이 점차 더 힘을 얻었다. 샤먼이 옛날 옛적의 좋거나 나쁜 유물로 묘사되는 빈도가 줄고 점점 현자, 치유자, 선생, 지도자, 예술가를 하나로 합친 존재로 찬양받기 시작했다. 샤먼은 '자연'에 더 가까웠고, 그러므로 아주 오래전부터 과학과 기술을 사용한 서구인보다 훨씬 진실하고 정당했다. 또한 샤먼은 자신을 믿고 조언을 구하는 사람들의 사회적·심리적 필요에 정통했으며 그 조언은 날씨와 기후, 동물, 식물, 음식, 약용 식물, 독약, 다양한 무기질 등 그들이 살고 있는 지역의 온갖 자잘한 요소를 전부 아울렀다. 샤먼의 관습은 단순한 미신에서 비롯된 것이 전혀 아니었고, 현대 의학과 심리학의 여러 개념에 전조가 되었다. 그러므로 샤먼은 깊이 연구하며 기회가 있을 때마다 현대적 삶에 맞게 수정할 가치가 있었다.[4]

샤머니즘에 대한 대표적 설명은 1951년에 미르체아 엘리아데라는 루마니아의 문화사학자가 썼다. 그는 샤머니즘을 "종교적 희열의 기술"이라고 정의했다.[5] 이처럼 더 넓은 의미에서 보면 샤머니즘은 이 단어가 처음 유래한 지역, 즉 동북아시아(시베리아와 중국, 한국)에만 국한된 것이 아니라 전 세계에 널리 퍼져 있었다. 수렵채집인과 원예가, 목축민으로 구성된 사회, 즉 내가 다른 책에서 말한 지도자 없는 부족[6]의 경우 특히나 그러했는데, 북부 아마존처럼 외딴 곳의 미개척 지역에는 아직도 이러한 부족이 일부 남아 있다. 라틴아메리카에서는 '메스티소 샤머니즘'이라는 이름으로 불린다.[7]

한편 샤머니즘은 그동안 현대 도시에 수입되기도 했다. 많은 사람이 비교적 교육 수준이 낮고 조언이나 지지를 제공해줄 사회 안전망 없이 익숙한 환경에서 내쫓긴 라틴아메리카와 남·동·서 아프리카의 국가들이 특히 그러하다. 일부 샤먼에게는 수많은 추종자가 있고, 일부는 그에 맞는 보상을 받는다. 어떤 샤먼들은 이전 사회의 관습과 자신 사이의 그 어떤 관련성도 알지 못한다. 하지만 아마도 많은 샤먼이 그러한 관련성을 알고 있을 것이다. 이들은 일부러 드러내놓고 그러한 관련성을 이용해 애니미즘과 그리스도교, 유대교의 요소가 뒤섞인 기이한 조합을 만들어낸다.

샤머니즘은 무엇보다도 영적인 관습이기에 물리적 흔적을 거의 남기지 않는다. 하지만 현대 고고학자 일부는 샤머니즘의 흔적을 따라 약 3만 년 전의 초기 구석기 시대까지 거슬러 올라갈 수 있다고 주장한다.[8] 이 주장이 사실이든 아니든, 샤머니즘이 성직자와 신도 사이에 위계질서가 있는 조직화된 종교보다 훨씬 이전에 등장한 것은 분명하다. 샤머니즘이 없는 사회는 없으며, 심지어 인도양의 안다만제도처럼 단순하고 별 관습이 없는 사회에조차 존재한다.[9] 또한 샤머니즘이 가장 오래된 정부 형태라고 믿어도 될 만한 근거가 있으며, 어쩌면 지구 최초의 정부일 수도 있다.

영靈과 소통하는 능력은 영이 건네준 선물일 수 있다. 하지만 이런 능력은 분명 그 능력을 가졌거나 가졌다고 여겨지는 사람에게 실질적인 이득을 가져다주었다. 구체적인 내용은 사회마다 달랐는데, 전반적으로 샤먼 본인을 비롯한 사람들은 샤먼에게 날씨를 통제하고, 주문을 걸거나 없애고, 아픈 사람을 고치는(또는 반대로 사람과 가축에게 질병을 일으키는) 등의 능력이 있다고 믿었다. 그중에서도 최고는 미래를 내다보는 능력이었으며, 이러한 재주는 즉시 경제적·정치적 권력으로 이어졌다.

대부분의 샤먼은 남성이었던 것으로 보인다. 하지만 많은 사회에 여성 샤먼도 존재했다. 혁명 이전 러시아의 외딴 시골 마을에는 '비명을 지르는 여자'라는 뜻의 '클리쿠샤klikusha(복수로는 클리쿠시klikushi)'가 많았다. 현대 페미니스트들은 이들이 정상 생활을 하지 못하고 정신이상과 유사한 온갖 증상을 보인 것이 남성의 억압 때문이라고 주장한다. 하지만 전통적으로 이들은 영에 홀려 미래를 예측할 능력이 있는 존재로 여겨졌다.[10]

아마존 밀림의 부족처럼 매우 단순하고 체계 없이 평등한 사회에서 샤먼들은 스스로 샤먼의 길을 선택했다. 누구나 영과 대화하는 방법을 찾고 권력을 얻을 수 있었으며, 추종자와 신도를 모을 수만 있다면 누구나 샤먼으로 인정받을 수 있었다는 뜻이다. 때로 밤에 꿈을 꾸는 사람이라면 누구나 자기 안에 미래 예측 능력을 포함한 샤먼의 영을 약간 갖고 있다고 여기기도 했다.[11] 어떤 사회에서 샤먼의 능력은 가문의 전통이었다. 또 다른 사회에서 샤먼은 자신이 원하는 후계자를 직접 선택했다.

샤먼이 되기 위해서는 언제나 반드시 길고 복잡한 훈련 기간을 거쳐야 했다. 그 과정에서 초심자는 관련 신화를 흡수하고 필요한 주술을 배웠다. 일부 사회에서는 중간에 시험이 있었는데, 예를 들면 초심자는 칠흑 같은 어둠 속에서 여러 시간을 보내거나 고통 또는 굶주림을 견뎌야 했다. 절정은 신고식이었다. 신고식에서 샤먼들은 자신을 이끌어 주는 영을 발견하고 그 시점부터 영이 이끄는 삶을 살겠다는 계약을 맺었다. 샤먼으로 선택받는 것은 보통 영광으로 여겼고 사람들은 기꺼이 수련 기간에 임했다. 하지만 영들의 명령이나 연장자의 부름 때문에 젊은이가 자기 의지에 반해 샤먼이 되는 경우도 있었다. 수습생과 제대로 자격을 갖춘 샤먼 모두 사람들 앞에 모습을 드러낼 때에는 특수한 휘장을 두르고 특수한 옷이나 부적 같은 아이템을 착용했다. 하지만 샤먼들이 아무것도 걸치지 않고 의식을 치르는 경우도 있었을 것이다.

샤머니즘은 미래를 드러내고 미래에 일어날 사건에 지침을 제시하는 방법으로 여겨졌고, 그 뒤에는 그것이 매우 어려운 일이며 전문 기술뿐만 아니라 특별한 자질이 필요하다는 가정이 공공연하게, 또는 암묵적으로 깔려 있었다. 다른 사람에게는 절대로 없는 기이한 힘에 이끌려 기이한 영향력 아래에서 행동하는 기이한 사람들만이 미래를 예측할 수 있었다. 또한 미래 예측은 모든 나무와 폭포, 바위와 산봉우리에 사는 영들의 도움을 받아야만 가능한 일이었다. 이런 영들이 눈에 보이지 않을지는 몰라도 그들이 어디에나 존재하며 사람들의 운명을 바꿀 힘이 있다는 것은 엄연한 사실이었다.

영과 접촉한다는 것은 곧 '평범한' 세계를 떠나 변성의식상태로 들어감을 의미한다. 변성의식상태는 '정신 기능에 대한 주관적 경험이, 의식이 명확하게 깨어 있을 때의 일반적인 기준에서 크게 벗어났다고, 본인이(또는 그를 지켜보는 객관적 관찰자가) 주관적으로 인식하는 정신 상태'로 정의할 수 있다.[12] 잘 알려진 사례로는 중독, 희열, 가수 상태, 최면, 간질 등이 있다. 인간 정신 상태의 여러 형태를 연구하는 일부 학생들은 내가 이전 저서에서 그랬듯 이 목록에 꿈을 포함하기도 한다. 형태가 무엇이든 간에 변성의식상태의 공통점은 이 상태에 빠진 사람을 완전히 다른 사람으로 바꾸는 듯 보인다는 것이다. 또한 이것은 주위 환경에 대한 샤먼의 인식 능력을 일시적으로 떨어뜨린다. 동시에 그 외의 다양한 것들을 인식하는 능력을 강화한다(또는 사람들이 그렇게 믿는다).

샤먼 본인에게서 나온 정보와 샤먼을 관찰한 사람들에게서 나온 정보를 조합해서 볼 때, 겉으로 나타나는 이 모든 증상은 샤먼의 정신 상태와 어느 정도 유사성을 보인다. 하지만 완전히 동일하지는 않다. 얼마 전부터 MRI 검사를 통해 샤먼 의식을 포함한 전반적인 변성의식상태가 생각에 영향을 미치는 것으로 알려진 뇌 부위의 전기 신호 패턴을 바꿀 수 있는지를 알아보려는 시도가 폭발적으로 증가했다. 이 방법을 통해 한 연구팀은 변성의식상태가 발생하는 동안 '정상'에서 가장 크게 벗어나는 뇌 부위가 후방대상피질, 배측전방대상피질, 섬피질임을 발견했다.[13] 하지만 이러한 사실이 입증된다 해도 샤먼의 주관적 경험에 대해 많은 것을 말해주지는 않는다.

변성의식상태로 넘어가는 데 사용하는 방법은 문화마다 각기 달랐다.[14] 시베리아에서는 증기로 가득 찬 방에서 시간을 보내기도 했는데, 이런 증기실 안에서는 샤먼의 혈압이 올라가 땀으로 뒤덮인 극도의 흥분 상태에 빠졌다. 모든 문화에서 가장 흔히 사용된 방법은 음악이며, 특히 노래하고 방울을 흔들고 일관된 리듬으로 북을 치는 행위는 과거에도 현재에도 최면 효과를 낸다. 이런 음악은 샤먼이 직접 연주하기도 하고 다른 사람이 연주해주기도 한다. 또 다른 방법으로는 춤, 기도, 고독, 철야기도, 단식, (정화 방식으로서의) 구토, 자학 행위, 신진대사를 촉진하거나 느리게 하는 호흡법이 있다. 성적으로 금욕하거나(드물게는 신성한 섹스를 하기도 했다) 독한 알코올음료를 마시기도 했다. 의식 전체나 일부는 다른 사람이 보는 앞에서 이루어졌다. 하지만 일부 문화에서는 사람들이 보지 못하는 실내나 어둠 속에서 의식을 치렀다.

전과 다른 정신 상태로 넘어가는 과정에서 일부 샤먼은 마술적 힘이 있다고 여기는 특별한 지팡이로 땅을 두드렸다. 일부 샤먼은 옷을 전부 벗었는데, 이것이 변성의식상태로 들어가기 위한 방법이었는지 그 이후에 나타난 결과인지는 알기 어렵다. 마지막으로 샤먼은 영과 관련된 것으로 여기는 특정 물질을 섭취하기도 했다. 일부 학자는 이러한 물질 섭취가 종교의 기원을 나타낸다고 믿으며, 그중 한 명은 예수가 샤먼이었으며 '지금 여기'라는 한계를 초월하기 위해 추종자들과 함께 환각 버섯을 섭취했음을 증명하려고 시도했다.[15] 실제로 샤먼과 추종자들의 환각제 사용은 전 세계 여러 지역에서 기록되었다. 일부 문화에서는 이와 같은 의식을 치르며 양과 염소 같은 피 흘리는 동물을 제물로 바치기도 했다.

이 모든 것의 목표는 샤먼, 또는 그의 정신(그의 몸은 제자리에 남아 있으므로)이 일상적인 환경을 떠나 미스터리한 여행에 나서게 하는 것이었다. 보통 샤먼은 먼저 일종의 장애물을 지나야 했다. 이 장애물은 높은 산일 수도 있고, 온갖 야생동물이 사는 어두운 숲이나 얼음처럼 차가운 강물일 수도 있다. 장애물을 넘는 데에는 위험이 따랐다. 방향을 한 번이라도 잘못 트는 사람은 그리스 신화 속 망각의 강 레테의 강물을 마신 사람처럼 자신의 과거를 잊어버릴 수 있었으며, 미치거나 심지어는 죽을 수도 있었다. 또한 이 같은 경험의 구체적 성질은 주로 말로 표현하거나 사람들이 이해할 수 있게 전달하기가 어려웠다.

이동을 마친 샤먼은 새로운 영토나 영역, 또는 현실로 들어섰다. 이 새로운 장소에서는 과거와 현재, 미래의 차이가 사라지고 미래가 눈앞에 활짝 펼쳐진다. '그곳'의 모습은 문화마다 달랐다. 플라톤의 이론은 사람들의 생각보다 샤머니즘의 흔적을 더 많이 담고 있는데, 플라톤은 그곳이 한 삶과 다른 삶 사이에 놓인 영혼이 과거와 현재, 미래를 볼 수 있는 장소라고 보았다.[16] 캐나다 유콘 준주의 이누이트족에게 그곳은 '새하얀 세상'이었고, 이 세상은 모든 것이 가능한 미스터리한 장소였다. 이 이름이 그곳에 있는 모든 것이 새하얗다는 '사실'에서 나온 것인지, 아니면 백인의 놀라운 힘에 대한 토착민의 믿음에서 나온 것인지는 이제 파악이 불가능하다.[17] 오스트레일리아 토착민에게 그곳은 '꿈의 시대dreamtime'였는데, 이곳에서 존재의 법칙이 만들어진 것으로 여겼다. 일부 사회에서 그곳은 단순히 영들이 거주하는 곳이었다.

일부 영은 특정한 지리적 형태에 거주하며 그곳을 상징하기도 했는데, 예를 들면 네팔에는 '위대한 숲의 영'과 '교차로의 영'이 있었다.[18] 일부는 샤먼에게 말을 걸었고, 샤먼은 그들의 말을 듣고 지시를 따랐다. 다른 경우 영은 샤먼의 몸속으로 들어가 샤먼의 입이나 몸을 통해 말을 했다. 복화술은 언제나 진짜 예언자와 가짜 예언자 모두 숙달해야 하는 유용한 기술이었다.

미래에 관해 사람들이 샤먼에게 묻는 질문은 구체적이고 나날의 일상과 밀접한 관련이 있었기에, 먼 미래를 내다보거나 지금과 확연히 다른 세상을 상상하려는 노력은 별로 없었다. 내가(또는 나의 가족 구성원이나 가축이) 아플까? 죽을까? 회복할까? 아이를 낳게 될까? 내가 시작하려는 이런저런 활동이 결실을 맺을 수 있을까? '그걸 당신이 어떻게 알죠?'라는 질문에 샤먼은 '내가, 내 영혼이 그곳에 있었다'라고 답할 수 있었다. 즉 실제 장소라고는 할 수 없는 그곳에서 질문의 답이 눈에 보였다는 의미였다. 이 주장을 입증하기 위해 일부 샤먼은 뾰족한 도구로 자기 몸을 찔렀고, 아무 고통의 흔적 없이 몸에서 도구를 빼냈다.

고대 그리스 신화 속의 예언자 테이레시아스는 이 주제의 중요한 변형 사례다. 테이레시아스의 경우 그 미스터리한 장소는 지리적으로 먼 곳이나 하늘이 아니라, 이성의 몸이었다. 몇 가지 버전의 신화에서 테이레시아스는 남자로 태어나 성별이 최소 여섯 번 바뀐다. 그리고 그 과정에서 평범한 사람에게는 없는 예지력을 얻게 된다.[19] 그가 앞을 보지 못한다는 사실이 이 예지력을 더욱 강화시킨다. 그러나 그가 어떻게 시력을 잃었는가는 의견이 분분하다. 일부는 그가 아테나(아르테미스라고 말하는 사람도 있다)의 목욕 장면을 본 죗값으로 벌을 받았다고 주장한다. 다른 이야기는 테이레시아스가 짝짓기하는 두 마리 뱀을 막대기로 때려서 제우스의 아내 헤라의 분노를 샀기 때문이라고 말하고, 또 다른 이야기는 그가 여성이 남성보다 섹스를 훨씬 더 즐긴다는 사실을 발견했기 때문에 벌을 받은 것이라 주장한다.

테이레시아스의 이야기는 문학과 영화에서 여전히 인기가 많다. 모든 그리스인은 사람이 감각 중 하나를 상실하면 남은 감각이 가끔 과도하게 개발된다는 사실을 알았다.[20] 테이레시아스에게 이승과 저승, 인류와 신, 남성과 여성, 과거(과거 또한 종종 미스터리로 여겼다)와 현재와 미래 사이를 중재하는 능력을 준 것은 바로 눈이 안 보인다는 사실이었다. 테이레시아스의 예언 능력이 얼마나 뛰어났던지, 사람들은 그를 그가 모시던 신인 아폴론과 비교하곤 했다.[21] 『오이디푸스 왕Oedipus Rex』에서 오이디푸스가 아버지를 살해하고 어머니와 결혼할 것이라고 정확하게 예측한 사람이 바로 테이레시아스였다. 소포클레스의 또 다른 비극『콜로노스의 오이디푸스Oidipous epi Kolōnō』에 그려진 오이디푸스의 운명 역시 매우 의미심장하다. 첫 장면에서 관객들은 앞을 보지 못하는 무력한 늙은 남성을 만난다. 속죄를 위해 남자는 막 자신의 두 눈을 파냈다. 하지만 얼마 지나지 않아 평범한 사람에게는 없는 통찰력이 이 남자에게 있다는 사실이 분명해진다. 오이디푸스의 통찰력이 너무나도 뛰어나서, 소포클레스는 마지막의 역설적 비극을 통해 다른 사람이 오이디푸스를 인도하는 대신 오이디푸스가 다른 사람을 인도하게 한다.

앞을 못 보는 신화 속 예언자 목록은 여기서 끝나지 않는다.[22] 소아시아 에리트라이의 어부였던 포르미온은 시력을 잃었지만 그 대신 꿈을 통해 미래를 예측하는 능력을 얻었다. 메세니아의 예언자 오피오네우스는 태어날 때부터 앞을 보지 못했지만 시력을 되찾았다가 곧이어 다시 잃어버린다. 아드리아해에 있었던 아폴로니아의 에우에니오스는 신성한 양들을 감시하다 잠이 들었다. 늑대가 양 여러 마리를 죽였고, 화가 난 아폴로니아의 시민들은 그 벌로 이 운 없는 파수꾼의 시력을 빼앗았다. 그러자 섬에 기근이 닥쳤다. 신탁을 받은 사람들은 큰 실수를 했음을 깨달았다. 알고 보니 신이 직접 늑대를 보낸 것이었다. 결국 신은 예지력을 줌으로써 에우에니오스에게 보상을 했다.

에우리피데스의 비극 『헤카베Hekabe』 속 등장인물인 폴리메스토르는 포로인 트로이 여성에게 공격받아 시력을 잃은 후 미래를 예측하는 능력을 얻는다. 시력을 잃은 폴리메스토르는 아가멤논 왕과 그의 포로인 카산드라가 클리타임네스트라 왕비의 손에 죽을 것이라 예언하고, 그의 예언은 사실이 된다.[23]

이 모든 인물은 실제가 아닌 신화 속 인물이다. 하지만 이들에게는 공통점이 있는데, 외부의 어둠에 휩싸인 이후 정신에 환한

불이 켜졌다는 것이다. 통찰력은 보상이기도 하고 처벌이기도 하다. 하지만 두 경우 다 이 인물들은 그 통찰력 덕분에 평범한 사람보다 명확하게 상황을 판단하고 앞일을 먼저 내다볼 수 있게 된다.

이런저런 이유로 앞을 못 보는 샤먼은 먼 옛날이나 신화 속에만 있는 것이 아니다. 일본에서는 '이타코'라 불리는 눈먼 여성 예언가가 수 세기 동안 전통문화의 매우 큰 부분을 차지했다. 수련생은 최대 3년까지 이어지는 엄격한 훈련 과정을 밟아야 했다. 훈련에는 수백 양동이에 달하는 얼음처럼 차가운 물을 며칠간 수련생의 몸에 붓는 것도 포함되었다. 이후 이타코는 전통 현악기인 고토를 연주하면서 다른 세계로 들어갈 수 있었다. 이타코 문화는 19세기 후반까지 융성했으나 그때부터 정부는 일본을 서구처럼 근대화하기로 결정하고 이타코를 금지했으며 발견 즉시 사기 혐의로 체포하기도 했다. 하지만 지금도 소수의 이타코(40세 이상의 이타코가 단 20명 남아 있다고 알려져 있다)가 솜씨를 발휘하고 있음을 보면 일본 정부의 조치가 늘 성공적이지는 않았던 것으로 보인다. 1945년 이후 정부의 통제가 계속 완화되었고, 일본 북부의 외딴 화산지대인 오소레산에서 이타코 연례회의가 열리고 있다. 신자들은 그곳에 모여 이타코에게 카미, 즉 영과 접촉해 미래를 내다보고 축복을 내려달라고 간청한다.[24]

한국에도 역시 앞을 못 보는 남성 샤먼인 '참봉'이 오늘날까지 활동하고 있다. 일부 참봉은 선천적으로 앞을 보지 못하고, 일부는 자발적으로 시력을 잃는다.[25] 한 작가는 한국인이 참봉의 도움을 원하게 된 것이 "미래의 불확실성에 대한 대중의 염려" 때문이라고 말한다. "연이은 외세의 침략과 자연재해, 전염병을 경험한 한국인은 자연스럽게 아직 오지 않은 미래에 예민하게 반응하게 되었다."[26] 참봉이 치르는 의식은 한국 정부에게서 전승하고 보존해야 할 '문화재'로 공식 인정받았다.

또 불가리아에는 바바 반가(1911~1996)라는 이름의 여성 예언자가 있었다. 바바 반가는 IS의 창궐과 9·11 테러, 2011년 후쿠시마 원자력발전소 사고를 예측했다고 알려져 있다.[27] 본인의 증언에 따르면 바바 반가는 어린 나이에 '토네이도'에 휩쓸렸다가 땅으로 떨어져 눈에 흙이 들어간 이후 시력을 잃었다. 앞 못 보는 예언가 개념이 자주 등장하는 또 다른 장소는 바로 많은 청소년과 일부 성인이 즐겨 하는 판타지 게임이다. 한 출처의 목록에 따르면 그러한 인물이 등장하는 게임이 최소 70개이며,[28] 이 캐릭터들은 영뿐만 아니라 '아공간subspace과 초공간hyperspace'도 볼 수 있도록 설정된다.

마지막으로, 미래를 내다보고 미래에 일어날 일을 알아내는 것은 고대와 현대, 실재와 가상의 샤먼이 수행하는 여러 기능 중 하나일 뿐임을 강조해야 한다. 샤먼의 역할은 사회마다 매우 다양하며, 한 사회 내에서도 개인마다 다양하다. 이들이 맡는 주요 역할로는 주문을 걸고 주문에서 사람들을 보호하는 것, 점을 쳐서 시시비비를 가리는 것(즉 사고나 질병, 죽음 같은 불운의 탓이 누구에게 있는지 알아내는 것), 아픈 사람을 치료하는 것 등이 있다. 실제로 아픈 사람의 병이 낫는 것은 샤먼의 힘이 이뤄낸 성과이자 샤먼에게 정말로 그러한 힘이 있다는 증거로 여겨진다. 이 모든 능력의 공통점은 평범한 사람에게 주어지는 능력을 넘어서는 것으로 여겨졌다는 점이다. 이 능력을 다룰 때 샤먼들이 다소 유사한 방법을 사용한 것은 바로 이러한 이유 때문이다.

2

주님의 이름으로

샤머니즘이 변성의식상태를 이용해 미래를 예측하는 유일한 방법은 아니다. 또 다른 방법 중 하나는 예언이다. 샤머니즘과 예언을 정확히 구분하기란 어렵다. 우리가 『구약』을 통해 이미 잘 알고 있는 예언들은 일신교의 승인을 받은 샤머니즘에 가까우며, 그 반대도 마찬가지다.

예언자라는 의미의 현대 영단어 '프로핏prophet'은 신에게 영감을 받아 '미리 이야기하는' 사람이라는 의미의 그리스어 '프로페테스prophetes'에서 나왔다(pro는 '미리', phētēs는 '말하는 사람'이라는 뜻이다). 예언자는 미래에 일어날 일을 예측하는 능력이 있다고 자타가 믿는 사람이었다. 샤먼과 마찬가지로 예언자들은 미래를 내다보기 위해 온갖 기이한 일들을 보고 겪게 될 미스터리한 장소와 지역으로 여행을 떠났다. 특히 『구약』에 이러한 에피소드가 많이 나와 있다. "주님의 영이 제가 알지 못하는 곳으로 당신[엘리야]을 이끌어 가실 것이니",(「열왕기상」 18:12) "주님의 영이 나를 들어 올려 데리고 가실 때에",(「에스겔」 3:14) "주님의 영이 나를 하늘과 땅 사이로 들어 올리셔서"(「에스겔」 8:3) 등 샤먼처럼 예언자들도 평범한 존재였다가 평범한 생명과 자연의 법칙이 적용되지 않는 비범한 존재가 되었다.

그 변화가 너무나도 커서 이들은 종종 병에 걸렸거나 미친 사람이라는 오해를 받았다.[1] 또한 그 과정은 위험하고 고통스러웠다. 예레미야는 이렇게 외쳤다. "아이고, 배야! 아이고, 가슴이야. 심장이 몹시 뛰어서 잠자코 있을 수가 없구나."(「예레미야」 4:19) 또한 그는 이렇게 말한다. "내 심장이 속에서 터지고, 내 모든 뼈가 떨리며, 내가 포도주에 잔뜩 취한 사람처럼 되었으니, 이는 주님 때문이요, 그의 거룩한 말씀 때문이다."(23:9)[2] 「제2이사야」에는 다음과 같이 쓰여 있다. "나는 오랫동안 조용히 침묵을 지키며 참았으나, 이제는 해산하는 여인과 같이 숨이 차서 헐떡이며 부르짖겠다."(42:14)

샤머니즘과 예언은 세부적으로도 유사한 점이 많다. 이사야는 벗은 몸으로 예언을 전했다. 많은 예언자들이 신과의 관련성을 증명하기 위해 사람들의 병을 고쳤고 엘리야가 그랬듯 초자연적인 인내력을 보여주었다. 주요한 차이점은, 예언자는 샤먼과 달리 글이 있는 사회에 살았을 뿐만 아니라 직접 글을 쓸 수 있었다는 점이다.(그게 아니었다면 결국 우리는 예언자의 가장 흥미로운 부분, 즉 예언의 내용에 대해 알지 못했을 것이다.) 실제로 예언자라는 의미의 히브리어(와 아랍어) 단어인 '나비nabi'는 '읽다'라는 뜻의 아카드어 '나바naba'에서 나왔고,[3] 몇몇 예언자들은 예언을 직접 기록했다.[4]

샤먼처럼 이스라엘의 예언자들도 신적인 영(루아흐ruach, 문맥에 따라 '호흡'과 '바람'이라는 의미로도 쓰인다)에게 예언 능력을 부여받았다고 여겼다. 이 신의 영은 예언자의 몸속에 들어와 그들을 장악했고, 엘리야의 경우처럼 음악 연주가 동반되는 경우도 흔했다.(「열왕기하」 3:15) 「신명기」 18장 15~20절에 예언이 만들어진 상황이 잘 묘사되어 있다.

[가나안 땅에 도착한 뒤] 주 당신들의 하느님이 당신들의 동족 가운데서 나와 같은 예언자 한 사람을 일으켜 세워주실 것이니, 당신들은 그의 말을 들어야 한다. 이는 당신들이 호렙에서 총회를 가진 날에 주 당신들의 하느님께 청한 일이다. "주 우리 하느님의 소리를 다시는 듣지 않게 해주시고, 무서운 큰 불도 보지 않게 해주십시오. 우리가 죽을까 두렵습니다." [그리하여 주께서 말씀하시기를] 그들의 동족 가운데서 너와 같은 예언자 한 사람을 일으켜 세워, 나의 말을 그의 입에 담아줄 것이다. 그는 내가 명한 모든 것을 그들에게 일러줄 것이다. 그가 내 이름으로 하는 말을 듣지 않는 사람에게는 벌을 줄 것이다.

내용은 다음과 같이 이어진다.

만약 마음속으로 "그것이 주님께서 하신 말씀인지 아닌지를 어떻게 알겠느냐"고 말한다면, 예언자가 주님의 이름으로 말한 것이 그대로 이루어지지 않으면 그 말은 주님께서 하신 말씀이 아니고 예언자가 제멋대로 말한 것이다. 그러니 당신들은 그런 예언자를 두려워하지 말라. (18:20~22)

예언자가 자기 입지를 다지고 사람들에게 받아들여지는 것은 늘 쉽지만은 않았다. 이를 위해 예언자는 종종 기적을 행해야 했다. 사람들이 모세를 받아들이고 그의 말을 귀 기울여 듣기 전에 모세는 첫째, 지팡이를 뱀으로 바꾸고 둘째, 건강한 손에 문둥병이 생기게 했다가 다시 회복시키고 셋째, 물을 피로 바꾸어야 했다.(「출애굽기」 4:1~9) 엘리야가 과부의 죽은 아들을 되살려내자 과부는 이렇게 말했다. "이제 저는 당신이 하느님의 사람이라는 것과 당신의 말씀이 참으로 주님의 말씀임을 알았습니다.(「열왕기상」 17:24)"

사람들의 신임을 얻는 또 다른 방법은 다른 예언자와 대적하는 것이었다. 엘리야는 카르멜산에서 가나안의 신 바알을 섬기는 예언자 450명을 능욕하고 살육했다. 이스라엘의 아합 왕은 다른 예언자처럼 아람과의 전쟁에서 승리할 거라고 예언한 시드기야와 타고난 비관론자로 전쟁에서 질 것을 예측하며 아합에게 "왕께서 정말로 평안히 돌아오실 수 있으면 주님께서 나를 통해 이런 말씀을 하지도 않으셨을 것입니다(이 예언이 현실이 된다)"라고 말한 미가야 사이에서 선택을 내려야 했다.(「열왕기상」 22:28) 얼마 후 예레미야는 사람들이 보는 앞에서 누가 하느님의 진짜 사람인지를 두고 예언자 하나냐와 멍에를 부수는 대결을 펼친다.(「예레미야」28:10) 자신이 신의 이름으로 말하는 것이라 주장하는 예언자가 존재하는 한 '진짜'와 '가짜'를 구분하는 문제는 사라지지 않고 지속되었으며, 이는 지금도 마찬가지다.

사회에서 예언자의 위치는 시간이 흐르면서 점차 변했다. 초기 예언자였던 모세와 사무엘은 힘 있는 정치 지도자의 역할까지 겸했다. 끝까지 권위를 지켰던 모세는 이후 이스라엘/유대 역사를 통틀어 가장 중요한 예언자가 되었으며, 아마 다른 문화였다면 '조국의 아버지' 칭호를 받았을 것이다. 사무엘은 자기 의지에 반해 사울을 이스라엘의 왕으로 추대했다. 그러나 왕과 갈등을 빚고 절연한 후 마침내 다윗을 왕의 자리에 임명함으로써 권위를 유지했다.(「사무엘상」9:16)

다윗의 통치 아래 왕권이 확립되자 예언자들은 이전보다 훨씬 더 널리 퍼져나갔다. 그러나 한편으로는 전에 누렸던 세속적 권력을 전부는 아니지만 대부분 상실했고, 일부는 궁정에 들어가 사실상 궁정 관리가 되었다. 예를 들면 나단은 다윗에게 성전 건축 문제를 조언했으며 이후에는 솔로몬이 왕위를 계승하는 데 핵심 역할을 했다.[5] 예언자 가드는 다윗이 지은 수많은 죄를 속죄할 방법을 여러 차례 조언했다.(「사무엘상」22:5) 또 다른 두 예언자는 아히야와 하나니의 아들 예후다. 솔로몬이 죽고 왕국이 둘로 분열된 이후 두 사람은 각각 이스라엘의 왕 여로보암과 바아사 밑에서 일했다.[6]

자기 이름을 딴 예언서가 있을 만큼 운이 좋았던 유명한 예언자를 비롯한 많은 예언자들은 정반대 방향에 휘말렸다. 단 한 명의 예외 없이 이들 모두는 스스로에게나 다른 사람에게나 골칫거리였다. 이들이 현재를 살았다면 분명 정신과 치료를 받아야 했을 것이다. 이들은 종종 기이한 행동을 했는데, 예를 들면 엘리사는 감히 자신의 대머리를 놀린 아이들 42명을 곰을 시켜 찢어 죽였다.(「열왕기하」 2:23~24) 호세아는 자신이 생각하는 주님과 이스라엘 사람들의 관계를 설명하기 위해 음란한 여인인 디블라임의 딸 고멜과 결혼하고 아이까지 낳았다.(「호세아」 1:2)

거의 모든 예언자가 저마다의 방법으로 신의 시각에서 볼 때 현재 관행이 무척 사악하다며 강력 비난했고 신이 징벌을 내릴 것이라 장담했다. 이세벨 왕비에게 사형 선고를 받은 엘리야와(「열왕기상」 19:1~2), 감옥에 갇힌 미가야와 예레미야가(「열왕기상」 22:27, 「예레미야」 37:15~16) 알게 되었듯이, 당연히 이러한 행동은 무척 위험할 수 있었다. 예언자 우리아(밧세바의 무력한 남편 우리아와는 다른 인물이다)는 실제로 처형당했으며, 그의 시체는 "평민의 공동묘지에 던져졌다".(「예레미야」 26:23) 유명한 요나의 사례처럼 몇몇이 예언자 역할을 받아들이기 싫어했던 것도 당연하다. 초기에 모세는 주님께 이 무거운 짐을 질 다른 사람을 찾으라 간청했고, 예레미야는 주님이 자신을 예언자로 선택해 주위 모든 사람과 다투게 만든 순간 저주를 내뱉었다. 심지어 예레미야는 입을 다물려고 노력하기도 했다. 하지만 주님의 말씀이 예레미야보다 강했고, 그의 노력은 성공을 거두지 못한다.(「출애굽기」 4:3~7, 「예레미야」 20:9)

물론 『성경』에 이름이 실린 예언자들은 예언에 나선 사람 중

극히 일부에 지나지 않는다. 익명의 예언자 중 많은 사람이 홀로 예언하지 않고 무리와 함께 생활했다. 미래에 왕이 된 사울 역시 그러한 무리 중 하나에 들어간 적이 있었다.

> 그[사울]가 사무엘에게서 떠나려고 몸을 돌렸을 때, 하느님이 사울에게 새 마음을 주셨다. (……) 그리고 그들[사울과 그의 종]이 산에 이르자, 예언자의 무리가 그를 맞아주었다. 그때 하느님의 영이 그에게 세차게 내리니, 사울이 그들과 함께 예언을 하였다. 이전부터 그를 알던 모든 사람들이 보니, 사울이 과연 예언자들과 함께 예언을 했다. 사람들이 "기스의 아들에게 무슨 일이 일어났는가? 사울이 예언자가 되었는가?" 하고 서로 말하였다. 그곳에 있는 한 사람이 대답하며 말했다. "하지만 누가 저들의 아버지란 말입니까?" 그래서 '사울이 예언자가 되었는가?'라는 말은 속담이 되었다. 그리고 사울은 예언을 마친 뒤 산당으로 갔다.(「사무엘상」 10:9~13)

또 다른 무리는 엘리야가 카르멜산에서 죽인 바알의 예언자들이었다. 이들은 『성경』의 다른 부분에서도 언급되는데, 종교에 도취된 광신도로 묘사된다. 이 부분을 제외하면 이들의 생활방식에 대해서는 알려진 바가 거의 없다. 이들과 관련된 구체적인 예언도 없으므로, 더 이상은 다루지 않을 것이다.

예상할 수 있듯이, 예언자들은 종종 당시 상황에 알맞은 발언을 했다. 이들은 사람들에게 다가올 사건을 알려주거나 다음에 일어날 일을 경고했다. 예언자들의 선언 중 많은 것이 정치적·군사적 위기에서 비롯되었다. 하느님은 사무엘에게 베들레헴으로 가서 자신이 이미 이스라엘의 왕으로 골라놓은 남자를 만나라고 명령했다.(「사무엘상」 16:1) 예언자 나단은 다윗 왕에게 "당신이 밧세바를 아내로 삼고 그녀의 남편을 죽이는 죄를 지었으니, 주님께서는 반란을 일으키고 당신이 밧세바와 낳은 아들을 죽임으로써 당신을 벌할 것"이라 말했다.(「사무엘하」 12:7) 이사야는 유다 백성에게 예루살렘이 아시리아 군대에게 함락되지 않을 것이라고 말했다. 그러자 하느님이 보낸 천사가 나타나 하룻밤 사이에 예루살렘을 포위한 아시리아 군인 18만 5천 명을 죽였다.(「열왕기하」 19:35~36) 이런 사례는 매우 많다. 아합 왕이 아람과 벌인 전쟁이나 예루살렘 함락과 같은 일부 사건은 다른 출처에 증거가 있는 실제 사건과 관련이 있을 수 있다. 그러나 그런 사례를 전부 열거할 필요는 없을 것이다.

중요한 예언들 중 많은 것이 조건부였다. 메소포타미아를 비롯한 여러 지역의 신처럼 도움을 주는 대가로 온갖 재물을 갈취하려 한 것은 아니고, 유대교의 신은 신자들에게 도덕적·종교적 개심을 요구했다. 사람들이 자기 죄를 뉘우치며 야훼를 숭배하고 율법을 지키지 않으면 그들과 지도자에게 이러저러한 재난이 닥칠 것이라 했다. 「호세아」 8장 1절에서 9절까지 기원전 8세기 중반에 있었던 흉폭한 예언이 기록되어 있다.

그들이 나의 언약을 깨뜨리고, 내가 가르쳐준 율법을 어겼으므로, [아시리아 왕이] 독수리처럼 나 주의 집을 덮칠 것이다. "우리의 하느님, 우리 이스라엘이 주님을 압니다"라고 나에게 호소하면서도 복된 생활을 뿌리치니, 적군에게 쫓길 것이다. 이스라엘이 왕들을 세웠으나, 나와는 관계가 없는 일이다. 통치자들을 세웠으나, 그 또한 내가 모르는 일이다. 은과 금을 녹여서 신상들을 만들어 세웠으나, 마침내 망하고야 말 것이다. 사마리아 사람들아, 나는 너희의 송아지 우상을 인정하지 않는다. 그것들 때문에 나의 분노가 활활 타오른다. 너희가 언제 깨끗해지겠느냐? 이스라엘에서 우상이 나오다니! 송아지 신상은 대장장이가 만든 것일 뿐, 신이 아니다. 사마리아의 신상 송아지는 산산조각이 날 것이다.

이스라엘이 바람을 심었으니, 광풍을 거둘 것이다. 곡식 줄기가 자라지 못하니, 알곡이 생길 리 없다. 여문다고 하여도, 남의 나라 사람들이 거두어 먹을 것이다. 이스라엘은 이미 먹히고 말았다. 이제 그들은 세계 만민 속에서 깨어진 그릇처럼 쓸모없이 되었다. 외로이 떠돌아다니는 들나귀처럼, 아시리아로 올라가서 도와달라고 빌었다.

「예레미야」 15장 5~9절에는 이런 내용이 나온다.

예루살렘아, 누가 너를 불쌍히 여기겠느냐? 누가 너를 생각하여 위로의 눈물을 흘리며, 누가 네 안부라도 물으려고 들러보겠느냐?

네가 바로 나를 버린 자다. 나 주의 말이다. 너는 늘 나에게서 등을 돌리고 떠나갔다. 너를 멸망시키려고 내가 손을 들었다. 나는 이제 너를 불쌍히 여기기에도 지쳤다. 내가 이 땅의 모든 성문 앞에서, 내 백성들을 키질하여 흩어버리겠다. 모두들 자식을 잃고 망할 것이다. 그들이 그릇된 길에서 돌이키지 않으려 하기 때문이다. 내가 대낮에 침략군을 끌어들여 백성 가운데서 과부를 바닷가의 모래보다도 더 많게 하겠다. 갑자기 그들을 치게 하여 모두들 놀라고 두려워하며 떨게 하겠다. 아들을 일곱이나 둔 여인도 아들을 잃고 기절할 것이다. 그 여인에게 대낮은 이미 칠흑 같은 밤이다. 그 여인은 비천한 신세가 될 것이다. 살아남은 자들은 원수들이 보는 앞에서 칼에 맞아 죽게 하겠다. 나 주의 말이다.

모든 말이 시적이지만 이런 유의 예언은 역사 내내 있어왔고 앞으로도 일어날 가능성이 높은 사건을 가리킨다. 일부 예언은 신이 자기 의지를 관철하고 염두에 둔 재난을 일으키기 위해 어떤 사람을 보낼지(처음에는 아시리아인, 그다음에는 바빌로니아인)를 구체적으로 명시했다. 물론 호세아도 예레미야도 자신이 예언한 재난이 정확히 언제 닥칠지는 말하지 않았다. 1년 내일 수도, 어쩌면 5년이나 25년 내일 수도 있었다. 하지만 다른 많은 예언자처럼 이들의 예언에는 긴급함이 있었다. 분명히 시간에는 한계가 있었다.

재난은 영원히 이어지지 않았다. 더 좋은 시기가 다가올 것이었다. 하지만 그 시기가 사람들이 사는 실제 세상에서 찾아올 것인지는 분명히 드러나지 않았다. 예언자들의 예언은 우리가 나중에 더 살펴볼 유대교 개념인 종말을 의미한 것일까? 예를 들면, 「다니엘」에서 예언한 바빌론의 종말은 역사상 발생할 실제 사건을 의미한 것일까, 아니면 세계 종말을 의미한 것일까? 종말 시기가 '실제로' 한 번 언급되어 있다는 사실이 전자의 해석을 뒷받침한다. 바빌론 유수는 70년 후에 끝이 난다(「다니엘」 9:1~2). 많은 현대 학자들은 이를 바빌론 유수가 실제로 끝난 뒤에 이 내용이 쓰였다는 증거로 여긴다. 그러나 많은 히브리 예언자들은 분명히 종말 개념을 품고 있었다. 이들은 종말을 앞으로 일어날 사건이라기보다는 미래를 포함한 시간 자체가 사라져버리는 사건으로 묘사했다. 종말이 오면 완전한 평화와 정의가 찾아올 것이며, 유배된 이스라엘 백성이 다시 돌아와 하나 될 것이다. 유대인과 비유대인 모두가 하느님은 여럿일 수 없는 한 분임을 마침내 깨닫고 시온에 모여 마땅히 하느님을 따를 것이다.[7]

인근 지역에도 널리 알려진 히브리 예언자들보다 훨씬 앞서서 등장한 여러 예언자가 있었다. 대부분은 남성이었지만 이스라엘의 미리암과 드보라처럼 여성 예언자도 있었다. 이들 모두는 자신이 메소포타미아의 신인 다간Dagan(『성경』에서는 다곤Dagon과 안누니툼Annunitum)의 이름으로 말한다고 주장했다.[8] 우리가 이들의 예언을 알 수 있는 것은 팔레스타인의 북쪽과 동쪽 땅에서 발견된 점토판에 새겨진 편지 덕분이다. 지금의 시리아 지역의 유프라테스강 유역에 있었던 고대 도시 '마리'에서 발굴 작업이 진행되면서 수천 점의 점토판이 발견되었고, 그중 일부는 글쓴이의 신분을 증명하기 위해 머리카락 한 타래나 옷에서 찢은 천 조각이 같이 들어 있었다. 대부분은 행정이나 재판과 관련된 내용이었다. 하지만 지금까지 발견된 것 중 27개는 확실히 미래와 관련이 있다. 이 편지들은 반란이나 암살, 특정 작전이나 동맹에 대한 경고 등 편지를 받는 사람에게 미래에 일어날 일에 대해 말하고자 했다. 일부는 자신의 지시 사항을 따르지 않을 경우 일어날 결과를 경고하기도 했다.

다음은 기원전 1757년 직전에 마리의 왕인 짐리림에게 보낸 편지다.

> 내가 다리 사이에서 그를 기르고 그를 제 아비의 궁에 있는 왕좌에 올린 칼라수의 신 아다드 아니더냐? (……) 내가 그를 제 아비의 궁에 있는 왕좌에 올렸으니, 그에게서 [신전을 위해] 대대로 이어지는 재산을 받아야겠다. 그가 주지 아니한다면 왕좌와 영토, 도시의 신인 내가 준 것을 다 빼앗아 갈 것이다. 반대로 그가 내가 말한 것을 준다면 대대로 이어지는 왕좌와 궁, 영토를 줄 것이며 동쪽에서 서쪽으로 이어지는 땅도 전부 줄 것이다.

다음은 또 다른 편지다.

> 샤마쉬(태양의 신)의 아필룸('질문에 답하는 자'라는 뜻)이 말한다. 이 나라의 신인 샤마쉬가 말한다. "이 번영이 [평생] 이

어지려면 나의 화려한 신전을 위해 여기 시파르로 즉시 옥좌와 함께 내가 이미 전에 요구한 너의 딸을 보내야 할 것이다. (……) 쿠르다의 왕 함무라비에 관해서는, 그는 너에 대해 사악한 말을 해왔다. 하지만 그가 공격하면 네가 승리할 것이다. 그 이후 너는 그 땅의 부채를 덜어줄 것이다. 내가 너에게 땅 전부를 주겠다. 도시를 장악하면 네가 빚을 사면해줄 것이다."9

이 예언은 거짓으로 드러났다. 예언과는 달리 함무라비가 짐리림과의 전쟁에서 승리한 뒤 아마도 짐리림을 처형했기 때문이다.

앞에서 언급한 센나케리브와 에사르하돈을 포함한 메소포타미아 땅의 차기 지도자들 밑에서도 전통은 계속 이어졌다. 기원전 670년에 에사르하돈은 신하 중 한 명이 보낸 편지를 받았다. 이 편지는 아시리아의 수도인 니네베에서 한참 떨어져 있는 오늘날 터키 지역의 도시 하란에 거주하는 노예 소녀의 예언을 그대로 보고했다. 당시 이 예언은 그 정확성 때문에 널리 알려졌다. 소녀는 에사르하돈의 이집트 공격이 성공할 것이라 예언했고, 이 예언은 현실이 되었다. 그 뒤 무아지경의 발작에 빠진 소녀는 또 다음과 같이 외쳤다고 기록되어 있다. "이는 누스쿠(빛과 불의 신)의 말씀이요, 왕위는 사시(센나케리브의 또 다른 아들)의 것이라! 나는 센나케리브의 이름과 씨앗을 파멸시킬 것이다." 그 배후에는 쿠데타시도가 있었다. 이미 아버지가 암살된 쿠데타에서 살아남은 경험이 있었던 에사르하돈은 이어진 싸움에서 승리했다. 하지만 당연하게도 이 경험은 에사르하돈이 예언을 불신하고 의심하게 만든 것으로 보인다. 에사르하돈은 계속해서 자기 미래에 대한 예언을 모으려 했다.[10] 그 소녀에 관해서는, 이 예언을 한 후 소녀에게 무슨 일이 벌어졌을지는 누구나 상상할 수 있을 것이다. 다시 생각해보니, 상상하지 않는 편이 좋을지도 모르겠다.

이스라엘인이 아닌 예언자가 중동에 더 있다. 「민수기」에 모압의 왕 발락을 모시던 예언자, 브올의 아들 발람 이야기가 나온다. 지금의 요르단 왕국에 있었던 데이르 알라에서 발견된 기원전 8세기의 비문에도 브올의 아들 발람이 등장한다. 『성경』의 연대순에 따르면 두 발람이 살던 시기는 수백 년 차이가 난다. 만약 두 사람이 관련이 있다면 어떤 관련이 있는지는 분명하게 밝혀지지 않았다. 비문에 적힌 발람은 눈물을 흘리고 단식을 하기 시작하면서 사람들의 이목을 끌어 명성을 얻게 된 것이 분명하다. 이 일로 책망을 당한 발람은 서로 의견을 나눈 신들이 이 세상을 암흑으로 뒤덮을 예정이라고 설명했다.[11] 「민수기」에 언급된 발람은 왕에게 호출되어 자기 땅으로 넘어온 이스라엘 사람들을 저주하라는 명령을 받는다. 하지만 천사에게 다른 명령을 받은 발람은 이스라엘 사람들을 저주하는 대신 축복한다. 하느님의 영으로 가득 찬 발람은 에돔과 모압을 정복할 왕이 나타날 것이라 예언한다.(「민수기」 24:14~19) 그 이후 발람은 집으로 돌려보내진다. 하지만 왕은 발람에 대한 믿음을 버리지 않고 이후 발람을 다시 호출한다.

더 서쪽의 그리스에서는 소크라테스가 평생 다이몬(신성한 영혼, 또는 더 고결한 영혼으로 번역하는 것이 가장 좋다)이 이끄는 삶을 살았다고 주장했다. 플루타르코스는 바로 이 다이몬 때문에 소크라테스가 아테네의 시라쿠사 침략 실패를 예언하게 된 것이라고 말한다.[12] 소크라테스의 제자인 플라톤은 미래를 내다보는 능력이 오늘날 우리가 변성의식상태라고 부르는 것의 한 형태인 '신성한 광기'에서 나온다고 보았다. 아폴론이 준 선물인 이 신성한 광기는 평범한 광기뿐만 아니라 의례적 광기, 시적 광기, 성적 광기와도 달랐다.[13] 신성한 광기에 휩싸인 사람은 평범한 사람들과 크게 달랐기에 경외와 존경을 받았다. 하지만 이러한 광기로 인해 소크라테스가 그랬듯 사형 선고를 받을 수도 있었다. 몇 세기 후 키케로의 『예언에 관하여 De Divinatione』(기원전 44)에서 동생 쿠인투스는 이렇게 말한다. "인간의 영혼에는 타고난 예지력이 있으며, 이 능력은 신의 의지로 외부로부터 불어넣어져 영혼의 일부가 된 것이다." 쿠인투스는 계속 설명한다.

> 어떤 사람의 영혼은 그 몸을 박차고 나와 날개를 펴고 날아오른다. 격정의 자극을 받아 흥분한 것이다. 이 사람들은 자신이 예언하는 상황을 직접 목격한다. 이러한 영혼은 몸에 붙어 있지 않으며 다양한 것에 영향을 받고 타오른다. 예를 들면 어떤 사람은 프리기아 사람들의 노래 같은 특정 목소리 톤에 자극받는다. 수풀과 숲에 자극받는 사람도 많고, 강과 바다에 자극받는 사람도 많다.[14]

무녀 피티아를 감싼 증기도 빼놓을 수 없다.

예레미야의 개탄을 제외하면 모든 문헌을 통틀어서 다음 문단만큼 예언자의 느낌을 잘 설명해주는 문단은 없다. 이 글은 저자가 누구인지 논란이 분분한 분실된 희곡의 일부이며, 키케로가 일부를 인용했다.[15] 화자는 프리아모스 왕의 아내이자 트로이의 왕비인 헤카베다. 왕비는 예언자인 딸 카산드라를 향해 말한다.

하지만 왜 두 눈이 타오르고 갑자기 분노하느냐?
냉철한 차분함은 사라졌구나.
지금까지는 그렇게도 처녀답고 현명했건만.

어머니의 말에 카산드라는 이렇게 대답한다.

오 어머니, 고귀하고도 고귀하신 분!
저는 예언을 한 것입니다.
제 의사에 반하여 아폴론이 저를 미치게 하여
미래의 불행을 계시하게 합니다.
오 처녀들이여! 나의 젊은 시절의 동지들이여,
내게 주어진 사명이 훌륭하신 아버지를 욕되게 하는구나.
사랑하는 어머니! 저 자신이 혐오스럽고
어머니에게서 슬픔을 느낍니다. 어머니께서는
프리아모스께 신들린 자식을 낳아드린 것입니다.
    저를 구해주세요,
슬픕니다. 다른 이들은 행복을 불러오는데

저는 비통함을 불러옵니다. 다른 이들은 순종하나
　저는 맞섭니다.

그리고 나서 카산드라는 다가올 트로이의 멸망을 묘사한다.

옵니다! 와요! 피 묻은 횃불이 불에 휩싸였습니다.
그 오랜 시간 동안 눈에 보이지 않았는데!
우리 민족을 돕고 저 불을 꺼야 합니다……
이미 넓은 바다 위에서 병사들이
서둘러 불행을 몰고 올 준비를 끝냈습니다.
배가 돛을 펼치고 가까이 다가오고 있어요,
야만인들이 우리 해안을 뒤덮을 것입니다.

다시 유대교로 돌아오면, 페르시아의 정복 이후 '예언하는 영혼'
들이 이스라엘을 떠나 다시는 돌아오지 않았다고 처음으로 주장
한 것은 기원전 2세기와 1세기에 쓰인 「마카베오」다.[16] 그로부터
약 2세기 후 『탈무드』에서 다시 한번 비슷한 주장을 한다.[17] 하지
만 그런 일은 일어난 적이 없다. 알렉산드리아의 필론(기원전 25~
서기 50)과 요세푸스(서기 37~100)가 남긴 글과 『사해문서』처럼
제2성전 기간에 쓰인 자료들은 일부 사람들이 계속해서 예언자의
존재를 믿었음을 보여준다.[18] 하지만 시간이 흐르면서 신에게 영
감을 받아 예언을 하는 유대교 예언자들은 대부분 의심을 받기 시
작했다. 이들은 주로 경전과 학습, 학문을 중시하는 랍비의 전통

바깥에 있었다. 서기 16세기의 다비드 하루베니와 그로부터 백여 년 후를 살았던 샤바타이 츠비도 마찬가지였다.

하지만 신에게 미래를 예측할 임무를 부여받은 예언자들은 그리스도교 전통 안에서도 계속 중요한 역할을 맡았다. 예수 자신도 예언을 많이 했는데, 그중 가장 널리 알려진 것은 예루살렘이 황폐해지리라는 예언으로(「루가의 복음서」 21:20~22) 이 예언은 약 37년 후 실현되었다. 예루살렘과 카이사레아(「사도행전」 21:8~9)와 안티오크(「사도행전」 11:27~8), 코린트(「고린토인들에게 보낸 첫째 편지」 12:10) 같은 초기 그리스도교 중심지에는 전부 예언자들이 있었다.[19] 서기 100년 직전의 어느 시기에, 알려지지 않은 「요한1서」의 저자는 추종자들에게 "어느 영이든지 다 믿지 말고, 그 영들이 하느님에게서 났는가를 시험해보라, 왜냐하면 거짓 예언자가 세상에 많이 나타났기 때문이다"라고 촉구한다(「요한1서」 4:1). 물론 요한 본인도 가장 유명한 '종말' 예언을 내놓았다. 요한은 전쟁과 혼란, 골칫거리로 가득한 시기가 오랫동안 이어지며 살아 있는 네 생물과 일곱 머리 달린 짐승, 곡과 마곡의 전쟁 등이 나타날 것이라 예언했다. 이 시기가 끝나면 고통과 죽음이 사라지고 새 예루살렘이 건국되며, 국가와 백성의 고통이 치유되고, 죄악에서 나온 저주는 끝이 나며, 예수가 재림한다.

아마 역사상 가장 유명한 예언자는 무함마드일 것이다. 서기 560년경에 태어난 무함마드는 장사를 하던 상인이었다. 천사 지브릴이 나타나 무함마드를 마지막 위대한 예언자(아랍어로는 라술)의 길로 안내했을 당시 그는 약 마흔 살이었다. 다른 많은 예언자처럼 무함마드도 처음에는 부름에 응하기를 꺼렸다. 하지만 자의 반 타의 반으로, 무함마드는 그 순간부터 서기 632년에 사망할 때까지 제자들에게 미래를 예언하기를 멈추지 않았다. 두 가지 요소 덕분에 그는 추종자들의 신임을 얻을 수 있었다. 첫째로 무함마드는 본인과 동시대 사람들이 보기에 언제나 흠 잡을 데 없는 삶을 살았다. 둘째로 그는 물과 빵을 만들어내는 등 수많은 기적을 행했다(이 이야기는 분명히 『구약』과 『신약』에 등장하는 유사한 이야기가 모델이 되었을 것이다). 무엇보다도 무함마드는 달을 두 개로 쪼개어 하나는 산 앞에, 하나는 산 뒤에 나타나게 했다. 그 기적이 어떻게 설명될 수 있고 무엇을 의미하는지에 대해서는 오늘날까지도 논란이 이어진다.[20]

카이로 알아즈하르대학교의 한 석사 논문에는 "무함마드가 살아 있을 당시와 사망 후 1세대 동안 실현된 것으로 알려진 최소 160개의 예언"의 목록이 들어 있다.[21] 다음은 그중에서 가장 중요한 예언 몇 가지다.

메카를 떠나온 다음 해인 서기 623년에 이교도 메카인과의 첫 번째 결정적 전투였던 바드르 전투에 앞서 예언자 무함마드는 이교도 메카군의 위치를 정확히 예측했다. 전투를 목격한 사람들은 예언이 실현되는 것을 두 눈으로 지켜보았다.

무함마드는 딸 파티마에게 자신이 사망한 후 가족 중 가장 처음 사망할 사람이 바로 너일 것이라 일러주었다. 여기에는 두 가지 예언이 있다. 파티마는 아버지보다 오래 살 것이며, 아버지가 죽은 후 가장 먼저 죽는 가족 구성원이 될 것이다. 두 가지 예언 모두 실현되었다.

무함마드는 해상 원정에 참여한 첫 번째 여성인 움 하람이 이슬람교도들이 치르는 첫 번째 해상 전투를 목격할 것이라 예언했다. 또한 그는 첫 번째 콘스탄티노폴리스 공격도 예언했다.

예언자 무함마드는 신의 이름으로 이야기한다고 주장하는 사기꾼이 자기 살아생전에 마땅한 사람의 손에 죽임을 당할 것이라 예언했다[예멘의 가짜 예언자 알아스와드 알안시는 무함마드의 살아생전에 파이루즈 알다일라미에게 살해되었다].

예수 사망 이후 그리스도교에는 예수 같은 인물이 더는 없었다. 하지만 영향력이 적은 예언자들은 매우 많았다. 투르의 그레고리우스(538~594)가 남긴 글에 중세 초기에 살았던 한 예언자의 모습이 묘사되어 있다.

그때쯤[585년] 파리에 사는 한 여성이 마을 사람들에게 다음과 같이 선언했다. "곧 큰 화재가 일어나 마을 전체가 파괴될 것임을 알아야 합니다. 지금 당장 대피하는 것이 좋습니다." 대부분의 사람들이 그녀를 비웃으며 그녀가 점을 봤거나 꿈을 꾸었거나 한낮의 괴물에 씌었다고 말했다. "당신들의 말은 전부 사실이 아닙니다." 여자가 대답했다. "저는 실제 일어날 일을 말하는 것입니다. 생뱅상 교회에서 후광을 내뿜는 남자가 손에 촛불을 들고 걸어 나와 상인들의 집에 전부 불을 붙이는 환영을 보았습니다." 여자가 경고하고 사흘 뒤 땅거미가 질 무렵, 한 훌륭한 시민이 불을 켜고 자기 창고에 들어가 기름 등을 챙긴 다음 기름통 근처에 불을 그대로 두고 나왔다. 그 집은 낮 동안 열려 있는 성문 안에 있는 첫 번째 집이었다. 집에 불이 붙었고, 집은 타버려 재로 변했다. 불꽃은 다른 집들로 번져 나갔다. 곧 마을의 감옥에도 불이 붙었다. 하지만 성 게르마누스가 나타나 거대한 나무 기둥과 수감자들을 묶고 있던 사슬을 부수고 감옥 문을 열어 갇혀 있던 수감자들이 도망칠 수 있게 했다. [이 화재는 교회와 교회에 속한 집들을 제외한 마을 대부분의 집들을 태웠다.][22]

이때쯤 특히 가톨릭교회는 형식적인 구조를 갖춘 지 오래였고, 성직자들은 신앙의 수호자 자리를 철저히 독차지하려 했다. 그 결과 교회는 여러 예언자를 더 애매모호한 태도로 대하게 되었다. 어쨌거나 그들이 '정말로' 신이 보낸 사람인지는 아무도 알 수 없는 일이었다. 그럼에도 예언을 절대 금지하는 일은 일어나지 않았다. 예지력이 있다고 여겨진 중요한 중세 그리스도교의 인물로는 11세기의 스위스 수도승 혜피다누스(훨씬 뒤 그의 예언을 철저히 살펴보니 그가 나폴레옹의 집권을 예측한 것으로 나타났다)가 있다.[23] 그 밖의 인물로는 이탈리아의 수도승이자 신학자인 피오레의 요아킴(약 1135~1202), 그와 동시대를 산 프랑스 연대 기록자인 생드니의 리고르, 오스트리아의 수도승 요한 프리드리히(1204~1257) 등이 있다.[24]

유일하지는 않지만 가장 권위 있는 예지력의 원천은 신이 직접 보낸 환영이었다. 이러한 환영은 종종 예언자가 아파서 누워 있거나 심지어는 사망하려는 찰나(또는 임사체험, 다음 내용을 참고)에 보이기도 했다. 유명한 예언자일수록 추종자가 많았고 자신이 그 예언자의 영을 물려받았다거나 그의 이름으로 말한다고 주장하는 모방자도 많았다. 가짜 요아킴과 가짜 시빌라, 가짜 멀린이 넘쳐났다. 그들은 과거의 예언을 파내고 가짜 예언을 새로 만들어내며 어쩌면 그 예언들이 하늘에서 비처럼 내린다고 여겼을지 모른다. 옛날에도 그랬듯이, 종종 같은 예언이(때로는 특정 요소를 바꾸기도 했다) 더 권위 있는 다른 예언자의 예언으로 둔갑했다. 사람들이 이런 사기를 백안시하지 않고 오히려 좋았던 옛날 정보원의 귀환으로 여겼다는 점도 도움이 되었다.

중세의 유명한 여성 예언자 중에는 북유럽의 노르드 신화에 등장하는 마루샤(작은 마리아)가 있다. 원래 스뱌토슬라프 왕자가 살던 궁의 하녀였던 마루샤는 그의 아들을 낳았고, 그 아들이 훗날 블라디미르 1세가 된다. 마루샤는 100살까지 살았다고 전해지는데, 동굴에 살며 가끔씩 미래를 예언하러 왕궁을 찾았다고 한다. 마루샤보다 더 유명한 중세 그리스도교의 여성 예언자는 베네딕트회 수녀였던 빙겐의 힐데가르트다.[25] 그녀는 라인의 예언자라고 불리기도 했는데, 당시 사람들은 그녀가 『성경』 속 미리암과 드보라보다 예지력이 더 뛰어나다고 생각했으며, 수많은 사람이 예언을 듣고자 그녀를 찾았다. 힐데가르트는 귀족 가문에서 태어나 어린 나이에 디시보덴베르크의 수도원으로 보내졌다. 그 이후 힐데가르트는 루페르츠베르크에 있는 수도원으로 옮겨달라고 요청하고, 결국 허가를 받았다. 1141년, 42세가 된 힐데가르트는 직접 보고 들은 것을 "하나도 빼놓지 말고" 기록하라는 신의 계시를 받았다. 명령에 따르기를 주저한 힐데가르트는 병에 걸렸고, 그때부터 자신의 표현에 따르면 "쉬운 라틴어"로 글을 쓰기 시작했다.

　34년 후 힐데가르트는 추종자들에게 자신의 '방법'을 설명해 주었다. 그녀는 어린 시절부터 신이 자신에게 환영을 보내기 시작했다고 말했다. 그녀는 바깥으로 난 귀로 그 소리를 들은 것이 아니었다. 머릿속의 생각이나 그 어떤 오감의 조합으로 들은 것도 아니었다. 오로지 그녀의 영혼이 환영을 느꼈고, 오로지 두 눈만 뜨고 있었다. 그랬기에 그녀는 환영을 볼 때 황홀경에 빠지지 않았다. 그녀는 언제나 정신이 온전히 깨어 있는 상태에서 환영을 보았다. 그녀는 이렇게 말했다. "그러므로 내가 보는 빛은 그 어떤 공간도 차지하지 않는다. 이 빛은 해를 품은 구름보다 훨씬 더 밝다. 나는 그 빛의 높이도, 길이도, 너비도 인지하지 못한다." 그리고 그녀는 자신을 의심하는 사람들은 신이 화살통에서 직접 화살을 꺼내 찌를 것이라 덧붙였다.[26] 아마도 신의 영감을 받아 예지력을 얻었음을 사람들이 믿게 하려고 이 설명을 덧붙인 듯하다. 그게 아니었더라면 아마 그녀의 삶은 위험해졌을 것이다. 그리고 그러한 면에서 그녀는 성공을 거두었다. 1179년 그녀가 사망했을 때 그녀의 자매들은 하늘에 두 줄기 빛이 나타나 그녀의 방 위를 가로지르는 것을 보았다고 주장했다. 2010년에 교황 베네딕토 16세는 힐데가르트를 성인으로 공인했다.

1397년에서 1401년 사이쯤 파리의 유명한 학자 장 제르송은 떠돌아다니는 수많은 예언에 기분이 상해 진짜 예언과 가짜 예언을 구분하는 방법에 관해 여러 번 강의를 했다.[27] 그는 먼저 아프거나 미친 사람의 머릿속에서 나온 환영은 무시해야 한다고 말했다. 그 사람이 여성일 경우 특히 더 그러한데, 여성은 타고나기를 열이 더 많아서 남자에 비해 환영을 볼 가능성이 더 높기 때문이라는 것이었다.[28] 그다음 그는 진흙탕에 뒹굴거나 고행을 위한 거친 털옷을 입거나 단식 또는 자학을 하는 등 과도한 열정을 드러내는 온갖 종류의 행동을 언급했는데, 심지어 순결을 지키는 것 또한 여기에 포함되었다. 제르송은 지나친 헌신은 그 대척점에 있는 이단으로 빠지기 쉽다고 경고했다. 제르송도 역사상 수많은 사람이 이런 신비주의적 진실을 경험했으며 그 사실을 부인할 수는 없음을 인정했다. 하지만 교회나 세속의 평화를 깨뜨리는 예언은 의심해야 했다.

약 19세기 중반부터 르네상스는 초자연적인 것에서 평범한 것으로, 평범한 것에서 과학적인 것으로의 이행을 불러온 시기로 해석되기 시작했다. 이 해석에도 일리가 있으나, 르네상스는 수많은 예언자, 더 정확히 하면 수많은 여성 예언자가 나타난 시기이기도 했다.[29] 예를 들면 만토바의 공작들은 오산나 안드레아시와 스테

파나 드 퀸차니의 도움을 받았고, 두 여성은 환영과 예언을 통해 이들에게 영적 조언을 했다.[30] 1500년경 스페인에서 '여성 예언자'는 아라곤의 왕 페란도와 스페인 교회의 시스네로스 추기경 같은 고위 권력자의 후원을 받았다.[31]

이처럼 여성 예언자들은 후원을 받으며 좋은 시절을 보냈지만 이 시기의 남성 예언자에 대해서는 알려진 바가 별로 없다. 아마도 그건 남성 예언자들이 여성 예언자와는 달리 정치적 위협으로 변할 수 있다는 두려움 때문이었을 것이다. 수도승 사보나롤라에 의해 1494년 피렌체에서 쫓겨났다가 1512년에 복귀한 메디치 가문 출신의 교황 레오 10세는 1516년에 제5차 라테란 공의회를 주재했다. 전과 같은 반란이 일어날 것을 우려한 교황은 공의회에서 예언 금지령을 내리도록 했다. '진짜' 예언자가 존재해 그들이 모습을 드러낼 가능성은 여전히 존재했다. 하지만 공의회는 안전 조치로 신의 계시라 주장하는 모든 내용은 세상에 알려지기 전에 반드시 주교나 교황에게 확인받아야 한다는 결정을 내렸다. 그 결과 종교에서나 일상에서나 황홀경에 거의 빠지지 않는 예수회가 점차 남녀 예언자의 자리를 차지하게 되었다.

16세기 가톨릭 국가들은 종교재판을 통해 문제를 일으키는 예언자들을 처형했다. 하지만 그렇지 않았던 개신교 국가에서는 예언자들이 계속 활발히 활동했다. 실제로 장 칼뱅은 『구약』에 등장한 예언자들을 전폭적으로 지지했다. 하지만 동시대의 예언자들에 대해서는 훨씬 더 회의적인 입장을 취했다. 그는 이렇게 썼다. "오늘날 신께서는 숨은 사건을 예언하지 않으신다. 그보다는 우리가 복음에 만족하도록 하신다."[32] 반면 마르틴 루터는 예언에 관심이 많았으며 오늘날까지도 예언이 존재한다고 주장했다. 그는 예언자가 세속적 사건을 예언하는 자와 신의 이름으로 말한다고 주장하는 자로 나뉜다고 생각했다. 전자에 관해 마르틴 루터는 아무런 불만이 없었다. 그는 재능이 있는 자가 그 재능을 사용하게 두라고 말했다. 반면 후자는 신중하게 접근해야 했다.[33] 가끔 마르틴 루터는 본인이 직접 예언을 하기도 했다. 그의 추종자들은 루터가 사망한 뒤 그의 예언 120개를 모아 출판했다. 대부분은 「다니엘」에서 나온 것이었고 다가올 세상의 종말과 관련된 내용이었다. 한편 마르틴 루터의 등장 역시 루터보다 앞서 활동한 얀 후스가 예언했다고 전해진다. 1415년, 화형당하기 전에 후스는 100년 뒤 거위(체코어로 후스Hus는 거위를 의미한다)에 뒤이어 사람들이 귀기울이지 않을 수 없을 백조가 나타날 것이라고 예언했다.[34]

엘리자베스 1세는 아마 자신의 국왕 지위에 논란이 많았기에 예언자들에게 반감을 품고 최선을 다해 그들을 억압했다. 그녀의 후계자들도 같은 조치를 취했고, 예언자들은 1642~1651년의 잉글랜드 내전이 발발한 후에야 일제히 다시 나타날 수 있었다. 그중에서도 엘리너 데이비스라는 이름의 여성이 특히 큰 인상을 남겼다.[35] 좋은 집안에서 태어나 높은 수준의 교육을 받은 그녀는 1625년의 어느 날 아침 다음과 같이 말하는 기이한 목소리에 잠에서 깼다. "심판까지 19년 반이 남았으며 너는 온화한 성녀이니라." 그때부터 그녀는 절대 뒤돌아보지 않았다. 먼저 그녀는 캔터베리 대주교에게 국제 정치에 관한 조언을 건넸다. 대주교는 별다른 반응 없이 그녀를 남편에게 돌려보냈고, 남편은 그녀가 쓴 조언을 불에 던져 태워버렸다. 그녀는 남편이 곧 죽을 것이라는 예언으로 복수를 했고, 실제로 약 3주 후 남편은 사망했다. 엘리너는 찰스 1세가 막 즉위한 궁정을 돌아다니기 시작했고, 찰스 1세에게 왕비 앙리에트의 출산에 관해 조언했다(왕비는 5년이 지난 후에야 후계자를 낳았다). 전국적인 명성을 얻은 엘리너의 가장 큰 성과는 1628년에 있었던 버킹엄 공작의 죽음을 정확히 예언한 것이었다.

이때부터 엘리너는 국왕 찰스가 바빌론을 통치하는 폭군임을 암시하는 소책자를 발간하기 시작했다. 얼마 안 가 그녀는 체포되어 3,000파운드의 벌금형을 받고(이 엄청난 금액의 벌금은 그녀의 남편에게 부과되었다) 2년간 수감되었다. 치안 판사는 그녀가 민중 사이에서 "교활한 여성"이라는 평판을 듣는 위험한 인물이라는 판결을 내렸다. 감옥에서 나오자마자 그녀는 타르로 가득 찬 주전자를 들고 교회에 나타나 '성수'라며 타르를 벽장식에 묻뎄다. 이번에 그녀는 정신이상자라는 판결을 받고 런던에 있는 베들럼 정신병원에 수용되어 관광객들에게 구경당하는 처지가 되었다. 엘리너는 남은 평생 정부 관리들이 「요한의 묵시록」 속 짐승이라는 내용의 소책자를 발간했다. 1649년에 찰스 1세가 처형당하자(또 하나의 예언이 실현되었다) 그녀는 명성을 되찾았다. 엘리너의 마지막 소책자는 1656년에 두 번째 대홍수가 일어난다고 예언했다. 하지만 그녀는 1652년에 사망해 자신의 예언이 옳았는지 확인하지 못했다(홍수는 일어나지 않았다).

안나 트랩넬은 엘리너와 동시대를 살았다.[36] 그녀는 1622년에 태어났다고 전해지며, 열다섯 나이에 처음으로 환영을 보았다. 그녀는 1657~1658년에 열 달간 두 주먹을 꼭 쥐고 두 눈을 감은 채로 침대에 누워 보냈다. 그러다 가끔씩 하느님이 직접 보내신 것이라 주장하는 예언을 했다. 그녀는 이 기간 내내 토스트와 맥주로 연명했고, 그녀의 진정성과 경이로움을 증언한 여러 제자의 방문을 받았다. 이후 제자들은 그녀의 예언을 모아 출판했다.

트랩넬은 신께서 '부패'한 올리버 크롬웰을 처벌할 것이라 주장했다. 엘리너처럼 체포된 트랩넬은 재판을 앞두고 있었으나, 트랩넬의 명성을 알았던 법원은 유죄 판결을 내리길 꺼렸다. 결국 트랩넬은 석방되었고 계속해서 글을 쓰며 자신이 1650년 스코틀랜드와의 전쟁 및 1653년 네덜란드와의 전쟁에서 영국군의 승리를 예언했다고 주장했다. 많은 개신교 작가들이 예언을 여성적 활동으로 여겼고 남성 예언자를 여성화된 사람으로 보았다. 심지어 미국 매사추세츠의 청교도 목사들은 스스로를 신자들이 하느님 말씀의 젖을 빨아먹게 하는 '신의 젖가슴'이라고 칭했다. 뉴잉글랜드 목사 코튼 매더는 이렇게 적었다. "그러한 목사들은 여러분의 어머니이기도 하다. 그들은 여러분 속에 그리스도의 형상이 이루어지기까지 해산의 고통을 겪지 않았는가? 그들의 입술은 진정한 하느님 말씀의 젖을 여러분에게 전해 영양분을 공급하는 젖가슴이 아닌가?"[37]

한편 유럽 대륙에서는 30년 전쟁(1618~1648) 동안 엄청난 양의 예언이 마지막으로 쏟아져 나오면서 힘겨운 시기가 사람들을 비이성으로 몰고 간다는 격언이 사실임을 보여주었다.[38] 이 시기의 문헌을 살펴본 사람은 곧 예언을 다룬 수백 개의 글 속에 빠지게 된다. 예언들은 당시 쓰인 글에 언급되어 있거나, 예언자 본인이나 추종자들이 발간한 소책자 형태로 남아 있다. 많은 예언자들이 앞으로 다가올 신의 처벌을 피하기 위해 사람들이 회개해야 한다고 주장했다. 일부 예언자는 앞으로 일어날 구체적 사건을 언급하기도 했다. 그중 가장 흥미로운 예언자는 아마도 스웨덴 군대에 입대한 색슨족 농부인 요한 워너 버켄도르프일 것이다. 예언이 어찌나 잘 들어맞았던지 그는 일종의 종교적 대표자 역할을 하며 군인으로서의 경력을 쌓았다. 심지어 그는 스웨덴 총사령관인 렌나르트 토르스텐손의 신임을 얻기까지 했다. 토르스텐손 총사령관은 버켄도르프의 정치적·전략적 조언을 새겨들었다.

17세기 후반에는 새로운 질서가 도입되면서 신의 영감을 받은 서구 예언자들의 영향력이 줄어들었다. 과학혁명이 발생하고 뒤이어 세속화가 진행된 것 또한 영향을 미쳤다. 이제 역사적 사건을 신의 의도로만 이해할 필요가 없었다. 일부 학자는 신문이 처음 등장하면서 사람들의 생각 속에서 예언의 자리를 대신한 것 또한 하나의 요인이었을 수 있다고 본다.[39] 남은 예언자들은 과거 다른 세기에, 특히 중국과 이슬람 국가에서 그랬듯 기존 사회정치적 질서에 심각한 위협을 가하지 않았다. 신에게 영감을 받았다고 주장하며 기존 질서에 위협을 가할 것처럼 보이는 사람들은 이제 감옥보다는 정신병원으로 보내질 확률이 높았다.

하지만 피상적인 연구에서도 금방 드러나듯이, 예언자와 예언은 분명 사라지지 않았다. 모르몬교의 창시자인 조지프 스미스는 수십 개의 예언을 말하고 기록했다고 전해진다. 미국 남북 전쟁 발발과 관련된 예언처럼 일부는 실제로 실현된 것으로 보인다. 신이 분노하여 뉴욕과 보스턴이 멸망한다는 예언을 비롯한 일부 예언은 실현되지 않았다.[40] 스미스의 뒤를 이어 1세기 반 동안 모르몬교를 이끈 다른 수장들도 예지력을 지닌 것으로 여겨지고 있다.[41] 모르몬교만 그런 것은 아니다. 오늘날 전 세계의 '유명한' '진짜' 예언자들과 주께서 그들에게 밝힌 '비밀', 그들이 행했다는 기적의 목록은 지금도 매일매일 늘어나고 있다.

어느 시기든 간에 그런 예언자는 수천수만 명이 넘을 것이다. 올바른 표현인지는 모르겠지만 그들의 방법론은 상당히 다양하다. 그리스 여성인 아타나시아 크리케토우는 자신이 성령과 접촉하며 그 성령이 자기 가슴에 예언을 쓰기를 고집한다고 주장한다.[42] 오늘날 예언자가 미국에만 있는 것은 아니지만, 많은 예언자들이 '국제예수그리스도의 신오순절파교회'같이 기적과 예언 등 영성을 중시하는 기독교 분파의 수장으로, 추종자들의 추앙을 받는다. 간혹 그들 중 하나가 '진정한' 사도가 아니라는 폭로가 나오기도 하지만, 그 말에는 진정한 예언이라는 것이 여전히 존재한다는 믿음이 깔려 있다. 지금쯤이면 시작된 지 거의 수천 년이 되었을 이 진짜 가짜 논쟁은 조만간 해결될 것 같지 않다.

3

피티아와 시빌라의 신탁

신탁은 고대 그리스와 로마에서 무척이나 흔했다. 키케로가 기원전 44년에 쓴 『예언에 관하여』 초반에는 이런 문장이 있다. "피티아나 도도나, 아몬의 신탁을 받지 않고 그리스가 아이올리아, 이오니아, 아시아, 시킬리아, 이탈리아를 식민지로 삼은 적이 있는가? 신의 의지가 아닌데 그리스가 일으킨 전쟁이 있는가?"[1] 이로부터 2세기 후 그리스도교를 공격한 그리스 철학자 켈수스는 이렇게 덧붙였다. "얼마나 많은 도시가 신탁의 결과로 세워졌던가 (……) 신탁으로 얼마나 많은 질병과 기근을 예방하였는가! 신탁을 무시하거나 잊어버린 얼마나 많은 사람이 끔찍한 파멸을 맞이했던가! 식민지 건설을 위해 얼마나 많은 사람을 보냈고, 명령에 따른 이후 얼마나 번영했던가!"[2] 이들이 말한 신탁 중 일부는 실제로 해당 사건을 계획하던 때에 일어났을 것이다. 하지만 대부분의 것들은 사건 발생 이후에 지어낸 것이 분명하다.

중요한 신탁 대부분은 델피에서 내려졌다. 델피에 있는 신전한가운데에는 피티아가 서 있거나 앉아 있었다. 피티아라는 단어는 델피에 있는 여성 예언자를 지칭하기도 하고 다른 곳에서 신탁을 내리는 여성 예언자 일반을 칭하기도 했다. 처음에 피티아는 아폴론의 신부로 여겨졌다. 피티아가 정확히 어떤 방식으로 선택되었는지는 알려진 바가 없다. 플루타르코스(대략 서기 46~120)는 자신이 살던 시기에 델피의 피티아가 가난한 농부의 딸이었다고 말한다. 틀림없이 정직한 가정교육을 받고 훌륭한 삶을 살던 여성이었겠지만 교육 수준이 낮고 세상 경험이 적은 여성이었다.[3] 이를 보면 아마도 교육 수준보다 성격을 더 중시했던 것 같다.

델피에서는 한 명이 아니라 여러 명이 며칠씩 번갈아가며 신탁을 내리기도 했다. 차례가 된 피티아는 시인에게 영감을 준다고도 알려진 카스탈리아라는 신성한 샘에서 먼저 목욕을 했다. 그리고 월계수 가지를 쥐거나 월계수 잎을 태워 몸에 연기를 쏘이는 방식으로 신과 접촉했다. 다른 설명에 따르면 피티아는 월계수 잎을 씹기도 했다. 마지막으로 피티아는 예언을 비롯한 다양한 신비주의적 의식을 치르던 어두운 지하로 내려가 삼발이 의자 위에 앉았다. 그리고 바위 틈 사이에서 나오는 가스를 들이마셨다. 이 가스는 거대한 뱀(아폴론이 죽인 피톤)의 사체에서 나온 것이거나 아폴론의 숨결이라고 여겼다.

현대 학자들은 이 이야기의 진위에 의문을 품는다. 하지만 이곳이 지질학적 활동이 활발한 지역이라는 데에는 이론의 여지가 없다. 최근 연구는 근처 샘에서 나오는 물에 에틸렌 가스가 들었음을 확인했다. 달콤한 냄새가 나는 에틸렌 가스는 저농도로 들이 마시면 몸이 둥둥 떠다니거나 정신이 몸에서 빠져나온 것 같은 행복한 느낌을 주고 심리적 억압을 줄여준다. 고농도로 들이마시면 섬망이 발생하거나 극도의 흥분 상태가 되어 사지를 허우적거리는 등의 더 격렬한 반응이 나타날 수 있다. 이 모든 설명은 플루타르코스의 주장과 그런대로 잘 들어맞는다.[4]

샤먼과 달리 피티아는 미스터리한 여행을 떠나지 않았다. 그 대신 아폴론이 몸으로 들어와 가수 상태가 되길 기다렸고, 가수 상태에서는 신의 음성으로 말을 했다. 그렇기에 델피의 신탁이 언제나 3인칭이 아닌 1인칭의 형태를 띠는 것이다. 대부분의 신탁은 내용이 분명하지 않고 횡설수설했다. 그다음으로 신전에 소속된 신관들이 피티아의 말을 해석했으며, 항상은 아니었지만 신관의 해석은 종종 6보격 시의 형태를 띠었다. 그러므로 미래를 내다보고 미래에 있을 사건을 알아내는 임무는 두 단계로 나뉘어 있었고, 각 단계는 각기 다른 사람 또는 사람들이 책임졌다. 당연히 이러한 절차는 신관들에게 상당한 자유와 권력을 제공했다.

가끔은 일이 잘 안 풀리기도 했다. 예를 들면 한 피티아는 우울하고 징조가 좋지 않다는 걸 느끼는 상태로 신전에 들어갔다가 온몸이 "말 못하는 지독한 영"으로 가득 찼다. 결국 그녀는 비명을 지르며 신전에서 뛰어나왔고 모두가 공포에 떨며 도망쳤다. 피티아는 나중에 제정신이 돌아왔으나 며칠 후 사망했다.[5]

하지만 일반적으로 피티아의 힘은 대단했다. 본인의 말에 따르면 피티아는 "해변에 있는 모든 모래알의 수를 셀 수 있었고 바다의 깊이를 측정할 수 있었다. 말 못하는 사람의 말을 이해하고 목소리 없는 사람의 목소리를 들을 수 있었다".[6] 수많은 사람이 개인적으로, 또는 사절을 보내 그녀를 방문했다.

피티아의 유명한 신탁 중 하나는 스파르타를 세운 리쿠르고스(기원전 820년경에 활약)에게 내린 신탁이다. "스파르타는 돈 때문에 멸망할 것이다." 또 다른 유명한 신탁으로는 입법가 솔론이 받은 신탁인 "배 한가운데에 자리 잡고 앉아 아테네인을 이끄시오. 두 손으로 키를 꽉 붙잡으시오. 그러면 많은 아테네인이 그대를 도울 것이오"가 있다. 페르시아가 침공해오기 전날 아테네인은 "다가오는 말들, 행진하는 발들, 무장한 군대를 가만히 기다리지 말라. 도망가라. 등을 돌려라. 그래도 어쨌든 전투는 만나게 될 것이다. 오, 거룩한 살라미스여. 그대는 파종기와 수확기 사이에 많은 여인의 아들들을 죽일 것이다"라는 신탁을 받았다.[7]

다른 예언들과 마찬가지로 이 신탁도 애매모호하며, 페르시아군과 그리스군 중 누가 더 많이 죽을지, 즉 누가 이기고 누가 질지에 대해서는 말해주지 않는다. 어떤 신탁은 500년 뒤의 일을 내다본 것으로 알려져 있는데, 예를 들면 피티아 중 한 명은 로마가 먼저 카르타고와의 전투에서 승리하고 그다음에는 마케도니아의 필리포스 5세와의 전투에서 승리할 것이라 선언했다.[8] 플루타르코스에게 이는 실제로 예언을 통해 미래의 일을 미리 알 수 있다는 '확실한 증거'였다.

신탁을 듣는 사람은 그 대가로 값비싼 재물을 바쳐야 했다. 고대 문헌 속 묘사를 보면, 신전을 관리한 신관들은 특히 금과 은으로 된 그릇에 관심이 많았다. 리디아의 왕 크로이소스가 가져온 황금사자상은 무게가 30달란트에 달한 것으로 알려졌다.[9] 시간이 흐르면서 신관들은 막대한 부를 쌓게 되었다. 하지만 일이 언제나 품위 있게 진행되지는 않았다. 한 이야기에 따르면 훗날 대왕이라 불리게 된 알렉산드로스는 자신이 곧 전 세계를 정복하리라는 예언을 기대하며 델피에 방문했다.[10] 그러나 그의 예상과는 달리 별다른 말없이 다른 날 다시 오라는 내용의 신탁이 내렸다. 격노한 알렉산드로스는(그때나 나중이나 그의 자질 중에 자제력은 없었다) 피티아의 머리채를 잡고 지하에서 끌고 나왔고, 마침내 피티아는 "당신을 대적할 자는 없다!"라고 외쳤다. 이 말을 듣자마자 알렉산드로스는 피티아의 머리채를 놓고 이렇게 말했다. "이제 원하는 대답을 얻었도다."

가장 유명하긴 하지만 델피의 피티아가 유일한 여성 사제인 것은 아니었다. 델피 외에도 지중해 전역에 여덟 개의 신전이 흩어져 있었다. 그곳의 여성 예언자들은 예언자라는 뜻의 그리스어 단어 '시불라sibulla'에서 나온 '시빌라Sibylla'라는 이름으로 불렸다. 시빌라를 처음으로 언급한 고대 저자인 기원전 5세기 철학자 헤라클레이토스는 그들이 "광기 어린 입"으로 "아무것도 걸치거나 뿌리지 않고", "웃을 수 없는 것들을 이야기하며, [그들의] 목소리는 신의 도움으로 천 년 동안 이어진다"라고 말했다고 전해진다.[11] 플라톤 또한 시빌라가 "하늘에서 영감을 받아 점을 침으로써 미래의 많은 일들을 정확히 예측했다"라고 언급했다.[12] 우리가 이름을 아는 대부분의 시빌라는 너무 오래전의 인물이라 순전히 신화 속 인물로 간주해도 무방할 듯하다. 하지만 두 명은 실제로 존재한 역사적 인물로 알려져 있다.

그리스의 아홉 시빌라 외에 로마에도 '쿠마에' 또는 '티부르틴의 시빌라'라는 이름의 열 번째 시빌라가 있었다. 아이네이아스를 저승으로 안내한 것은 삶과 죽음 사이에 있어서 두 곳을 다 잘 아는 시빌라였다. 현대 고고학자들은 시빌라가 살았던, 또는 살았다고 전해지는 동굴을 찾아냈다. 일부 자료에 따르면 시빌라의 후계자들은 아이네이아스의 방문 이후로도 수백 년간 계속해서 방문자들을 받고 신탁을 전했지만 자세한 내용은 알려져 있지 않다. 로마가 신탁에 특히 기여한 바가 있었는데, 바로 『시빌라 예언집 *Libri Sibyllini*』을 만든 것이었다. 전설에 따르면 기원전 6세기에 활동한 시빌라에게서 이 책을 받은 사람은 로마의 다섯 번째 왕인 타르퀴니우스 프리스쿠스였다. 고대 그리스어로 쓰인 6보격 형식을 취한 이 책은 이해하기 어려운 여러 시빌라의 말로 이루어져 있다.[13] 이 책을 보관하던 신전은 기원전 83년에 불타 사라졌다. 이에 로마의 원로원은 지중해의 여러 지역에서 모은 짧은 신탁을 합쳐 새 책을 만들라고 지시했다.[14] 플루타르코스에 따르면 로마인이 이 예언집의 내용을 어찌나 진지하게 받아들였던지 한번은 모든 전통을 무시하고 인간을 제물로 바치기도 했다.[15]

미래를 예측한다고 주장한 다른 인물 및 방식과 마찬가지로 『시빌라 예언집』도 권력자의 미래를 가리키는 것으로 해석되어 반란 등의 정치적 불안정으로 이어질 수 있는(실제로 이어지기도 한) 심각한 예언이 들어 있다는 문제가 있었다. 이러한 위험을 방지하기 위해 예언집은 특별 임명된 고위 관리 두 명(나중에는 열

명, 심지어 열다섯 명이 되었다)으로 이루어진 위원회의 엄격한 통제 아래 보관되었고, 위원회는 예언집 관리 외의 다른 모든 의무에서 면제되었다. 로마에서 신성시된 그 어떤 물건도 이만큼 세심한 보호를 받지 않았다. 승인 없이 예언집의 내용을 폭로하는 것은 존속 살인이나 베스타의 사제*가 정절의 맹세를 어긴 것만큼 심각한 일이었고 그만큼 가혹한 형벌을 받았다.[16] 서기 380년, 예언집에서 신탁을 받은 책임자는 로마제국의 몰락과 세계 종말이 머지않았다는 결론을 내렸다. 아마도 이러한 이유로 20년 뒤 당시 로마제국에서 최고 권력을 누린 반달족 출신 장군 스틸리코가 예언집을 불태웠을 것이다.

그러나 시빌라와 그들의 예언은 사라지지 않았다. 『시빌라 예언집』 이후 이른바 『시빌라 신탁집Oracula Sibyllina』이란 것이 등장했다. 이 책은 기원전 150년에서 180년 사이에 쓰인 것으로 보이며 토속 신앙과 유대교, 그리스도교의 글을 잡다하게 모아놓은 것이었는데, 어느 순간부터 한 권의 책이 되어 『시빌라 신탁집』이라는 이름을 얻었다. 무엇보다도 이 책은 훗날 예수로 이해될 수 있는 구세주의 등장을 예측했다. 안티오키아의 테오필루스와 알렉산드리아의 클레멘스처럼 서기 2세기를 살았던 저명한 그리스도교 작가들이 『시빌라 신탁집』을 매우 높이 친 것도 이러한 이유에서였다. 2세기 후의 아우구스티누스도 마찬가지였다. 그는 이 책에 대해 길게 논한 뒤 책의 저자들이 그리스도교에 반하는 내용을

---

* 평생 순결을 지킬 것을 맹세한 후 불과 화로의 여신인 베스타의 신전에서 제단의 불이 꺼지지 않게 관리한 여성들.—옮긴이

전혀 말하거나 쓰지 않았으며 그러므로 정당히 천국에 갈 수 있는 인물로 여겨질 자격이 있다고 말했다.[17]

이야기는 여기서 끝나지 않는다. 중세 내내, 그리고 근대 초기까지 온갖 종류의 예언을 담은 수많은 '시빌라' 문서가 돌아다녔다. 아마 현재 대중에게 가장 익숙한 것은 스페인의 『시빌라의 노래Canto della Sibilla』일 것이다. 이 책은 다가올 세상의 종말에 관한 장엄하고 우울한 노래들로 이루어져 있으며 다양한 곳에서 다양한 판본으로 공연되었다. 그 이후로도 시빌라는 르네상스 예술가들이 가장 좋아하는 주제가 되었다. 이들은 특히 로마 황제 아우구스투스가 자신이 신으로 칭송되어야 하는지 아닌지를 시빌라에게 상담한 이야기에 마음을 빼앗겼다.[18] 시스티나 예배당의 천장에는 그리스도가 오실 것을 예언했다고 알려진 인물 열두 명이 그려져 있다. 그중 일곱 명은 전부 남자인 히브리 예언자고, 나머지 네 명은 고대의 시빌라다. 이 천장화를 그린 미켈란젤로는 시빌라에게 이상할 정도로 남성적이고 근육질인 몸을 주는 것이 적절하다고 보았다.

짧게 말해서 문학과 연극, 심지어 정치 담론까지도 시빌라를 불러내 자기 마음대로 사용했다. 예를 들면 엘리자베스 공주가 여자라는 이유로 왕이 되어서는 안 되는지, 1562~1598년의 위그노 전쟁에 엘리자베스 여왕이 개입해야 하는지 아닌지에 관한 논의에도 시빌라가 호출되었다.[19] 1801년에는 폴란드의 도시 푸와비에 이탈리아 티볼리(티부르틴의 시빌라가 거주하던 곳)에 있는 건축물을 본 딴 가짜 시빌라 신전이 세워졌다.

오늘날까지도 책과 영화, 텔레비전 시리즈 등 많은 것들이 시빌라의 이름을 딴다. 심지어 프로그래밍 언어를 비롯해 '서지 정보 검색 프로그램'과 '유전체 비교 및 시각화를 위한 소프트웨어' 같은 여러 컴퓨터 프로그램에도 시빌라의 이름이 사용되고 있다.

4

기억해야 할 꿈

현실과 꿈이 어떤 관계인지, 꿈을 통해 현실에 관해 배울 수 있거나 없는 것이 무엇인지는 아마 인간이 이 땅 위를 처음 걷기 시작한 이후 계속 논란의 대상이었을 것이다. 기원전 350년경 아리스토텔레스는 『꿈에 관하여 *De Insomniis*』에서 "병에 걸린 사람이 깨어 있는 동안 환각을 겪게 하는 기능은 잠들어 있는 동안 환각 효과를 일으키는 기능과 동일하다"라고 말한다. 다른 짧은 작품 중 하나인 『잠 속의 예언에 관하여 *De divinatione per somnum*』에서 그는 꿈이 깨어 있을 때 받은 인상의 잔여물이라고 말한다. 그러한 인상은 좋은 거울을 통해 본 것처럼 예리하고 선명할 수 있다. 하지만 그는 꿈과 미래 사이에 유사성이 있다면 그건 순전한 우연이라고 말한다.

아리스토텔레스는 여기에 두 가지 예외가 있음을 인정했다. 하나는 꿈꾸는 사람의 신체에서 발생해 그 사람의 건강 상태를 미리 알 수 있게 하는 꿈이고, 둘째는 꿈꾸는 사람이 특정 행동을 취

하게 해서 현실에서 스스로 충족되는 꿈이다.[1]

우리는 대부분의 꿈이 렘REM, rapid eye movement수면 중에 발생한다는 것을 안다. 일부는 렘수면 상태에서 꾸는 꿈은 주로 적대적이고, 비렘수면 상태에서 꾸는 꿈은 유쾌하고 평화롭다고 말하기도 한다.[2] 다른 '고등 척추동물'에게서도 렘수면이 관찰된다는 사실을 통해 그들 또한 꿈을 꾼다는 사실을 추측할 수 있다.[3] 또 우리는 중앙 측두엽 깊은 곳에 자리한 아몬드 모양의 뇌 부위로, 기억 형성과 의사 결정, 감정 반응에 중요한 역할을 하는 편도체가 우리가 꿈을 꾸는 과정에서도 중요한 역할을 한다는 사실을 안다. 누군가는 이 사실을 꿈이 기억 수정을 도와준다는 표시로 받아들인다. 하지만 뚜렷한 증거는 없다.

뇌 과학자들은 뇌를 스캔하여 꿈이 뇌에서 일어나는 전기 활동의 결과이며 이때의 전기 활동은 깨어 있는 상태에서 발생하는 전기 활동과는 다르다는 결론을 내렸다. 그러나 그 전기 활동이 어떠한 이유로, 또 어떻게 갖가지 기이한 꿈을 일으키는지는 명확하게 밝혀지지 않았다. 때로 꿈에는 시각과 소리, 냄새, 맛, 촉감이 동반되는데, 그러한 느낌이 감각, 즉 외부에서 오는 것이 아니라는 점에서 더욱 그렇다. 지금까지 알려진 바에 따르면 이런 느낌들은 꿈꾸는 뇌가 자체적으로 만들어낸다.

어쨌거나 뇌 스캐너는 아무리 정교하더라도 상징과 의미 같은 추상적인 것은 감지하지 못한다. 예를 들면 그 어떤 스캐너도 미리 프로그래밍되지 않는 한, 여성의 꿈에 등장한 코트를 남자와 연결하는 데 프로이트만큼 능하지 않을 것이다. 즉 대부분의 신경

과학자가 아리스토텔레스의 의견에 동의하는 까닭은 새로운 지식이 아니라 무지 때문이다. 신경과학자들은 꿈에 대해 점점 더 많이 알아내면서도 꿈이 무엇을 의미하고 꿈에서 무엇을 배울 수 있는지를 이해하려는 노력을 포기했다. 꿈에서 가장 중요한 것, 즉 꿈의 내용은 중요하지 않다는 듯이 말이다. 이는 유감스러운 일인데, 결국 우리가 아침에 받는 첫 번째 인상은 자는 동안 꾼 꿈에서 비롯되는 경우가 많기 때문이다. "파라오가 깨어나 보니, 꿈이다. 아침에 그는 마음이 뒤숭숭했다."(「창세기」 41:7~8) 뇌 영상 촬영 기술과 그 기술이 보여주는 것들에 관심이 있는 사람이 한 명 있을 때, 자신이 꾼 꿈을 해석하고 싶어 하는 사람은 백 명 정도 있을 것이다.

꿈꾸는 뇌에 직접 가닿을 수 없는 상황에서 우리가 할 수 있는 것은 사람들이 기억하는, 또는 기억한다고 말하는 꿈 내용을 들여다보는 것이다. 아마 꿈에 대한 가장 오래된 기록은 자신의 이름을 딴 기원전 3세기경의 서사시 속 길가메시의 기록일 것이다. 꿈속에서 길가메시와 그의 친구 엔키두는 깊은 협곡을 걷다가 거대한 산이 무너져 내려 그 아래 깔린다. 엔키두는 조금도 놀라지 않고 꿈을 해석한다. 그는 산은 곧 거대한 괴물 훔바바를 의미하며 자신과 길가메시가 그를 죽이게 될 것이라 설명한다(실제로 그들은 그렇게 한다). 서사시 뒷부분에서 엔키두는 자신이 죽는 꿈을 꾼다. 이 꿈 또한 현실이 되고, 길가메시는 엔키두를 애도한다.

해몽의 기술은 메소포타미아에서 아시리아인, 이스라엘인, 그리스인, 로마인에게로 퍼져나갔다. 그 이후로는 꿈을 통해 미래를 예측하려 하지 않는 문화에 속한 사람을 거의 찾아볼 수 없다. 「민수기」에서 신은 이렇게 말한다. "너희는 나의 말을 들어라. 너희 가운데 예언자가 있으면, 나 주가 환상으로 그에게 알리고, 그에게 꿈으로 말해줄 것이다."(12:6) 솔로몬 왕은 주님께서 직접 꾸게 하신 꿈에서 가장 원하는 것으로 지혜를 꼽았고, 실제로 이 소원은 이루어졌다.(「열왕기상」 3:5~15) 즉 이스라엘인은 꿈을 신께서 내린, 지극히 받아들일 만한 미래 예측 방식으로 여겼다. 이런 점에서 꿈은 다른 미래 예측 방식, 특히 사형에 처해진 점술(「출애굽기」 22:18)과는 달랐다.

요셉의 이야기에서 나타나듯이 꿈은 메시지를 명확하게 전달하는 대신 상징의 도움을 받았다. 처음에 요셉은 자신과 형제들이 곡식을 추수하는 도중에 형제들의 곡식 단이 자신의 곡식 단에 절을 하는 꿈을 꿨다. 그다음으로는 해와 달과 별 열한 개가 자신에게 절을 하는 꿈을 꿨다.(「창세기」 37) 그 후 요셉은 세 사람의 꿈을 해석해주는데, 그중 가장 중요한 것은 파라오의 꿈이었다. 요셉은 파라오의 꿈에 나온 살진 일곱 마리 소는 풍년이 든 일곱 해를, 여윈 일곱 마리 소는 흉년이 든 일곱 해를 의미한다고 해석해준다.(「창세기」 41) 기원전 9세기의 아시리아에는 이 같은 상징과 그 의미를 적은 목록이 있었다. 다음은 기원전 7세기 아시리아인의 꿈 해설서 중 일부다.

[꿈속에서] 강에 빠져 강물이 입으로 들어가면: 중요한 인물이 된다.

강에 가라앉았다가 (다시) 나타나면: [그 사람은 앞으로] 부자가 된다.

옷을 입은 채로 강에 가라앉으면: 이 남자의 토대[는 단단하다].

강에 빠져 상류[쪽으로 휩쓸리면/수영하면]: 그는 친절하지 않은 사람에게 (무언가를) 부탁하고 그 사람은 그에게 (그것을) 준다. 왕[실] 안에서.

강에 빠져 하류[쪽으로 휩쓸리면/수영하면]: 그는 친절한 사람에게 (무언가를) 부탁하고 그 사람은 [그에게] (그것을) 준다.

강으로 (……) 가라앉았다가 (다시) 올라오면: 감옥. (……)

'어두운 물'에서 계속 걸으면: 어려[운] 소송 [ ], 증언을 위해 [그를 소]환한다.

강에서 [자기 몸을] 씻으면: [ ]를 잃어버린다.

강에 (……) 가라앉았다가 [다시] 올라오면: 걱[정]이 생긴다.

강을 건너면: 혼란을 경험한다.

강으로 내려갔다가 (다시) 올라오면: 적에 대항해 [법정에] 선다.

강에서 나오면: 좋은 소식.

(……)

꿈속의 '왕'이 여성과 잠자리에 들면 (……)

꿈속의 '왕'이 여성의 입술에 [키스(?)]를 하면 (……)

꿈속의 '왕'이 [여성의] 가슴을 [ ]

꿈속의 '왕'이 여성 [그녀의] 가[슴]

꿈속의 '왕'이 [ ]와 [잠자리에 들면(?)] 4

섹스는 오늘날과 마찬가지로 고대 해몽가들에게도 중요했던 것이 분명하다. 이 목록은 고통스러울 정도로 상세하게 끝없이 이어진다. 발생 가능한 거의 모든 사건을 다루고 있는데, 예를 들면 벌레를 먹는 것은 다가올 승리를 예고하는 것이고 말을 만나는 것은 꿈꾸는 사람이 구원자를 만난다는 뜻이다.

그리스인에게도 해몽서가 있었다.5 최초로 알려진 것은 기원전 5세기에 안티폰이 쓴 것이었다. 그 뒤로도 여러 해몽서가 나왔다. 대부분의 꿈은 미래에 관한 경고로 신이 직접 보낸 '전달 매체'로 여겨졌다. 꿈의 의미와 꿈에 어떻게 예지력이 생기는가에 대한 설명은 매우 다양했다. 투키디데스는 자신의 주인공들이 꿨을 수도 있는 꿈을 굳이 기록하지 않았다. 냉철하고 사무적인 기원전 2세기의 역사가 폴리비오스는 꿈을 기록하는 것은 시간 낭비라고까지 말했다.6

그러나 다른 작품에는 그러한 설명이 매우 많았다. 헤로도토스는 꿈이 현실이 된 사람들(대부분은 유명한 공인이다)의 이야기를 수없이 많이 전하고 있다(헤로도토스는 아시리아인의 꿈 해설서를 이용해 이들의 꿈을 해석했다). 그 예로 메디아의 왕인 아스티아게스는 딸 만다네의 음부에서 포도나무가 자라 아시아 전체를 뒤덮는 꿈을 꾸었다. 점치는 사람에게 꿈에 대해 말한 아스티아게스는 만다네의 자식이 자기 자리를 빼앗고 왕위에 오르게 될 것이라는 이야기를 들었으며, 결국 실제로도 그렇게 되었다.[7]

알렉산드로스 대왕의 아버지인 마케도니아의 필리포스 2세는 자신이 아내 올림피아스의 자궁에 도장을 찍는 꿈을 꾸었는데, 이 꿈은 아내가 임신했으며 사자 같은 천성을 가진 아들이 태어날 것이라는 의미로 해석되었다. 타르퀴니우스 수페르부스 왕은 별이 가던 길을 돌려 새로운 방향으로 움직이는 꿈을 꾸었는데, 이 꿈은 언젠가 로마가 온 우주를 지배한다는 의미로 해석되었다. 카이사르는 살해당하기 전날 밤 구름 위를 떠다니며 목성을 향해 손을 뻗는 꿈을 꾸었다. 그의 아내 칼푸르니아도 꿈을 꾸었는데, 꿈속에서 그녀는 집의 박공이 떨어지고 남편이 칼에 찔려 자신의 무릎 위에서 죽는 모습을 보았다.[8] 가장 가진 것 없는 사람들도 자기 꿈이 미래에 대해 무엇을 말해주는지 알고 싶어 했다. 아리스토파네스의 희곡 『말벌 Sphekes』에는 꿈을 해석할 수 있는 특권에 기꺼이 은화 두 닢을 지불하려 하는 노예가 나온다.[9]

어떤 꿈은 꿈꾸는 사람에게 한 번이 아니라 두 번 찾아오기도 했다. 모든 꿈이 실현되는 건 아니었다. 『일리아스 Elias』에서 제우스는 아가멤논에게 거짓 꿈을 꾸게 해 트로이 전쟁에서의 승리가 머지않았다고 믿게 만든다. 헤로도토스는 페르시아의 크세르크세스의 꿈에 신비하게 빛나는 존재가 나타나 그리스를 침략하라고 촉구한 이야기를 전한다. 크세르크세스는 이 꿈을 믿지 못하고 숙부 아르타바누스에게 자기 옷을 입고 자기 침대에서 잠들게 한다. 크세르크세스의 부탁대로 한 아르타바누스가 똑같은 꿈을 꾼

후에야 크세르크세스는 그리스 원정에 나설 준비를 명한다.[10] 이 이야기가 실제로 있었던 일인지에 대해서는 의문이 있을 수 있다. 하지만 이 이야기를 통해 사람들의 사고방식을 어느 정도 파악할 수 있다.

잘 때 왜 예지력이 생기는가에 대한 설명은 무척 다양하다. 아이스킬로스는 "잠자는 정신은 두 눈에서 자유로워진다"라고 말했다. 그와 얼추 동시대를 살았던 핀다로스는 꿈이 "즐거움과 불행 중 무엇이 올지를 결정하는 것"을 즐긴다고 믿었다.[11] 기원전 4세기 초의 장군이자 작가였던 크세노폰은 사람의 영혼이 죽음과 유사한 수면 상태에 있을 때 그 신적인 특성이 가장 잘 드러나며 육신에 꽉 매여 있지 않기에 미래를 내다볼 수 있다고 생각했다. 헬레니즘 철학가였던 이암블리코스는 잠든 영혼이 이제 신체를 운영할 필요가 없으므로 미래를 포함한 현실에 대해 자유롭게 숙고할 수 있기 때문에 꿈에 예지력이 생기는 것이라 설명했다. 또한 영혼이 몸과 더 잘 분리될수록 영혼의 근원인 모든 것을 아는 지적 또는 신적 본질과 하나가 될 수 있다고 설명했다.[12] 플루타르코스가 보기에 꿈은 특정 '유출물'의 결과였다. 이 유출물들은 바깥에서 구멍을 통해 몸으로 들어와 꿈꾸는 사람에게 미래의 환영을 보여주었다.[13]

이보다 훨씬 뒤인 서기 4세기에 그리스도교 작가인 아타나시우스는 다음과 같이 말했다.

몸이 잠들어 가만히 쉬고 있을 때 사람은 내면에서 움직이고 있다. 그는 자기 바깥에 있는 것에 대해 깊이 생각하고 낯선 땅을 가로지르며 친구들을 만나고 종종 그것[꿈]들을 통해 매일의 행동을 예측하고 미리 알게 된다.[14]

여기에는 수면이 초자아의 경계를 늦춰 원래는 저 깊은 곳에 있던 것을 표면으로 끌어올린다는 프로이트의 개념과 유사한 면이 있다. 꿈은 너무나도 중요한 것이었기에 사람들은 꿈을 꾸려고 특별한 노력을 기울였는데, 예를 들면 자신이 조언을 구하는 신, 특히 그리스의 의술의 신인 아스클레피오스의 신전에서 잠을 잤다. 이만큼 자주 쓰인 방법은 아니었지만 신성한 동굴에서 머물며 단식을 하거나, 월계관을 베개 밑에 두는 것처럼 여러 물건과 함께 잠들기도 했다. 2세기 시인인 유베날리스는 당시 로마에 동전 몇 닢을 받고 즉시 사람들이 원하는 꿈을 파는 유대인 여성들이 있었다고 말한다.[15]

실현된 꿈에 감사를 표한 비문과 헌사들이 고대 지중해 사회 전역에서 발견되었다. 플라톤은 이런 글을 적는 것이 "모든 유형의 여성 [그리고] 아프거나 위험 또는 어려움을 겪었거나 뜻밖의 특별한 행운을 만난 남성" 사이에서 특히 유행한다고 말한다.[16] 역사상 최고의 의사 중 한 명인 갈레노스는 그의 아버지 니콘이 "생생한 꿈" 속에서 페르가몬에서 의술을 공부하고 있는 갈레노스를 본 뒤 의사의 길을 걷기 시작한다. 훗날 그는 꿈의 효험을 인정하지 않는 사람들과 달리 의학 교육 과정에 꿈을 포함시켰다. 한편으로는 환자들이 꾼 꿈에 나온 치료법을 통해 많은 사람의 목숨을 구했다고도 주장했다. 다른 한편으로는 환자들이 설명한 꿈에 주의를 기울이지 않아 결국 죽음에 이르게 한 의사의 사례를 제시하기도 했다.[17]

가장 널리 알려진 고대의 꿈 해설 전문가는 아르테미도로스다. 소아시아 서쪽의 에페소스 출신인 그는 약 서기 2세기 중반에 명성을 떨쳤다.[18] 그의 역작『꿈의 열쇠 Onirocriticon』는 온전하게 살아남은 이 시기의 유일한 꿈 해설서로, 수많은 판본과 언어로 출판되었으며 한 번도 절판되지 않았다.[19] 아르테미도로스는 자신이 수년간의 경험을 통해 이 기술을 터득했으며 독서, 여행, 심문 등 다양한 방법으로 철두철미하게 연구했고 심지어 고결한 척하는 사람이라면 거지와 사기꾼, 광대라고 무시했을 장터의 점쟁이와 어울리는 것도 개의치 않았다고 적었다.

그는 꿈이 신이 보낸 것이라고 말했다. 하지만 꿈은 꿈을 받아들이고 표현하는 인간 영혼의 특성(노인인가 젊은이인가, 남성인가 여성인가, 자유인인가 노예인가, 유명한가 무명인가 등등)에 따라 다른 형태를 띨 수 있다. 모든 꿈이 해석될 필요가 있거나 미래를 말해주는 것은 아니었다. 하지만 그러한 꿈도 있었고, 그것이 아르테미도로스가 주로 관심을 가진 꿈이기도 했다.

미래를 알려주는 꿈은 두 종류로 나뉘었다. 하나는 거의 즉시 실현되는 단순한 꿈이며, 다른 하나는 상징의 형태를 띠어서 실현되기까지 더 오랜 시간이 걸리는 꿈이다. 첫 번째 종류의 꿈은 해석하기 쉽다. 예를 들어 돈을 빌린 사람이 돈을 꿔준 사람이 찾아오는 꿈을 꾼다면 그건 누가 봐도 실제로 곧 일어날 꿈이다. 그러한 결론은 특별한 지혜가 없어도 쉽게 도달할 수 있다. 아르테미도로스는 두 번째 종류의 꿈에 집중했다. 그가 적었듯이 "꿈의 해석은 꿈속의 이미지와 곧 나타날 결과 사이의 유사점들을 나란히 배치하는 것"에 지나지 않는다.[20]

예를 들어, "떡갈나무는 영양학적 가치가 뛰어나므로 부자를, 수명이 기므로 노인을, 같은 이유로 시간 자체를 상징했다". 사창가에서 성노동자와 섹스하는 꿈은 다소 곤란한 상황과 약간의 지출을 가리켰다. 엉덩이(오노스onos) 꿈은 수익(오나스타이onasthai)을 예측했다. 이처럼 때로는 유사성이 시각적이기보다는 청각적일 때도 있었지만, 이러한 종류의 유사 추론을 통해 꿈이 긍정적인 내용인지 아닌지를 판단할 수 있었다. "자연과 법, 관습, 직업, 이름, 시간에 부합하는 이미지는 좋은 것이지만 그에 상반되는 이미지는 나쁘고 불길하다는 것이 기본 원칙이다." 어떤 꿈은 꿈속 인물의 손에 해석을 맡기기도 했는데, 부모나 교사, 또는 다른 존경받는 인물이 꿈에 등장해 미래에 일어날 일을 설명해주었다. 아르테미도로스는 똑같은 꿈이더라도 꿈꾼 사람이 남자냐 여자냐, 가난한 사람이냐 왕자냐에 따라 다른 의미를 띨 수 있다고 말한다. 평범한 시민이 자기 어머니와 함께 잠을 자는 꿈을 꾼다면, 실제로 그 사람은 어머니에게 가서 함께 잠을 잘 수 있다. 하지만 사람들을 선동하는 정치인이 그러한 꿈을 꾼다면 도시를 통치하겠다는 그의 소원이 이루어질 확률이 높다는 뜻일 수 있다.

이슬람만큼 꿈이 중요한 역할을 한 문명은 없다. 예언자 무함마드는 『쿠란』을 구전으로 전하라는 명령을 받기 전에 6개월 동안 신에게서 "진정한 꿈"을 전달받았다고 전해진다. 무함마드의 아내 아이샤는 "종교적 영감의 시작은 그분이 잘 때 좋고 정직한 [진정한] 꿈의 형태로 찾아왔다. 그분은 원래 꿈을 꾸지 않았으나 그 꿈은 밝은 대낮의 빛처럼 실현되었다"[21]라고 말했다. 당연히 아랍인은 더 오래된 메소포타미아 전통과 그리스 전통에 고유의 요소를 더해 역사상 가장 방대하고 정교한 꿈 해설 지식을 구축했다.[22] 『구약』과 『신약』처럼 『쿠란』도 꿈은 신이 보낸 것이며 격려나 경고의 역할을 한다는 것을 당연하게 여겼다. 그러나 어떤 꿈은 악마가 보낸 것일 때도 있었다. 그러므로 꿈을 이용할 때 가장 처음 해야 할 일은 신이 보낸 꿈과 악마가 보낸 꿈을 구분하고 악마가 보낸 꿈은 무시하는 것이었다.

무함마드는 곁에 있는 이들에게 무슨 꿈을 꿨는지 물어보며 매일 아침을 시작했다. 그리고 여기에 자신의 꿈을 더해 이 꿈들을 논의하며 무엇을 수용하고 무엇을 거부할지 결정하는 일종의 회의를 주재했다. 무함마드의 후계자인 칼리프들도 이 전통을 계속 이어나갔다. 무함마드 이후 두 번째 칼리파였던 우마르는 죽음을 앞두고 흰 수탉이 부리로 자신을 세 번 쪼는 꿈을 꾸었는데, 실제로 그는 암살자의 단검에 여러 번 찔려 사망했다. 8세기의 유명한 칼리파인 하룬 알라시드의 아들이자 후계자였던 피루즈 알아민은 꿈의 형태로 찾아온 경고 때문에 점점 커져가는 셀주크의 힘을 두려워하게 되었다. 이러한 사례는 이 외에도 끝없이 많다.

이러한 이유로 해몽가들은 수요가 매우 많았다. 일부는 충분한 보상을 받았고, 일부는 요셉의 뒤를 이어 높은 자리에 올랐다.

또한 이러한 기술에서 수많은 해몽서가 나왔다. 해몽서에는 수면과 꿈의 특징, 꿈 해석의 규칙과 꿈속에 등장한 다양한 물체의 의미가 상세히 분석되어 있었다. 아부 알파즐 후세인 이븐 이브라힘 빈 무함마드 알티플리시가 쓴『완벽한 꿈 해설서 *Kamil al tâbír*』한 권에만도 꿈 주제 1천 개가 문자순으로 정리되어 있다.

당시 아랍 해몽가들은 사랑하는 사람이 나오는 꿈이나 상인이 자기 물건을 보는 꿈, 베 짜는 사람이 베틀을 보는 꿈, 군인이 무기를 보는 꿈처럼 그 당시 몰두하던 생각에서 비롯된 것이 분명한 꿈은 전부 무시했다는 점에서 현대의 후계자들과 달랐다. 그러한 꿈을 제외하면 꿈은 두 종류로 나뉘었다. 하나는 과거나 현재에 일어난 일의 참모습을 알려주는 꿈이고, 다른 하나는 지금 착수하고 있는 일의 결과를 예측해주는 꿈이었다. 두 번째 종류는 다시 그 일을 격려하는 꿈과 경고하는 꿈으로 나뉘었다. 좋은 꿈을 꾸고 싶은 사람은 차분하고 냉철하며 음식을 적당히 먹은 상태여야 했다. 또한 아마도 심장이 편히 뛰게 하려는 목적에서 반드시 오른쪽으로 누워야 했다.

해설가들은 반드시 선량하고 경건하고 독실한 사람이어야 했다. 부단히 기도하며 신께 자신을 인도해달라 청해야 했고 특히 『쿠란』읽기를 포함한 모든 종교적 의무를 근면 성실하게 수행해야 했다. 또한 온갖 종류의 경전과 점술에도 통달해야만 했다. 꿈을 해석할 때는 먼저 꿈꾼 사람의 신원과 주변 환경, 정신상태, 신앙 등을 철저히 알아내야 했는데, 이 모든 것이 꿈 해석 방식에 영향을 미쳤다. 부자의 꿈은 가난한 사람의 꿈보다 더 의미가 컸다.

시간, 즉 꿈을 꾼 것이 밤인지 낮인지도 중요했고, 꿈을 꾼 계절 역시 중요했다. 자신이 코끼리 위에 앉아 있는 꿈을 꾼 남자는, 만약 꿈을 꾼 시간이 밤이었다면 큰 이득을 취할 중요한 일을 시작하게 될 것이었다. 하지만 똑같은 꿈을 낮에 꿨다면 그 남자는 아내와 이혼할 것이며 큰 슬픔과 골칫거리가 뒤따를 것이라 여겼다. 심지어 오늘날 우리가 무의식이라 부르는 것을 탐험하기 위해 잊어버린 꿈을 다시 떠올리게 하는 꿈 해설 분야도 있었다.

자신이 『쿠란』을 읽는 꿈은 불행 모면, 가난 이후의 부유함, 원하던 목표의 성취, 순례의 시작을 의미했다. 『쿠란』을 반만 읽는 꿈은 삶의 반이 지났으므로 종교적 일과 세속적 일을 제대로 정리해야 한다는 경고였다. 다른 사람이 읽는 『쿠란』을 듣는 꿈은 좋은 꿈으로 은혜가 더욱 충만해진다는 뜻이었다. 그러나 다른 사람이 읽는 『쿠란』을 듣지만 이해는 못 하는 꿈은 슬픔의 전조였다. 『완벽한 꿈 해설서』의 끝에는 해석하기 어려운 꿈의 사례로 몇 가지 "주목할 만한 꿈"을 소개하고 있다. 한 남자는 자기 집에서 관 열 개가 나오는 꿈을 꾸었다. 원래 그 집에 사는 사람은 자신을 포함해 전부 열 명이었으나 그중 아홉 명이 전염병으로 사망한 상태였다. 남자가 자기 차례를 기다리고 있는데 집에 도둑이 들었다. 도둑은 지붕에서 마당으로 떨어져 사망했다. 이렇게 관 열 개가 다 찼으므로, 꿈을 꾼 남자는 죽음을 피할 수 있었다. 또 다른 남자는 자신의 오른 다리가 흑단이 된 꿈을 꿨다. 해몽가들은 이 꿈의 의미를 설명하지 못했다. 이후에 그 남자는 능력이 뛰어난 힌두교인 노예를 사들였다. 해몽가들은 꿈속에서 남자의 다리가 하인을 의미했을 거라고 말했다. 그 다리가 오른쪽 다리인 것은 하인의 탁월함을, 흑단은 그 하인이 인도 출신임을 의미했다.

오늘날까지도 이슬람은 지구상에서 가장 방대한 꿈 문화를 지니고 있다. 심지어 알카에다와 IS의 조직원들도 꿈을 통해 지하드 수행의 영감을 받았다고 주장한다.[23] 오사마 빈 라덴은 조직원 중 한 명이 조종사처럼 옷을 입고 미국 팀과의 풋볼 또는 축구 게임에서 승리하는 꿈을 꿨다고 주장했다. 그는 이 꿈을 통해 오늘날 9·11로 알려진 계획이 성공을 거둘 것임을 알았다.[24]

서기 2세기의 테르툴리아누스를 필두로, 많은 그리스도교 작가들은 꿈에 대해 애매모호한 입장을 보였다.[25] 그들은 어떤 꿈은 신의 영감을 받은 것으로 미래를 가리킨다는 데 동의했지만 어떤 꿈은 악마가 보낸 것으로 망상과 같은 헛소리에 지나지 않는다고 보았다. 그중에서도 가장 권위 있는 인물이었던 성 아우구스티누스는 '신체적' 꿈과 '영적' 꿈을 구분했다. 그는 신체적 꿈은 사람을 "크나큰 실수"로 이끌 수 있다고 경고했다. 하지만 영적 꿈은 천사의 영감을 받은 것이며 다른 가능한 방법 못지않게 중요한 통찰을 가져다줄 수 있었다.[26]

이 시점에서 전통은 둘로 나뉘었다. 비잔틴제국에는 서기 700년경에 쓰인 아흐메트의 『꿈 해석에 관한 논고Oneirocriticon』가 있었다.[27] 아흐메트를 필명으로 사용한 무명의 그리스인으로 보이는 저자는 책의 서문에서 꿈에 나타나는 상징과 그 의미를 짧고 쉽게 설명하는 것이 자신의 저술 의도라고 밝혔다. 예상할 수 있듯이 책의 내용 대부분은 주로 그리스의 비그리스도교 자료에서 가져온 것이었다. 하지만 곧 이 책의 내용은 삼위일체와 성모마리아, 천사 등의 그리스도교 개념으로 두텁게 뒤덮였다.

한편 서로마제국에서 가장 권위 있는 인물은 서기 590년에서 604년까지 재임한 교황 그레고리오 1세였다. 그는 악마가 보낸 꿈과 신이 보낸 꿈, 그리고 그 사이에 있는 꿈을 구분했다. 가끔은 악마가 보낸 꿈도 신뢰할 수 있었으나, 이 세 가지를 서로 구분하기란 쉽지 않았다. 그러므로 이 꿈들에서 결론을 끌어내리려면 극도로 신중해야만 했다.[28] 완벽한 합의는 한 번도 이루어진 적이 없는데, 어느 정도는 1150년경부터 이루어진 아리스토텔레스의 재발견과 꿈에 대한 그의 회의적 시각 때문이기도 했다. 그러나 보베의 뱅상(1190~1264년경) 및 알베르투스 마그누스(1200~1280년경) 같은 중세의 중요한 철학자 일부는 적어도 어떤 꿈은 신뢰할 수 있으며 미래에 관한 종교적 지침을 제공한다는 데 동의했다.[29]

이때나 다른 때나 꿈에 대한 믿음이 너무나도 강력했기에 사람들은 자신의 예언이 진지하게 받아들일 가치가 있다고 믿게 하려고 때로는 일부러 사람들의 희망을 꿈에 덧칠하곤 했다.[30] 그 방식을 가장 적나라하게 보여주는 사례를 소개한다. 1516년 브뤼셀에 살며 재정적 난관에 부딪힌 이탈리아의 변호사 메르쿠리노 디 가티나라는 긴 탄원서를 썼다. 이 탄원서는 브뤼셀이 속한 영토를 다스리는 열여섯 살 난 공작, 부르고뉴의 샤를에게 보낸 것이었다.[31] 편지에서 메르쿠리노는 샤를 공작이 전 세계의 지도자가 될 것이라 예언했다. 그리고 꿈에서 이 사실을 알게 되었다고 주장했는데, 높은 곳에서 들려온 목소리가 모든 세속적 악의 근원은 "여러 명의 공작"에게 있으며 샤를 공작이 그 문제를 바로잡을 운명이라고 말했다는 것이었다. 메르쿠리노가 쓴 글은 대부분 자신이 직접 쓴 것이 아니었다. 이 글은 안니오 다 비테르보라는 이탈리아 학자가 쓴 15세기 논고에서 그대로 따온 것이었다. 훗날 샤를이 첫 번째 스페인 국왕이 되고 이후 '카를 5세'라는 이름으로 신성로마제국의 황제가 되었으므로 이 '꿈'은 실현되었다고 할 수 있으나 "여러 명의 공작"이라는 문제는 해결되지 않았다. 하지만 상관없다. 메르쿠리노는 왕의 대재상으로 임명되어 1530년에 사망할 때까지 자리를 유지했다.

많은 신경과학자가 비웃는다 해도, 꿈이 그것을 꾼 사람과 이 세상의 미래에 관해 무엇을 말해주는가에 대한 관심은 여전히 전 세계 수백만 명 사이에서 이어지고 있다. 종교를 믿는 사람들은 지금도 꿈이 신이 보낸 메시지라고 생각한다. 그 밖의 많은 사람들도 전체 삶의 3분의 1을 차지하는 수면 시간의 경험이 무의미하며 깨어 있는 상태와 아무런 관련이 없다고 믿기를 거부한다. 지금도 심리학자들은 환자를 더 잘 이해하려는 노력에서 꿈을 이용한다. 실제로 현대의 해몽가들이 사용하는 방법은 아랍인이 주창한 방식과 상당히 유사하다. 심지어 꿈을 "창의적인 문제 해결 방식"과 연결시키려는 시도도 존재한다.[32] 『예로부터 내려온 빈의 구두 수선공의 꿈 해설서*Altbekanntes Wiener Schusterbuben Traumbuch*』와 『집시의 완벽한 꿈 해설서*Vollständiges Zigeunerinnen-Traumbuch*』처럼 1950년대에 처음 등장한 오스트리아의 시리즈 도서들은 지금까지 수백만 부가 판매되었다.『예로부터 내려온 빈의 구두 수선공의 꿈 해설서』
는 꿈속에서 결혼은 심각한 질병을, 고통은 행복한 사건을, 교수
형 집행인은 크나큰 영광을 뜻한다고 말한다.『집시의 완벽한 꿈
해설서』는 나무에 열린 오렌지는 불행한 연애 사건을, 모피 코트
는 암울한 미래를, 출산은 불행한 상실을, 구급차는 감사할 줄 모
르는 마음을 상징한다고 말한다.[33]

오늘날에도 인터넷을 이용하면 미래를 예측한 꿈이 지천에 널
렸다는 사실을 알 수 있다.[34] 또한 확률의 법칙에 따라 그중 일부
는 정말로 실현되었다는 사실도 알게 된다. 선진 기술 역시 꿈 해
설을 간과하지 않았다. 자기 꿈을 기록하고 그 의미를 이해하고
싶은 사람들은 바로 그 목적을 위해 특별 고안된 소프트웨어를 사
용할 수 있다. "이 소프트웨어는 사용자가 모든 것을 통제할 수 있
는 비밀의 세계를 발견할 수 있게 돕습니다. 의식이 있는 현실에
서의 삶보다도 더 현실적인 세계를 보여드립니다. 이 세계는 매우
흥미진진하며, 사용자는 무엇이든 실현하는 방법을 배울 수 있습
니다."[35] 자칭 이 분야의 전문가인 질리언 홀러웨이는 꿈 2만 2천
개를 모은 '데이터베이스'를 구축했다고 주장한다. 그녀는 이 모
든 것이 어린 시절에 시작되었다며 이렇게 덧붙인다. "내 꿈을 기
록해본 뒤 현실에서의 삶과 꽤나 명백한 유사성이 있음을 알게 되
었다. 꿈이 내 자신감을 북돋고 나중에서야 나타날 재능을 넌지시
알려주기 위해 사용한 괴상하고 거의 시적이기까지 한 방법을 보
고 매우 즐거웠던 적도 있다." 또한 그녀는 꿈이 "내적 압력의 지
표"라고 말한다. 꿈은 "감정과 기억, 가치, 의도"를 알려준다. "큰

결정을 내리거나 새로운 관계를 시작하기 직전에 우리의 꿈은 특히 중요하고 깊은 통찰로 가득해지곤 한다. 인생의 갈림길에 직면했을 때 우리가 할 수 있는 가장 실용적인 일은 꿈이 제시하는 관점에 주의를 기울이는 것이다."

이 꿈 해설가가 이전의 다른 해설가들과 다른 점은 오로지 좋은 소식만 전한다는 것이다. 예를 들면 꿈속의 '비극'이 꼭 "관계나 결혼 생활, 또는 새로운 커리어에서의 실패"를 의미하는 것만은 아니다. "당신이 떠난 여행이 실패할 운명인 것이 아니라 과도한 계획 때문에 당신이 마땅히 느껴야 할 행복을 가리려 하고 있을 뿐이다." 가까운 가족이 곧 죽으려 하는 꿈은 "끔찍하게 겁날" 수 있지만 그건 그 꿈이 실현될 예정이기 때문이 아니라 그 꿈이 드러낼 수 있는 "숨겨진 적대감" 때문이다. 하지만 그녀는 진정하라고 조언한다. "우리의 가장 큰 두려움과 달리 꿈속의 죽음은 진짜 죽음을 가리키는 이미지라기보다는 변화를 나타내는 경우가 많다." "부모님이 죽는 꿈이 꼭 다가올 사건의 전조인 것은 아니며, 프로이트의 말처럼 소원 성취인 것도 아니다. 그 꿈은 그저 한 시대의 끝이 다가왔으며 앞으로 전과 다른 부모 자식 관계를 맺게 된다는 뜻이다." 홀러웨이에 따르면 자식을 잃어버리는 것과 같은 불안한 꿈은 "보통 실제로 일어날 사건에 대한 경고가 아니다."[36]

자칭 융 학파인 한 저자는 앞에서 언급한 아부 알파즐 후세인을 따라 알파벳순으로 정리한 꿈 사전을 만들었다.[37] 꿈에서 낙태abortion는 "새로운 것에 길을 내어주기 위해 [무언가를] 제거하기로 결정하는 것"을 의미하며, 심연abyss은 익숙한 현실의 가장 자리로 밀려나 용감하게 낯선 세상에 맞서야 한다는 뜻이다. 사고accident는 "지금 나아가는 방향에 대해 달리 생각해봐야 한다는 경고"일 수 있으며, 도토리acorn는 "결국 거대한 참나무로 자라날 수 있는 씨앗"을 나타낸다. 또한 아기a baby는 "지금 막 시작되었으나 아직 온전히 펼쳐지지 않은 삶의 새로운 챕터를 표현할 가능성이 높다"기타 등등.

요약하면, 현대의 뇌 과학자들처럼 꿈에 정말로 미래(를 포함한 모든 것)에 관한 실질적 내용이 들어 있을 수 있다는 생각을 거부하는 학자들이 최소 고대 그리스 때부터 늘 존재했다. 지금까지 그중에서 가장 영향력 있는 인물은 아리스토텔레스였다. 하지만 고대 그리스보다도 더 전인 고대 메소포타미아 때부터 사람들은 꿈을 믿었고 예언을 드러내는 데 수면이 왜 특히 도움이 되는지에 대한 여러 이유를 생각해냈다. 꿈은 무질서한 헛소리로 여겨지지도 않았고 잠든 정신 안에서 일어나는 일의 상징적 표현으로 여겨지지도 않았다. 꿈은 높은 곳에서 보내오는 신호였다. 꿈을 보내는 사람은 주로 여러 신이거나『구약』속 이스라엘인의 경우 그들을 이끄는 하느님이었다. 신이 꿈을 보내는 것은 꿈꾸는 사람의 요청 때문이기도 했고 아니기도 했다. 하지만 어떤 꿈은 악마에게서 나온다고 믿었던 그리스도교 및 이슬람교 학자들 또한 많았다.

꿈은 신이 보낸 것이고 꿈에는 예지력이 있다는 생각은 전 세계의 이슬람 사회에서 여전히 큰 영향력을 발휘한다. 반면 서구 사회에서 꿈을 믿는 사람들은 주로 꿈이 꿈꾸는 사람의 성격과 내면세계에서 발현된 것이라고 이해한다. 대부분의 역사에서 주류를 차지한 첫 번째 해석은 외부 세계가 꿈꾸는 사람의 마음에 미친 영향이 꿈에 반영된다는 것이다. 19세기에 처음 등장해 이후 지크문트 프로이트가 지지한 두 번째 해석은 꿈꾸는 사람이 자신의 내면세계를 외부 세계에 투영한다는 것이다. 어느 쪽이든 간에, 대부분의 사람들이 전문가(이들은 종종 일종의 길드를 형성한다)를 신뢰하지만 어떤 사람은 직접 자기 꿈을 해석하기도 한다.

꿈 자체는 수면이라는 변성의식상태에서 비롯된다. 하지만 꿈 해설 전문가들은 언제나 변성의식상태와 아무런 관련이 없는 이성적이고 계산된 방식으로 꿈에 접근했다. 그 과정에서 그들은 종종 수년의 연구를 통해서만 숙달할 수 있는 규칙을 따랐다. 아르테미도로스와 현대의 정신분석가들 모두 꿈 자체뿐만 아니라 꿈을 꾸게 된 상황과 꿈꾸는 사람의 성격을 고려했다.

새로울 게 뭐가 있겠는가?

5

죽은 자와의 상담

아주 오랜 옛날부터 죽어가는 자 및 죽은 자와의 상담은 미래를 예측하는 중요한 방법 중 하나였다. 심령술necromancy(그리스어로 네크로nekro는 '죽은 자'라는 뜻이며 만테이아manteia는 '점술'이라는 뜻이다)에 깔린 기본 전제는 죽어가는 사람과 죽은 사람은 문턱에 다가가고 있거나 이미 문턱을 넘은 사람이므로 살아 있는 사람보다 더 많은 것을 안다는 것이다.

「창세기」49장 1~2절에는 147세가 된 아버지 야곱이 임종을 앞두고 이렇게 말하는 장면이 나온다. "너희는 모여라. 너희가 뒷날에 겪을 일을, 내가 너희에게 말하겠다. 야곱의 아들들아, 너희는 모여서 들어라. 너희의 아버지 이스라엘이 하는 말에 귀를 기울여라." 사실 아버지 야곱의 말을 들은 아들들은 실망했을 것이다. 야곱의 말은 예언이라기보다는 축복에 가까우며, 그 누구의 미래도 구체적으로 이야기하지 않기 때문이다. 하지만 '마지막 유언'의 전통은 지금까지도 건재하며, 그중 많은 것이 미래를 예측

했다고 주장한다. 진짜 있었던 이야기든 지어낸 이야기든, 인터넷에 수많은 사례가 나와 있다.[1]

가장 오래된 심령술 사례는 앞에서 언급한 기원전 2100년경 작품 『길가메시 서사시』에 등장한다.[2] 태양의 신이자 저승의 신인 네르갈(「열왕기하」 17:30에도 언급되는 인물이다)은 땅에 난 구멍에서 죽은 엔키두의 혼령을 '바람처럼' 떠오르게 한 뒤 슬픔에 빠진 주인공과 이야기를 나누게 한다. 이때부터 신아시리아 시기(기원전 900~600년경)에 이르는 약 1,500년간 죽은 자의 혼령과 만난 기록이 메소포타미아의 주술 관련 문헌에서 여럿 발견된다. 이 시기에 제작된 한 점토판에는 '진실함'으로 이름을 떨친 "죽은 왕비"가 등장한다. 이 왕비는 본인의 아들이었을 왕자에게 그의 후손이 "아시리아를 다스릴 것"이라고 예언한다.

또한 이 점토판은 죽은 사람과의 대화가 위험한 것으로 여겨졌음을 보여준다. 심령술은 부적합한 사람의 손에서 부적절하게 수행될 경우 대화를 시도한 사람을 죽음으로 몰 수도 있었다. 현재 영국박물관에 소장된 신바빌로니아 시기의 수많은 편지들이 죽은 자와의 만남이 어떻게 이루어졌는지를 보여준다. 먼저 해골이 하나 필요하다. 그다음으로는 곰팡이 핀 나무와 유프라테스 포플러 나무의 어린 나뭇잎을 물과 기름, 맥주, 와인을 섞은 것에 으깨고 여기에 뱀 기름, 사자 기름, 게 기름, 하얀 꿀, 개구리 한 마리, 개와 고양이와 여우의 털, 카멜레온의 돌기, 붉은 도마뱀의 돌기, 메뚜기의 왼쪽 날개, 거위의 골수를 으깨서 체에 거른 것을 섞는다. 여기에 와인과 물, 우유, '암하라' 식물을 섞는다. 모든 준비가 끝나면 이렇게 만들어진 연고를 두 눈 위에 바른다. 이제 다음과 같은 주문을 세 번 반복하면 된다. "해골 중의 해골이여, 당신께 청하나이다. 그 안에 있는 분은 제게 답해주십시오!"

심령술을 시도하는 사람은 누구나 위험에 빠질 수 있었지만 이러한 사실도 심령술이 메소포타미아에서 고대 중동 전역으로 퍼져나가는 것을 막지 못했다.[3] 한 기록이 알려주듯이, 히타이트족이 죽은 자에게 말을 거는 첫 번째 절차는 구덩이를 파서 제물을 바치는 것이었다. 그다음 절차는 주문을 외우는 것이었다. "영혼은 위대하다. 영혼은 위대하다. 누구의 영혼이 위대한가? 불사의 영혼이 위대하다. 이 영혼은 어떤 길을 가는가? 위대한 길을 간다. 눈에 보이지 않는 길을 간다." 에블라와 우가리트, 앞에서 언급한 마리(세 곳 모두 지금의 시리아 지역에 있다) 등의 도시에 사는 사람들도 심령술을 잘 알았고, 이스라엘 이전 가나안 거주민들도 마찬가지였다.[4]

종종 그렇듯 유일한 예외는 이스라엘인이었는데, 이들의 성서인 『모세오경』은 심령술을 분명히 금지한다.(「신명기」 18:11, 「레위기」 19:30) 그것이 죽은 자를 부르는 의식이 외래의 문물이어서인지, 야훼가 아닌 다른 선조를 숭배해서인지, 「레위기」에 나오는 정결에 관한 규정과 충돌해서인지(또는 그저 효과가 없다고 생각해서인지)는 명확하게 밝혀지지 않았다.[5] 「전도서」에는 "죽은 사람은 아무것도 모른다"라고 쓰여 있다(9:5). 「이사야」 19장 3절에서는 "이집트 사람들의 정신은 그 속에서부터 쇠약할 것이다. 내가 그들의 계획을 무산시키면, 그들은 우상과 마술사와 심령술사와 지도아jidoa의 뼈로 점치는 사람을 찾아가 물을 것이다"라고 단언한다. 즉, 미래를 예측하는 적절한 방법과 거리가 먼 심령술에 의지하는 것은 나약함과 혼란의 징표로 여겼다. 그러므로 심령술을 시도할 만큼 어리석은 사람들에게 심령술은 아무런 효과가 없을 것이었다.

그러나 일부 이스라엘인과 유대인이 심령술을 했다는 증거가 여기저기에 남아 있다.[6] 『탈무드』는 심령술사가 "살이 썩어 사라진 뒤 죽은 자의 해골을 꺼낸다. 그리고 그 앞에서 향을 피운 뒤 미래에 대해 물으면 해골이 답을 해준다"라고 설명한다.[7] 다른 곳에서는 이스라엘 땅을 정찰하라고 모세가 보낸 정찰꾼 중 한 명인 갈렙이(「민수기」 13:22) 그 기회를 이용해 헤브론과 아버지 요셉의 무덤을 찾았다고 말한다. 이후 갈렙의 명성을 지키고 싶었던 수세대의 랍비들은 이것이 갈렙이 죽은 요셉과 상의를 하러 갔다는 뜻이 아님을 최선을 다해 증명하려 했다.[8] 그 밖에 온켈로스라는 이름의 로마인 이야기도 있다. 그는 아마 2세기 초를 살았던 하드리아누스 황제의 조카였던 '시노페(오늘날 터키에 있는 도시)의 아퀼라'였던 것으로 보인다. 한때 온켈로스는 유대교로 개종할지를 고민하고 있었다. 더 알아보고 싶었던 온켈로스는 예수를 포함해 몇몇 죽은 자를 불러들이는 데 성공했다. 다음은 온켈로스가 예수와 나눈 대화다.

[온켈로스가 묻는다] "다가올 세상에서 가장 중요한 사람이 누구입니까?" 그[예수]가 대답했다. "이스라엘의 자녀들이

다.” [온켈로스가 더 묻는다] “그들에게 합류하면 어떨까요?” 그[예수]가 대답했다. “그들에게 유해한 것을 찾지 말고 그들에게 좋은 것을 찾아라. [왜냐하면 해할 의도로] 그들을 건드리는 자는 [하느님의] 눈동자를 건드리는 것과 마찬가지다.” 그[온켈로스]가 그[예수]에게 말했다. “그리하는 사람은 어떤 심판을 받습니까?” 그[예수]가 그[온켈로스]에게 말했다. “끓는 오물에 빠지게 된다.” (『탈무드』, 「기틴」 57a)

죽은 자를 불러들이는 방식을 「사무엘상」 28장 7~20절만큼 극적으로 묘사한 문헌도 없다. 너무나 정교하게 쓰인 글이므로 전문을 인용할 가치가 있다.

[블레셋군을 보고 두려워진] 사울은 신하들에게 명령했다. “죽은 자의 영혼을 불러들이는 여자를 한 명 찾아라. 내가 그 여인을 찾아가서 물어보겠다.” 사울의 신하들이 그에게 말했다. “엔돌에 죽은 자의 영혼을 불러들이는 여자가 한 명 있습니다.” 사울이 다른 옷으로 갈아입고 변장한 뒤 밤에 두 신하를 데리고 갔다. 사울이 여자에게 말했다. “심령술로 내가 말하는 사람을 나에게 불러들이시오.” 그러자 여자가 말했다. “이것 보시오. 사울이 이 나라에서 심령술사와 주술사를 모조리 잡아 죽인 것은 당신도 잘 아시지 않습니까? 그런데 왜 당신은 나의 목에 올가미를 씌워 나를 죽이려고 하십니까?” 사울이 주님의 이름을 걸고 여자에게 맹세했다. “주님께서 확

실히 살아 계심을 걸고 맹세하지만, 당신은 이 일로 아무런 벌도 받지 않을 것이오." 여자가 물었다. "누구를 불러들일까요?" 사울이 대답했다. "사무엘을 불러들이시오." 여자는 사무엘을 보고 놀라서 소리를 질렀다. 그리고 사울에게 말했다. "당신이 사울이신데, 왜 저를 속이셨습니까?" 그러자 사울이 여자에게 말했다. "무서워하지 말거라. 지금 무엇을 보고 있느냐?" 여자가 사울에게 대답했다. "땅속에서 영이 올라온 것을 보고 있습니다." 사울이 물었다. "그 모습이 어떠하냐?" 여자가 대답했다. "한 노인이 올라오는데, 망토를 걸치고 있습니다." 사울은 그가 사무엘인 것을 알아차리고, 얼굴이 땅에 닿도록 엎드려 절을 했다.

사무엘이 사울에게 물었다. "왜 나를 불러들여 귀찮게 하시오?" 사울이 대답했다. "제가 심각한 궁지에 몰려 있습니다. 블레셋 사람이 지금 저를 치고 있는데, 하느님이 이미 저에게서 떠나셨고, 예언자로도, 꿈으로도, 더 이상 저에게 응답을 하지 않으십니다. 제가 무엇을 어떻게 해야 하는지 알고 싶어서, 어른을 뵙게 해달라고 부탁했습니다." 그러자 사무엘이 말했다. "주님께서는 이미 당신을 떠나 당신의 원수가 되셨는데, 나에게 더 묻는 이유가 무엇이오? 주님께서는, 나를 시켜 전하신 말씀 그대로 당신에게 하셔서, 이미 이 나라의 왕위를 당신의 손에서 빼앗아 당신 가까이에 있는 다윗에게 주셨소. 당신은 주님의 목소리에 순종하지 않았고, 주님의 분노를 아말렉에게 쏟지 않았소. 그래서 주님께서 오늘날 당신에게 이렇게 하신 것이오. 주님께서는 이제 당신과 함께 이스라엘도 블레셋 사람의 손에 넘겨주실 터인데, 내일 당신은 당신 자식들과 함께 내가 있는 이곳으로 오게 될 것이오. 주님께서는 이스라엘 군대도 블레셋 사람의 손에 넘겨주실 것이오."

그러자 사울은 갑자기 땅바닥에 털썩 쓰러졌다. 사무엘의 말을 듣고서 너무나 두려웠기 때문이다. 게다가 그는 그날 하루 종일, 밤새도록 굶었으므로, 힘마저 쭉 빠져 있었다.

그러나 사울이 떠나기 전 그의 신하들과 여자가 그에게 억지로 식사를 시켰다.(28:23)

그리스인과 그 이후 로마인은 언제나 중동을 "죽은 자들로 점치는 사람(1세기의 지리학자 스트라본)"이 온 곳으로 여겼다.[9] 아마 아이스킬로스의 희곡 『페르시아 사람들Persai』에서 다리우스의 유령이 아들 크세르크세스에게 곧 벌어질 플라타이아 전투에서 패배할 것임을 알려준 것도 그러한 이유에서였을 것이다.[10] 심령술은 서쪽으로 이동하면서 여러 변화를 거쳤지만 많은 요소가 그대로 보존되었다. 그리스의 초기 심령술 사례는 『오디세이아Odysseia』에서 찾아볼 수 있다. 『오디세이아』의 주인공 오디세우스는 마녀 키르케의 조언에 따라 자신이 고향으로 돌아갈 수 있는지 알아보기 위해 저승에 방문하기로 한다. 먼저 오디세우스와 그 일행은 배를 타고 "길고 긴 우울한 밤"으로 둘러싸인 비참한 곳, 킴메르족의 땅으로 간다. 그리고 구멍을 판 뒤 꿀과 우유에 와인과 물을 섞은 다음 그 위에 보릿가루를 뿌려 죽은 자들을 위한 음료를 준비한다. 죽은 자들에게 기도를 올리자 앞에서 언급한 테이레시아스가 나타난다(그의 예지력은 죽어서도 사라지지 않았다). 오디세우스는 양 두 마리를 죽여 그 피를 구덩이에 쏟아붓는다. 사방에서 죽은 자들의 영혼이 나타나고, 그중에는 오디세우스가 아는 이들도 있다. 그 사이에서 테이레시아스가 모습을 드러내고, 오디세우스가 알고 싶어 하는 미래를 알려준다.

『오디세이아』의 한 주석자는 심령술이 가능하다고 여겨진 이유에 대해 다음과 같이 설명한다. "그들은 몸이 사라진 후에도 마음은 이곳에서의 인식과 지식을 그대로 지니고 있다고 말한다. 그 지식은 몸과 마음을 다 가진 사람들의 지식보다 덜 물질적이고 더 순수하다."[11] 오디세우스가 저승을 찾아간 직후 이번에는 아이네이아스가 저승을 찾았다.[12] 사망한 아버지 안키세스를 안내자로 삼아 저승에 내려간 아이네이아스는 미래의 인물들을 만나게 되며, 그중에는 그의 아들 실비우스(전설에 따르면 로마의 모도시인 알바롱가의 왕이 된다)와 더불어 로물루스, 스키피오 아프리카누스("전쟁의 벼락이자 리비아의 파괴자"), 카토, 그라쿠스 형제, 카이사르, 마르켈루스도 있다. 무려 천 년을 내다본 아이네이아스는 아우구스투스의 통치 아래 황금기가 돌아온다는 이야기까지 듣는다. 바로 이때 로마가 앞으로 전 세계를 지배한다는 그 유명한 예언이 등장한다.

나는 믿어 의심치 않는다. 다른 자들은 청동을 두들겨 살아 숨 쉬는 듯한 형상을 만들어낼 것이고, 대리석에서 생생한 얼굴을 이끌어낼 것이며, 탁월한 웅변으로 변론할 것이며, 하늘의 운동을 막대기로 추적하여 언제 별이 뜰 것인지 예측할 것이다. 로마인이여, 명심하라. 세상을 지배하고(이것이 너의 기술이 되게 하라), 정의로 평화를 이룩하고, 패배한 자들을 살려주고, 교만한 자들은 무찔러라.[13]

심령술을 언급한 글은 이 밖에도 많다. 플루타르코스는 기원전 479년 페르시아군을 물리친 스파르타의 장군 파우사니아스가 자만심에 사로잡혀 클레오니스('영광스러운 승리'라는 뜻)라는 이름의 "노예가 아닌 처녀"를 밤에 찾아오게 했다고 말한다. 하지만 클레오니스가 가까이 다가왔을 때 약간의 오해가 생겨 파우사니아스가 클레오니스를 죽이고 말았다. 그 이후로 클레오니스의 유령이 자만심은 "남자에게 매우 나쁜 것"이라고 말하며 그를 따라다니기 시작했다. 유령을 없애는 데 실패한 파우사니아스는 죽은 자들의 영혼이 모이는 곳인 프시코폼페이온을 찾아 배를 타고 흑해에 있는 헤라클레아 폰티카로 갔다. 그곳에서 그는 제물과 술을 바치며 클레오니스의 영혼을 불러들였다. 모습을 드러낸 클레오니스의 영혼은 다시 스파르타로 돌아가기만 하면 문제가 해결될 것이라고 말했다. 그는 다시 스파르타로 돌아갔고, 집에 도착하자마자 사망했다.[14]

헤라클레아 외에 사람들이 죽은 자들과 대화를 나누려고 방문했던 유명한 신탁소로는 캄파니아의 아베르누스 호수(아이네이아스가 방문함)와 마니의 타이나론(펠로폰네소스반도의 가운데 '손가락'

에 위치), 에피루스의 아케론이 있었다. 네 군데 모두 발굴 작업이 이루어졌다. 그중 가장 중요했던 아케론 발굴 작업에서 신전 부지 전체의 형태가 드러났는데, 유령이 움직이는 듯한 느낌을 주는 장치와 적절한 소리가 나도록 설계된 반향실의 잔재가 남아 있었다. 적어도 발굴 작업에 참여한 일부 고고학자는 그렇게 믿는다.[15] 신전에 도착한 사람은 며칠간 그곳에 머무르며 엄격한 식단을 따라야 했다. 그런 후에야 본관으로 들어갈 수 있었고, 본관에서 사제의 도움을 받아 복잡한 의식을 치르면 죽은 자의 영이 나타나 질문에 답을 해주었다.

심령 의식을 주로 치르던 다른 장소로는 무덤, 전쟁터, 동굴, 이탈리아와 스페인의 화산 분화구 안에 위치한 호수가 있었다. 이런 곳에는 전문적으로 "영혼을 인도하는 자"인 프시카고고이들이 있었다. 이들은 여기저기를 떠돌며 손님을 끌어모았다. 그중에는 "배로 말하는 사람"이라는 뜻의 엔가스트리미토이도 있었다. 일부 심령술사는 지역 주민에게 큰 존경을 받은 반면 그 외의 심령술사들은 가난한 행상꾼 취급을 받았다.

『오디세이아』와 『아이네이스*Aeneis*』 이후로도 그리스 로마의 많은 문학 작품에서 심령술을 묘사했다.[16] 루카누스의 『파르살리아*Pharsalia*』(서기 61~65년경)에서는 폼페이우스의 아들 섹스투스 폼페이우스가 곧 있을 아버지와 율리우스 카이사르의 전투 결과를 알기 위해 마녀 에리크토를 방문한다. "[에리크토는] 목이 잘린 시체를 골라 밧줄에 매단 갈고리를 끼운 뒤 소생할 운명의 축 늘어진 시체를 바위와 돌 위로 질질 끌고 나온다." 그다음 온갖 구역질나는 것들을 섞은 로션을 만들어 시체 위에 바른다. 그러면 시체의 응고된 피가 다시 따뜻해지고, 차갑게 식은 가슴 속에서 다시 폐가 뛰고, 골수 안으로 새로운 생명이 흘러들고, 힘줄이 다시 탄탄해지고, 시체의 몸이 "마치 땅이 차올린 것처럼 저절로 몸을 일으켜 똑바로 서고" 두 눈이 열렸다. 에리크토는 "타르타로스 (지옥)로 뚫고 들어간 무시무시한 목소리"로 시체에게 미래의 일을 물었다. 폼페이우스가 다가올 전투에서 패배하고 섹스투스와 친족들까지 살해될 것임을 알게 된 에리크토는 되살린 젊은이를 다시 저승으로 돌아가게 한다.[17]

그 밖에 서기 2세기에 쓰인 것으로 추정되는 에메사의 헬리오도로스의 소설 『아에티오피카*Aethiopica*』도 있다. 소설 속에서 두 여행자는 페르시아와 이집트의 전쟁에서 아들을 잃은 한 늙은 여자를 만난다. 아무것도 모르고 여자를 따라간 두 사람은 여자가 아들의 시체를 찾았으며 죽은 아들에게 또 다른 아들의 생사를 물을 예정임을 알게 된다. 자신을 보는 사람이 아무도 없음을 확인한 여자는 땅에 구덩이를 파고 옆에 불을 피운다. 헬리오도로스는 다음과 같이 말한다.

두 사람 사이에 아들의 시체를 둔 여자는 옆에 있는 삼발이에서 도기 사발을 꺼내 구덩이에 꿀을 붓고 두 번째 사발에서 우유를, 세 번째 사발에서 포도주를 부었다. 그리고 고운 밀가루로 만든 케이크를 꺼내 사람 모양으로 빚은 다음 머리 부분에 월계수와 회향을 씌운 뒤 구덩이 안으로 던졌다. 흥분해서 황홀경에 빠진 여자는 칼을 집어 들고 달을 향해 기괴하고 이상한 이름을 내뱉은 후 칼날로 자기 팔을 그었다. 그리고 월계수 가지로 피를 닦아 불속으로 휙 던졌다. 여자가 여러 괴기스러운 몸짓을 취한 뒤 죽은 아들의 몸 옆에 무릎을 꿇고 앉아 귀에 주문을 속삭이자 죽은 아들이 깨어났고, 여자의 마술로 자리에서 일어섰다.[18]

여자는 이러한 "기본적인 방법"을 사용해 아들에게 형제의 생사를 말하게 하지만, 결국 또 다른 아들뿐만 아니라 자기 자신도 이 전쟁에서 죽게 될 운명임을 알게 된다. 그리고 얼마 지나지 않아 죽은 아들의 예언은 현실이 된다.

'황금 당나귀'라는 제목으로도 알려진 아풀레이우스의 유명한 소설 『메타모르포세스*Metamorphoses*』에도 이와 비슷한 이야기가 나온다. 2세기에 라틴어로 쓰인 이 소설 속에서 이집트의 "일류 예언가"인 자트클라스는 "죽음의 문턱 뒤에서 시체를 되살려 영혼을 불러들여 달라는" 부탁을 받는다. 상당한 보상을 받기로 합의한 자트클라스는 먼저 시체의 입과 가슴에 마법 약초를 넣고 떠오르는 태양을 향해 기도를 올린다. 그러자 "호흡으로 가슴이 움직이고 활기로 정맥이 뛰었으며 시체의 몸이 생명으로 가득 차올랐다. 시체가 일어나 앉아 젊은 남자처럼 말했다. '말해보시오. 레테 강물을 마시고 스틱스강을 헤엄쳐 건넌 나를 이 덧없는 삶으로 되돌린 이유가 뭐요? 내 간청하리다. 제발 멈추고 다시 쉴 수 있도록 나를 놔주시오.'" 그 자리에 모인 사람 중 일부가 아무도 모르는 정보를 알 수 있다는 것을 믿지 못하자 이제 자리에서 일어난 시체는 "순수한 진실의 명백한 증거"를 내놓겠으며 "누구도 알거나 예측하지 못하는 것을 알려주겠다"라고 약속한다. 그리고 시체는 이 약속을 지킨다.[19]

이 걸작의 목표 중 하나는 분명 독자와 관객이 공포로 몸서리를 치게 하는 것이었다. 그 점에서, 이때까지 심령술에 관한 사람들의 의견은 둘로 나뉜 것으로 보인다. 아풀레이우스가 잘 보여주었듯이, 심령술사를 멍청한 관객을 등쳐먹는 사기꾼으로 여기는 사람들은 언제나 있었다. 헬리오도로스의 소설 속 늙은 여자는 실제로 처벌을 받는데, 거짓 예언을 해서가 아니라 심령술이 역겨웠기 때문이었다. 하지만 그건 동전의 한 면일 뿐이었다. 만약 많은 사람이 심령술사를 믿고 그들을 찾아가 미래에 대해 묻는 대가로 돈을 지불하지 않았다면, 앞에서 말한 네 가지 예언뿐만 아니라 그보다 덜 중요한 죽은 자의 수많은 예언도 존재할 수 없었을 것이다. 또한 알려진 것처럼 심령술사를 체계적으로 처단했다면, 심령술사는 이만큼 살아남지 못했을 것이다.

다시 이스라엘인과 유대인 전통으로 돌아가면, 초기 그리스도교 작가들은 다른 주술과 마찬가지로 심령술에도 반대했다. 하지만 그건 심령술을 믿지 않아서가 아니었다. 교회 지도자인 아를의 카이사리우스(서기 468~542년경)는 심령술이 악마의 작품이라고 주장했다. 하지만 악마도 신의 허락을 받아야만 했다. 악마의 심령술은 하느님이 욥에게 그랬듯 그리스도교인을 시험하기 위해 만든 것이었다. 그러므로 경계하는 것이 그 당시의 풍조였다.

경계심이 적극적인 염려로 바뀐 것은 12세기에 이르러서다. 현대의 한 역사학자는 이러한 변화를 다음과 같이 설명한다. 이때까지 심령술은 다른 주술과 마찬가지로 민속 전통의 일부였다. 그리스도교 이전 시대의 잔재였던 심령술은 주로 하층민의 원시 의례를 통해 행해졌다. 구전으로 한 세대에서 다음 세대로 전해진 심령술은 큰 반대를 일으킬 만큼 진지하게 여겨지지 않았다. 하지만 점차 웨일스의 제럴드(1146~1223년경) 같은 엘리트 성직자를 비롯한 상류층이 심령술을 사용하기 시작했다.[20] 이들은 자신이 아는 모든 것을 동원해 심령술에 참여했고, 결국 심령술이 교회로 들어오기 직전까지 갔다. 14세기에는 모든 성의 모든 귀족이 온갖 종류의 주술사와 심령술사를 만나려고 애쓴 바람에 교황들은 대를 이어 대처에 나서야 했다.[21]

교황 요한 22세는 재임 중이던 1326년에 칙령 "수페르 일리우스 스페쿨라Super illius specula"를 공표했다. 그리고 종교재판을 열어 주술사, 그중에서도 특히 심령술사 처단에 "가능한 모든 수단"을 사용하라고 명했다. 하지만 아무 소용이 없었다. 르네상스 시기에 심령술사는 어디에나 있었다. 크리스토퍼 말로의 판본에서 전설 속 인물 파우스트는 "저주받은 심령술"에 참여했다는 의심을 받는데,[22] 미래를 예측하기 위해서가 아니라 "천 척의 배를 출범시킨 얼굴"을 가진 트로이의 헬렌을 얻어 그녀의 입술이 자기 영혼을 빨아들이게 하기 위해서였다. 프랑스의 점성술사 노스트라다무스와 영국의 점성술사이자 박식가였던 존 디도 심령술에 참여했다. 훗날 존 디는 자신이 나쁜 영이 아닌 좋은 영만 불러냈다고 주장하며 스스로를 변호했다. 이런 변화의 가운데 심령술은 마술 전반에 통합되었고 미래를 예측하는 도구로서의 특수성을 거의 잃어버렸다.

18세기 말경 심령술은 당시 널리 퍼져 있던 '고딕풍'의 공포 이야기에 완전히 흡수되었다. 이런 이야기에는 얼음처럼 차가운 온도, 폭포수처럼 쏟아지는 비와 맹렬한 폭풍, 우뚝 솟은 탑, 칠흑 같은 밤, 유령, 고블린, 뱀파이어, 뱀, 광인, 신음과 한숨, 귓속말 같은 떨림이 있는 간헐적 저음, 음울한 건물, 감금, 고문, 포악 행위가 등장했다. 예를 들면 카를 프리드리히 칼레르트의 소설 『심령술사 *The Necromancer*』는 이 모든 요소를 전부 갖추었다.[23] 이러한 형태로 심령술은 오늘날까지 특정 장르의 책과 영화, 텔레비전 프로그램에 계속 출몰하고 있다.[24]

이것도 이야기의 끝은 아니었다. 1850년에서 1920년 사이는 심령주의의 황금기였다.[25] 심령주의는 영국과 미국, 유럽 전역에서 중산층 이상의 신사 숙녀를 포함해 수많은 사람의 마음을 사로잡았다. 심지어 실증주의 및 유물론과의 전투에 말려든 교회마저도 어느 정도는 심령주의를 받아들일 준비가 되어 있었다. 에이브러햄 링컨의 아내 메리 토드도 심령주의를 믿은 사람 중 한 명이었다. 두 아들의 죽음에 큰 충격을 받은 메리 토드는 심령주의를 백악관으로 들여와 영매를 고용하고 심령술 모임을 열었으며 그 중에는 링컨 대통령이 참석한 모임도 있었다. 어떤 이들은 노예제를 폐지하라고 링컨을 설득한 것이 메리 토드와 그녀의 뒤에 있었던 영들이라고 주장하기도 한다. 심령주의를 믿은 또 다른 유명인으로는 〈셜록 홈스〉 시리즈의 저자이자 역시 아들을 잃은 경험이 있었던 아서 코넌 도일이 있다. 수많은 심령술 모임에 참여한 아서 코넌 도일은 심령주의와 영매를 변호하는 글을 여러 번 썼으나 나중에 지지를 철회했다.[26]

아이작 뉴턴이 눈에 보이지 않을지라도 중력의 형태로 원격 작용이 존재함을 증명했는데, 눈에 보이지 않는 다른 힘이 존재하지 못할 이유가 어디 있겠는가? 이런 사고방식은 심령주의를 실험한 상당수가 자연과학자였던 이유를 설명해준다. 가장 초기에 심령주의를 믿은 자연과학자는 오거스터스 드 모르간 (1806~1871)이었다고 전해진다. 선구적인 논리학자이자 수학자였던 드 모르간은 대수학의 기본 법칙을 발견했고 지금도 그의 이름을 딴 달 분화구가 남아 있다. 또 다른 두 명은 19세기 최고의 전자기학 전문가이자 오늘날에도 사용되는 방정식을 도출한 제임스 클러크 맥스웰의 제자들이었다. 그중 한 명은 존 윌리엄 스트럿 레일리로, 맥스웰의 뒤를 이어 1879년부터 1884년까지 세계적으로 유명한 케임브리지 대학 캐번디시 연구소의 소장을 지냈다. 1904년에는 노벨 물리학상을 받았고, 1905년에서 1909년까지 왕립학회장을 역임했다. 관심사가 다양했던 그는 과학과 종교를 조화시키려 노력했고 실제로 심령 연구 협회의 협회장을 맡기도 했다.[27] 이보다 더 중요한 인물은 올리버 로지였다. 1851년 부유한 지식인 집안에서 태어난 로지는 런던대학에서 물리학을 공부하고 1877년에 이학 박사 학위를 받았다. 하인리히 헤르츠의 작업에 대해 알지 못했던 그는 독자적으로 라디오파를 발견했다. 코넌 도

일의 말처럼 동시대 사람들에게 로지는 "물리학과 심령학이라는 두 분야의 위대한 지도자"였다.[28] 오늘날 그는 주로 점화 플러그를 발명한 사람으로 기억된다.

1870년에서 1909년 사이, 전에는 알려지지 않았던 형태의 방사선이 마치 소환에 응하듯 하나하나 발견되었다. 첫발을 내디딘 사람은 뇌가 하나의 전기 장치임을 증명한 영국의 의사 리처드 케이턴이었다(1930년대의 교과서들은 가끔 뇌를 대형 발전소의 관제실에 비유했다).[29] 이에 따르면 뇌는 감지하고 기록하고 분류하고 실험할 수 있는 파동을 내뿜었고, 이로써 뇌파 기록 장치의 발명으로 이어지는 길이 열렸다. 이후 라디오파의 뒤를 바짝 좇아 엑스선, 알파선, 베타선, 감마선이 발견되었고, 마지막으로 우주선cosmic ray이 발견되었다. 우주선을 처음 발견한 사람은 독일의 과학자 테오도어 불프였다. 그는 예수회 사제로서의 삶을 살았었기에 심령에 크나큰 관심이 있었다. 스트럿과 로지, 토머스 F. 발리(유명한 켈빈 남작 윌리엄의 친한 동료)[30]와 그 밖의 많은 동시대인에게 이러한 발견의 결론은 명백했다. 뉴턴은 빛이 입자로 이루어져 있다고 주장함으로써 수 세대의 과학자들을 잘못된 방향으로 이끌었다. 사실 빛은 파동으로 이루어져 있었다.

우리가 해변에서 보는 파동은 물을, 음파는 공기를 필요로 한다. 맥스웰이 1878년판 『브리태니커 백과사전』에 쓴 글에서 지적했듯이 '빛의 파동설' 역시 전자기파를 전달하는, 전에는 알려지지 않은 물질(맥스웰의 표현에 따르면 '영매')을 필요로 했다. 맥스웰과 그의 동료들은 이 물질에 '에테르aether'라는 이름을 붙였다. 에테르 개념은 수천 년을 거슬러 올라간다. 에테르는 고대 그리스 신의 이름이었고, 아리스토텔레스가 말한 천체를 구성하는 '완벽한(즉 영원히 불변하는)' 물질이었다. 현대적 의미의 에테르는 정말 이상한 현상이었다. 어디에나 존재하며 우주 공간을 채우는 에테르는 탄성이 있는 비활성 '물질'이었다. 빛의 파동이 일으킨 작은 변형 운동 외에 에테르를 이루는 입자들은 그 어떤 운동도 일으키지 못했다. 그렇기에 에테르는 그 어떤 물리학 기구나 실험으로도 발견할 수 없었다. 하지만 그건 에테르가 가진 놀라운 특성 중 하나일 뿐이었다. 빛은 편광될 수 있는 것으로 알려져 있었다. 즉, 어느 한쪽 면으로만 진동하게끔 만들 수 있다는 뜻이다. 그러나 에너지가 전달되는 방향과 수직을 이루어 진동하는 횡파는 유체에서 전달되는 것이 불가능하다. 그러므로 에테르는 고체여야 한다는 결론이 나왔다!

이 딜레마를 해결하기 위해 에테르는 발광성인 것 외에도 '유사 고체'여야 했다. 아인슈타인이 (이 문단에서 참고한 강의 중 하나에서)[31] 그러한 형태의 존재를 가정할 필요가 없음을 증명하기 전에, 자격 있는 거의 모든 과학자가 에테르가 실제로 존재한다고 믿었다. 이 모든 것은 아직 알려지지 않은 다른 종류의 방사선과 인력, 작용이 있을지도 모른다는 믿음으로 이어졌다.(아마도 발리가 그러한 힘을 발견하겠다는 희망에서 검류계를 들고 다닌 유일한 과학자는 아니었을 것이다.) 그리고 결국 영매로 알려진 특정 사람들에게 특별한 재능('일반적인' 과학 법칙을 넘어서, 에테르를 들이마심으로써 죽은 자가 내뿜는 영의 진동, 즉 파동을 감지하는 재능)이 있을 가능성이 제기되었다. 그림을 완성하기 위해, 로지 역시 제1차 세계 대전으로 아들 레이먼드를 잃었다는 사실에 크게 영향받았다는 점을 유념할 필요가 있다. 간단히 말하면 심령주의와 다양한 전자기파의 발견, 존재하지 않는 에테르의 발명은 나란히 진행되며 서로를 보완하고 강화했다.[32] 전기처럼 심령의 힘도 쓸모가 있었다. 하지만 한편으로 이 힘은 위험하기도 했으며 조심해서 다뤄야 했다.

요가 수행자의 호흡법처럼 (에테르가 실재한다는 전제하에) 누군가는 공기 대신 에테르를 들이마심으로써 특별한 자질을 얻을지도 모른다고 생각했다. 코넌 도일은 사람들이 "쉭쉭거리는 특유의 소리를 내며 숨을 들이마심으로써 그 과정이 시작되고, 숨을 깊이 내뱉음으로써 과정이 끝난다"라고 적었다. 그리고 "바로 그곳에 미래의 과학을 위한 유익한 연구 분야가 있다"라고 결론 내렸다.[33] 죽은 자가 자기 모습을 드러내는 기술은 저마다 다양했다. 어떤 경우에는 영매의 입을 통해 말했다. 또 어떤 경우에는 무언가를 두드리는 소리일 때도 있었고, 유리잔이나 다른 작은 물체가 가리키는 글자일 때도 있었는데, 이런 물체들은 정확히 이 목적을 위해 제작된 글자판 위에서 누가 밀지 않았는데도 한 글자에서 다른 글자로 저절로 움직였다.

영매의 계급과 직업은 무척 다양했다. 대개는 어린 나이에 자신의 재능을 깨달았다고 주장했다. 많은 영매가 여성이었는데, 여성은 민감하게 고인과 의사소통할 수 있다고 여겨졌다. 이런 맥락에서 자주 쓰이는 '조율되다attuned'라는 단어는 음향학이라는 물리학 분과에서 나왔다. 이로부터 훨씬 뒤, 심령주의에 여성이 특히 많다는 사실에서 여성이 심령주의의 도움을 받아 가부장제의 속박에 대처했다는 내용의 온갖 문헌이 나왔다.[34] 하지만 심령주의가 정말로 여성에게 힘을 부여했는지, 또는 많은 의료 전문가가 주장하듯 성적인 불만 해소에 도움을 주었는지는 명확하게 밝혀지지 않았다.[35] 일부 남녀 영매의 행동은 아마 진실이었겠지만, 일부는 온갖 방법을 사용해서 순진한 지지자들을 속여 넘긴 사기꾼인 것으로 드러났다. 스코틀랜드의 영매 대니얼 던글라스 홈 (1833~1886)을 비롯한 몇몇 영매는 상당한 유명세와 함께 상당한 부를 얻었다. 1872년에 설립된 영국심령주의협회는 런던에 본부를 두고 있으며, 이곳 본부에서는 돈을 내면 개장 시간 중에 영매와 단둘이 30분을 보낼 수 있다.

과거와 현재의 샤먼 및 예언자들과 마찬가지로 일부 영매는 자신의 주장을 증명하기 위해 공중부양을 하거나, 몸을 줄어들게 하거나 늘리거나, 아무 상처 없이 뜨거운 석탄을 만지는 등의 기적과도 같은 재주를 부렸다. 샤먼과 예언자처럼 영매들도 가끔은 다른 장소에 다녀왔다고 주장했다. 그리고 지지자들에게 미래의 소식을 전해주었다. 이들이 죽은 자에게 가장 많이 물은 질문과 가장 많이 들은 답변은 공적인 주요 사건에 관한 것이 아니라, 찾아온 사람들과 그들의 가족 및 친구들이 사망하기 전후의 개인적 삶에 관한 것이었다. 이러한 이유로 지금까지 남아 있는 내용은 많지 않다.

죽은 자를 깨워 상의하는 것은 오늘날 일부 비서구 문화권에서도 흔히 있는 일이다. 마다가스카르의 메리나족은 조상의 영이 왔다 갔다 하는 것을 막을 수 있을 만큼 생사의 경계가 뚜렷하지 않다고 믿는다. 메리나 부족에는 "유골의 귀환"이라고도 불리는 장례 관습 '파마디하나'가 있는데, 7년마다 열리는 이 행사에서 사람들은 죽은 사람의 시체를 다시 파낸다. 기뻐하며 축제를 여는 사이, 사람들은 죽은 자에게 축복과 조언을 청한다. 인도네시아의 토라자족 또한 삶과 죽음의 경계를 벽이라기보다는 넘을 수 있는 얇은 천으로 여기는 것으로 알려져 있다. 이러한 믿음에 따라 이들은 장례를 치르고 2년 후에 죽은 사람의 시체를 다시 파낸다. 먼저 시체를 제대로 닦고 입힌 뒤, 사람들은 죽은 사람에게 질문을 하고 대답을 기다린다.[36]

아직 다른 종류의 심령술 이야기가 남아 있다. 바로 임사체험이다. 임사체험은 죽음이 임박한 것이 아닌, 이미 죽었다가 어떤 이유에서인지 다시 살아난 것을 의미한다. 죽음에서 살아 돌아온 사람들은 다른 이들에게 자신의 체험을 들려준다. 이런저런 수준의 임사체험에 관한 이야기들은 아마 모든 시기의 모든 문명에서 발견될 것이다.[37] 임사체험은 중세에 만연했다가 종교개혁 시기에 인기를 잃은 뒤 19세기에 심령주의 운동과 연관되어 재등장했다. 1970년경 이후로는 완전히 인기를 되찾았고, 현재는 그 어느 때보다도 수가 많고 널리 알려져 있다.

임사체험에 관해 이야기한 사람 대다수는 일반인이었다. 하지만 일부는 유명인이었고, 할리우드가 그 온상 역할을 했다. 그중 특히 유명한 인물로는 엘비스 프레슬리와 피터 셀러스, 조지 루카스, 로널드 레이건이 있다.[38] 임사체험이라는 용어 자체는 법정 정신의학자인 레이먼드 무디가 1975년에 베스트셀러 저서『다시 산다는 것*Life After Death*』에서 처음 사용했다. 그때 이후로 이 저자와 책, 주제에 관한 논쟁은 잦아들지 않고 계속 이어지고 있다. 미래를 내다보는 이 방법은 임사체험의 진실성을 파악하고자 하는 일부 현대 과학자의 관심을 끌었다. 생체-신경학적 바탕 위에서 임사체험을 설명하려는 시도도 있었다. 일부 의사는 임사체험이 뇌에서 자연 발생하는 화학물질 디메틸트립타민DMT의 급격한 증가에서 비롯된다고 생각한다. 환각 작용을 일으키는 것으로 유명한 DMT는 꿈과도 어느 정도 관련이 있는 것으로 보인다.[39]

관련 글을 읽다 보면 누구나 알 수 있듯이, 임사체험은 샤먼의 여행이나 꿈에서 일어나는 일들과 크게 다르지 않다. 임사체험은 때로는 황홀경으로, 때로는 깊은 받아들임과 평화로, 때로는 온갖 흥미로운 정보(예를 들면 죽음은 더 나은 삶으로 향하는 출입구라거나, "사랑은 창조의 본질"이라거나, 우리가 극히 일부만 파악할 수 있는 우주가 사실 "생명으로 가득하다"라거나)[40]로 이어진다. 많은 글이 임사체험을 한 이가 자기 몸 위로 떠올라 가족과 성직자, 의사 등이 자기 앞에서 하는 행동을 바라보는 상황에 대해 말한다. 또 어떤 글들은 죽은 사람 또는 빛을 발하는 등의 초자연적 존재(특히 인기 있는 인물은 예수다)와 만난 상황에 대해 설명한다.

이 책과 관련해 가장 중요한 내용은, 임사체험을 한 많은 사람이 시간이 모호해지고 시간의 모든 의미가 사라지는 것 같았다고 주장한다는 것이다. 임사체험을 한 모든 사람이 자기 자신이나 세상의 미래를 보았다고 말하는 것은 아니지만, 일부는 그랬다고 주장한다.[41] 2018년 2월 5일, 임사체험을 한 사람들의 예언 목록이 "미래와 임사체험"이라는 제목으로 온라인에 익명 게시되었다. 목록에 속한 사건으로는 제1·2차 세계대전과 1929년 주식시장 붕괴, 소비에트연방과 공산주의의 쇠퇴, 『사해문서』의 발견, 1990년 이라크를 대상으로 한 사막의 폭풍 작전, 9·11 테러 등이 있다.[42]

믿을 수 있는 수치를 얻기는 몹시 어렵지만, 설문조사에 따르면 영국인의 절반 이상이 사후 세계를 믿는다. 10대의 경우 세 명 중 한 명이 죽은 사람과의 만남이 가능하다고 믿는다.[43] 2005년 설문조사에 따르면 미국인 4분의 1도 마찬가지다.[44] 그중 한 명을 언급하자면, 작고한 가수 마이클 잭슨의 누나 라토야는 전문 영매인 헨리 타일러에게 도움을 요청했다.[45] 영적 세계에 대한 믿음과 다양한 종류의 심리학적 문제 사이의 연관성을 밝히고자 한 시도, 예를 들면 '신경증'이 있는 사람이 그러한 믿음을 가질 가능성이 더 높은지 아닌지를 파악하려는 시도는 아직 분명한 결론을 내지 못했다.[46]

인터넷은 영과 만날 수 있는 방법에 대해 조언하는 사람들로 가득하다. 영매를 거치는 방법을 제외하고, 일부는 하얀 깃털("이제는 고인이 된 사랑하는 사람이 가까이 왔다는 증거로 간주된다")이나 위자 보드Ouija board(글자와 숫자가 인쇄된 판으로, 화살표나 작은 물체가 글자를 가리킨다)을 이용하라고 권한다. 인터넷에는 "세상을 떠난 사랑하는 이와 소통할 수 있는 여섯 가지 방법"과 "죽은 사람이 당신과 이야기하고 있다는 열 가지 증거" 같은 글들도 있다. 여담으로, 헨리 타일러의 순자산은 300만 달러가 넘는 것으로 알려져 있으며, 그는 자신과의 상담을 기다리는 1만 5천 명의 고객 목록이 있다고 주장한다.

또한 사람이 사망한 후에도 뇌가 계속 살아 있었거나 뇌를 살려둘 수 있었다는 진짜 또는 가짜 이야기도 많다. 최근에는 과학자들이 이 같은 사례를 보고하기도 했다. 그중 신문의 헤드라인을 장식한 것은 트렌턴 매킨리라는 이름의 열세 살 난 미국 소년의 사례였다. 소년은 사고로 머리를 심하게 부딪쳤고, 며칠간 의사들은 소년의 뇌가 사망했다고, 즉 뇌 속의 전기 활동이 멈췄다고 생각했다. 그러나 소년의 부모가 장기 기증 서약을 마쳤을 때 소년은 갑자기 생명의 징후를 보이기 시작했다.[47]

예루살렘 히브리대학교의 신경생물학자이자 최근 「텐신3과 Cten의 상호 전환이 EGF에 의한 유방 세포 이동을 일으키다A Reciprocal Tensin 3-Cten Switch Mediates EGF-driven Mammary Cell Migration」라는 제목의 논문을 쓴 아미 시트리 박사의 사례는 어떨까. 쥐를 대상으로 실험을 한 시트리 박사는 "기억, 즉 그동안 쌓인 정보가 미래의 행동에 영향을 미치려는 목적에서 심지어 죽은 이후에도 뇌에 유전적 표시를 남긴다"는 것을 발견했다고 말한다.[48] 만약 이연구가 입증된다면, 이 결과가 인간에게 확장 적용되고 관련 정보를 끌어낼 방법이 발견된다면, 분명 심령술 앞에는 멋진 미래가 펼쳐질 것이다.

2부

합리적 예측의 시작

6

하늘을 관찰하다

알아차렸을 수도 있겠지만 지금까지 살펴본 샤머니즘, 예언, 신탁, 해몽(꿈의 해석), 심령술(죽은 자와의 소통)에는 공통점이 있다. 예언자가 남성이든 여성이든 상관없이, 이 방법들은 미래에 발생할 일을 알기 위해서는 먼저 '평범한' 세계를 떠나 다른 세계로 진입해야 한다는 가정을 깔고 있다. 현대의 분석가와 미래학자, 예측 전문가가 하는 것처럼(또는 한다고 주장하는 것처럼) 이성과 논리를 사용하지는 않는다. 오히려 이 이성과 논리를 한쪽으로 치워 놓고 거기에서 해방됨으로써 다른 영향력이 작용할 수 있도록 하는 여러 수단을 필요로 한다.

　그러나 그건 동전의 일면일 뿐이다. 가장 먼 과거에도 그러한 가정에 기초하지 않는 방법, 즉 미래 예측 방법을 개발하고 사용하는 사람이 자신의 감각을 온전히 지니고 있어야 하는 방법들이 존재했다. 감각을 온전히 지녀야 했던 이유는, 눈앞에 보이는 것을 상세히 관찰하고 관찰한 내용을 이용해 규칙을 만든 뒤, 그 규칙을 이용해 미래에 대한 결론을 이끌어낼 수 있기 때문이었다. 이런 방법을 사용하는 사람은 황홀경에 빠지는 대신 과학자, 또는 최소한 기술자의 태도를 지녀야만 한다.

알려진 바에 따르면 그중 가장 먼저 등장해 가장 오래 지속된 방법은 점성술astrology(말 그대로 별들의 논리logic 또는 말word이라는 의미다)이다. 글이 발명되기 한참 전에, 중석기 시대의 뼈와 동굴 벽에서 발견된 흔적에 따르면 아마도 2만 5천 년 전에,[1] 사람들은 머리 위 하늘을 바라보며 시간을 보냈다. 그랬기에 하늘에서 벌어지는 많은 일들이 주기적이며 질서가 있다는 사실을 발견하기 쉬웠을 것이다. 그러한 사실을 이해한 사람들은 하늘에서 관찰한 것과 땅 위에서의 삶 사이에 있을 수도 있는 연관성에 대해 고민하기 시작했을 것이다.

점성술을 처음 사용했다고 알려진 곳은 기원전 3000년 이후의 메소포타미아다. 여러 문명과 왕국이 나타났다 사라지는 동안 점성술을 사용한 사람들은 자신의 지식을 다음 세대에게 전달했다. 기원전 7세기가 되자 사제들의 지식은 일식과 월식을 예측할 만큼 충분해졌다.[2] 지구상의 사건을 언급한 수백 가지 예측이 수 세기 동안 점토판에 기록되어 오늘날까지 남아 있다. 다음은 점성술을 이용한 아시리아의 전형적인 예언으로, 앞에서 언급한 신아시리아의 왕 에사르하돈과 그의 아들 아슈르바니팔(기원전 668~627 재위)에게 내려진 것이다.[3]

[만약] 열네 번째 날에 달과 해가 함께 보인다면: 분명히, 이

땅은 행복해질 것이다. 신들은 아카드를 좋게 기억할 것이며, 군대에 기쁨이 퍼질 것이고, 왕은 행복해질 것이며, 아카드의 가축들은 평화롭게 초원에 누워 있을 것이다.

아무르 땅에 결정을 내려주는 화성이 [신인] 에아의 길을 환히 비추었다. (그러므로) 지도자와 그의 땅을 더욱 강화하는 것에 관한 전조를 드러냈다.

[만약] 금성이 (자신의) 비밀 장소에 이른다면: 좋은 것, 금성은 사자자리에 이른다.

[만약] 금성이 비밀 장소에 이르지 않고 사라진다면: 이 땅은 고통받을 것이다.

[만약] 금성이 서쪽에서 보이고 비밀 장소에 이르렀다가 사라진다면 / 신들은 아무루와 화해했다[할 것이다].

[만약] 금성이 서쪽에서 보이고 비밀 장소에 이르렀다가 [사라지고(……)] 신들은 아무루에 화가 날 것이다.

에사르하돈 재위 초기의 것으로 추정되는 한 예언은 다음과 같다.

(모든) 별 중에 가장 밝은 금성이
에아의 길 위 서쪽에 나타났다.
신들을 달래기 위해 금성은 비밀 장소에
이르렀다. [그리고] 사라졌다.
아무루에 관한 결정을 내리는 화성이
에아의 길 위에 환히 모습을 드러낸다.

화성이 자신의 증표로서

왕과 그의 국가의 강화에 대한

자기 헌장을 보여주었다(……)

이 호의적인 조짐을

내가 보았을 때

태양이 모습을 드러냈다.

내 마음에 용기가 생겼고

나는 자신감을 느낀다.[4]

내용은 해석하기 힘든 경우가 많은데, 많은 점토판이 불완전하기 때문에 더욱 그렇다. 그러나 이해할 수 있는 한에서 보면, 예언은 구전으로 전해지거나 글로 남겨진 과거의 사건 기록에 바탕을 두었으며, 이 기록들은 당시 관찰한 것과 유사한 천문 현상, 또는 당시 관찰한 것과 관련된 연상 작용(때로는 그저 말장난뿐이기도 했다)과 관련이 있었다. 이전의 미래 예측 방식과 달리 이 기법은 가치 중립적이었다. 즉, 이 기법은 땅 위에 사는 사람들의 행동과도 관련이 없었고, 사람들의 행동에 따라 신이 내린 보상이나 처벌과도 관련이 없었다. 무엇보다 이 기법은 미스터리한 경험이 아니라, 어느 정도의 지능만 있으면 누구나 공부해서 적용하고 다른 사람에게 알려줄 수 있는 고정된 규칙에 근거했다.[5]

여러 아시리아 점성술사의 이름이 기록으로 남아 있다. 이들은 다른 관리들과 마찬가지로 왕 밑에서 일했다. 확실하진 않지만 아마도 그중 일부는 주기적으로 왕에게 보고서를 제출했을 것이다. 바빌론과 니네베에서 시작된 점성술은 동쪽으로는 중국으로, 서쪽으로는 이집트로 퍼져나갔다. 1세기의 역사가 요세푸스의 말을 믿을 수 있다면, 이집트는 메소포타미아(우르 카스딤)에서 태어나 팔레스타인으로 이주해 그곳에서 어느 정도 살았던 아브라함에게서 점성술을 받아들였다.[6] 점성술은 중동에서 그리스(황도대zodiac와 천궁도horoscope를 만들어 점성술에 매우 중요한 기여를 했다)와 로마로 전해졌다. 점성술이 메소포타미아에서 기원했다는 사실은 로마에서 점성술이 '칼데아'*의 과학으로 알려져 때로는 존중받고 때로는 존중받지 못했던 이유를 설명해준다.[7]

예수가 살던 시기에 팔레스타인의 아람어(예수가 사용한 언어)로 쓰였다가 거의 2천 년 후에 사해 근처에 있는 쿰란의 한 동굴에서 발견된 유대교 문서에 다음과 같은 내용이 있다.

1. [달이] 떠올랐을 때 달의 두 뿔이 동일선상에 있으면 세상은 위험에 빠진다.
2. 달의 한쪽 끝이 남쪽을 똑바로 바라보고 있고 다른 쪽 뿔이 북쪽으로 기운 것을 본다면 증표로 받아들여라. 악마를 조심하라. 북쪽에서 문제가 찾아올 것이다.
(……)
5. 달의 북쪽 표면이 노란색/초록색[이라면], 이 세상은 커다란 대가를 치르고 기근이 생길 것이다. (……)

---

* 바빌로니아 남부를 가리키는 고대 지명.—옮긴이

6. 만약 (달이) 붉고 시반**에 월식이 일어났다면, 바다의
(……) 깊은 곳에 혼란이 생길 것이다. 당나귀와 가축이 아닌
다른 동물들을 죽이라는 명령이 내려진다.[8]

이렇게 항목은 17번까지 이어진다. 처음 다섯 가지 조짐은 한 해
중 어느 때나 일어날 수 있는 일이었다. 나머지는 특정 달에만 일
어났다. 대부분은 부정적인 내용이었고, 앞으로 발생할 문제의 사
전 경고로 이해되었지만 일부는 기쁜 소식을 알리는 긍정적인 내
용이었다. 일반적으로 예상치 못한 천문학적 사건일수록 사람들
은 더 무력감을 느끼고 두려워했으며, 사건을 해석해 미래에 관한
의미를 알아내야 할 필요성도 더 커졌다.

　지구 반대쪽에서 마야인들도 독자적으로 점성술을 사용했다.
실제로 마야인의 천문학은 점성술 그 자체였다. 하지만 예상할 수
있듯이 마야인은 다소 다른 원칙하에 점성술을 사용했다. 한 해가
늘 365일인 것은 아니었으며, 목적에 따라 365일이나 360일, 260
일이 되었다. 예언은 셋 중 260일로 이루어진 달력을 바탕으로 이
루어졌다. 한 달은 20일이거나 13일이었다. 마야의 황도대는 열세
마리의 동물로 구성되었다($13 \times 20 = 260$). 그중 어떤 표시는 파악
이 가능하지만 그렇지 않은 것도 있다. 예를 들어 금성이 태양과
함께 떠오른 뒤(이때 금성은 지구에서 보이지 않는다) 지구와 태양
사이를 지나면 사람들은 무척 염려했다. 이때 금성의 빛이 다양한

** Sivan. 5~6월.—옮긴이

범주의 사람들과 의인화된 자연물을 죽인다고 여겨졌기에 사람들은 조심하며 집에 머물렀다. 일식 역시 염려의 대상이었다.[9] 오늘날 일부 학자들은 마야의 지도자가 점성술의 결과에 따라 군사 작전의 시기를 결정했을 수도 있다고 믿지만 여기에는 논란의 여지가 있다.

그러나 점성술에 반대하는 사람들도 언제나 존재했다. 예를 들면 기원전 2세기의 회의학파 철학자 카르네아데스는 점성술에 대한 믿음은 자유의지 개념의 포기를 수반한다고 주장했다.[10] 초기 그리스도교 저자인 바르다이산(서기 154~222)은 이 문제를 해결하려는 노력에서 특별히 『여러 나라의 율법책Book of the Law of Countries』이라는 글을 쓰기도 했다.[11] 이 글에서 바르다이산은 이 세계와 세계 안에 있는 모든 것을 세 종류로 나눈다. 오로지 운명의 지배를 받기에 점성술로 발견할 수 있는 것과 신이 인간의 자유의지에 맡긴 것, 그리고 이 둘 사이에 있는, 그가 '자연'이라 부른 것이다. 그러나 다들 알 수 있듯이 결정론을 어떻게 이해해야 하는가의 문제는 사라지지 않았다. 이는 오늘날까지도 점성술뿐 아니라 다른 여러 종류의 예측을 반대하는 주요 원인 중 하나다.

로마의 멸망 이후 유럽의 점성술은 하락세에 들어섰다. 이는 교부들이 자기 신도들이 호도되어 거침없이 하늘을 가로지르는 별들이 하느님마저 지배한다고 믿을까 봐 걱정했기 때문이었다. 그중 가장 중요한 인물인 성 아우구스티누스에게 점성술은 이론상으로도 말이 안 되고 쓸모도 없는 것이었다. 그는 점성술이 "불경한 헛소리"의 결과물이라고 썼다.[12] 그와 그의 후계자들은 때때로 점성술을 억압하려 하기도 했다. 점성술이 하락세에 접어든 또다른 이유는 문해력과 교육 수준이 전반적으로 낮아져서 점성술에 필요한 복잡한 계산을 할 수 있는 전문가의 수가 줄어들었기 때문이었다.

이 때문에 점성술 분야의 지도자 위치(이게 올바른 표현이라면)는 아랍인에게로 넘어갔다.[13] 알파라비와 아비센나(이븐 시나), 알가잘리, 아베로에스(이븐 루시드)처럼 중세의 유명한 이슬람 학자 중 일부는 점성술이 미신 아니면 사기, 또는 둘 다라고 비난하며 점성술에 반대했다. 종교 권위자들은 점성술을 금하는 파트와(이슬람의 율법 해석)를 내렸고, 비종교 권위자들은 점성술을 억압하는 운동을 벌이며 주요 시장과 길거리에서 최선을 다해 점성술을 몰아냈다. 하지만 현실이 그들보다 더 강했다. 아마도 희망과 두려움이 뒤섞인 감정에서 동기를 얻은 일반인들은 계속 점성술사를 찾아 조언을 구했고, 그보다 많은 사람이 점성술을 전 우주의 일부이자 우주와 연결된 지혜(히크마)의 일부로 여겼다.

다른 많은 분야와 마찬가지로 아랍의 점성술사들은 고대 그리스의 작업을 번역하기 시작했다. 그리고 그리스의 작업과 이슬람의 원칙을 조화시키기 위해 자기 고유의 작업도 약간 덧붙였다. 가장 큰 기여를 한 사람은 서기 787년부터 886년까지 한 세기를 살았던 아부 마샤르일 것이다. 다른 사람들처럼 그도 주로 아리스토텔레스를 통해 이 세상의 특성을, 특히 행성과 행성의 배경인 천구의 특성을 이해했다. 다른 모든 사람들처럼 그도 먼저 태양과 계절의 관련성, 달과 조류, 월경의 관련성처럼 명백한 사실을 강조하기 시작했다. 그는 여기에 "행성 간의 결합"과 "천체들이 가리키는 내용"을 더하면 예언을 가능케 하는 일관성 있는 원칙에 누구나 도달할 수 있다고 적었다. 이 원칙은 농부가 언제 밭을 갈고 씨를 뿌리고 결과물을 수확해야 좋은지, 항해사가 언제 항해를 시작하는 것이 좋은지, 의사가 언제 처치를 하는 것이 좋은지를 알려주었고, 그만큼 경험적으로 검증 가능한 것이었다.[14] 이는 아부 마샤르가 점성술을 과학 중 과학으로 여긴 이유 중 하나였다. 점성술은 다른 과학 분야의 모델 역할을 할 수 있었고, 실제로 해야만 했다.

또 다른 핵심 인물은 수학자 알바타니(서기 858~929년경)였다. 우리에게 익숙한 황도대를 처음으로 천궁도에 추가한 사람이 바로 알바타니였다. 황도대는 태양을 중심으로 한 지구의 움직임에 기초한 것으로, 중심축 주위로 둥글게 늘어선 하우스라는 것이 있다. 알바타니의 동료들은 이 하우스를 보고 고객의 가장 중요한 자질뿐만 아니라 어떤 분야에서 성과를 거둘지까지도 말해줄 수 있었다. 흔히 그렇듯이 오늘날까지 남아 있는 예언은 보통 유명인의 삶을 언급한 것들이다. 그러므로 서기 1006~1007년에 일어날 예정이었던 토성과 목성의 결합은 칼리프 시대의 종말이자 파멸과 학살, 기근의 시기, 그리고 어쩌면 비非이슬람 문명 앞에서 이슬람 세력이 점점 쇠퇴함을 예고한다고 해석되었다.[15]

그때쯤 점성술 지식이 서쪽에서 동쪽으로 이동한 과정이 역전되기 시작했다. 무함마드 서거 이후 약 400년이 지났을 무렵, 유럽 대학들은 잃어버린 전문 지식을 아랍 국가에 의지해 되찾았다.

아부 마샤르의 저작은 라틴어로 두 차례 번역되었다. 심지어 점성술 전문가이자 훗날 교황 실베스테르 2세(999~1003년 재위)가 된 오리야크의 제르베르는 오로지 (점성술을 알기 위한) 천문학 자료를 구하기 위해 스페인으로 향하기도 했다. 점성술사이자 스페인의 성직자였던 톨레도의 요한은 1184년 교황 루치우스 3세에게 편지를 보내 수많은 사람을 공포에 몰아넣었다. 이 편지에서 그는 1186년 9월 23일 끔찍한 재앙이 일어날 것이며 그날이 오면 천칭자리의 영향 아래 온 행성이 하나가 될 것이라 예언했다. 그날에는 바람과 폭풍, 가뭄과 기근, 역병과 지진이 일어날 것이다. 대기는 점점 어두워지고 무시무시한 목소리가 들려와 사람들의 정신을 파괴할 것이다. 해안 도시는 모래와 흙으로 뒤덮일 것이다. 이 뉴스를 들은 콘스탄티노폴리스의 황제는 왕실의 모든 창문을 막아버렸다. 영국에서는 캔터베리 대주교가 국가 속죄의 날을 선포했다. 그날에 그 어떤 특별한 일도 벌어지지 않았다는 사실조차 사람들의 두려움을 가라앉히지 못했다. 대신 재앙의 날은 끝없이 뒤로 미뤄졌고 앞에서 말한 편지의 변형된 버전들이 계속 돌아다녔다.

하늘에 있는 행성의 공전과 땅 위에서 일어나는 사건을 연결하려고 노력했던 또 다른 핵심 사상가로는 토머스 베켓과 로저 베이컨이 있다. 12세기에는 프톨레마이오스를 사칭한 사람이 쓴 『센틸로퀴엄*Centiloquium*』('100개의 경구'라는 뜻)이 라틴어로 여섯 번 번역되었다. 이 책은 지금껏 150개가 넘는 사본이 확인되었다.[16] 단테는 『신곡*La Divina Commedia*』「천국」편에서 점성술을 최소 1,431

번 암시했다. 하지만 식자층만이 점성술을 믿으며 점성술이 자기 삶을 지배하게 둔 것은 결코 아니었다. 평범한 사람들도 점성술의 영향을 받았다. 초서의 이야기에 등장하는 바스 부인을 떠올려보라.『캔터베리 이야기 *Tales of Caunterbury*』에서 바스 부인의 성격과 운명은 그녀가 태어난 날 하늘에 떠 있던 행성을 통해 묘사된다. 바스 부인은 다음과 같이 설명한다.

> 내 모든 감정은 분명히 금성의 영향을 받고 있어요,
> 하지만 내 마음은 화성의 것이랍니다.
> 금성은 내게 육욕과 그에 필요한 모든 기관을 주었고
> 화성은 나를 뻔뻔하게 만들어주었어요.
> 내가 태어날 때에는 황소자리가 떠 있었고,
> 그 곁에는 화성이 있었답니다. 아아! 사랑은 죄악입니다.
> 나는 나의 별들이 이끄는 길을 따라갔어요.
> 그 외에는 다른 도리가 없었지요.
> 나는 기다리는 데에는 영 소질이 없었어요.
> 내 금성의 방은 원하는 모든 남자들에게 열려 있었지요.
> 하지만 기억하세요, 내 얼굴에는,
> 또한 내 은밀한 곳에는 화성의 기미가 있다는 것을.[17]

현대의 한 점성술사는 이 단락을 인용하며 "금성과 화성 사이의 변증법이 바스 부인의 성격과 삶, 특히 남자에 대한 그녀의 모순적 태도를 잘 보여준다"라고 보았다.[18]

점성술사 중에는 의사도 있었다. 이들은 황도대의 12궁과 네 가지 기질(다혈질, 담즙질, 우울질, 점액질) 사이의 관련성을 파악해 누가 생존하고 누가 사망할지를 알아내고자 했다. 또 어떤 사람들은 여섯 개의 행성(토성, 목성, 화성, 태양, 금성, 수성) 및 달과 전 세계 여섯 가지 주요 종교 집단(유대인, 칼데아인, 이집트인, 그리스도교인, 이슬람인, 적그리스도의 추종자들) 사이의 유사점을 찾으려 했다. 최소 한 명은 금성의 영향 아래서 태어난 남자아이가 어떤 체위를 선호할지 추측하려고 했다(결론은 여성 상위 체위였다).[19] 박식가였던 지롤라모 카르다노는 본인이 76세의 나이로 죽는다는 자신의 예측이 사실임을 증명하려고 자살을 시도한 것으로 알려져 있다.[20] 또 다른 사람은 이슬람 세계가 목성과 금성의 영향을 받아 정확히 693년 동안만 이어질 운명이라는 계산을 내놓았다. 이슬람 세계가 종말할 해가 아무 일 없이 지나가자, 그는 도대체 무슨 일이 일어난 것인지 궁금해하지 않을 수 없었다.[21]

점성술과 점성술사는 그리스와 아랍, 페르시아, 유대교 문화를 비롯한 전 세계의 문화를 흡수했다. 점성술은 종종 다른 미래 예측 방법, 특히 심령술과 연결되어 꾸준히 지지자를 얻고 입지를 다졌다. 점성술의 영향력이 최고조에 이른 것은 르네상스 시기였다. 자부심 있는 왕자라면 누구나 한 명 이상의 점성술사를 데리고 있었다. 교황 우르바노 7세와 엘리자베스 1세, 스페인의 펠리페 2세는 모두 점성술사를 후원하며 으레 그들과 여러 문제를 논의했다. 대학 도서관도 점성술에 대한 관심을 드러냈는데, 도서관에는 점성술을 연습하는 사람들을 위한 자리가 많이 마련되어 있었다. 결합, 대립, 양상, 미친, 활발한, 미련한, 음침한, 용맹한, 유쾌한, 불운한, 행운 같은 점성술 용어가 오늘날까지 우리의 일상 언어에 스며들어 있다는 사실도 주목할 만하다. 심지어 행운을 빈다는 의미의 마잘 토브mazal tov(미시나 히브리어로는 '마잘'이 별자리를 의미한다)도 점성술의 영향을 보여준다.

레기오몬타누스라는 이름으로도 알려진 르네상스 시기 독일의 저명한 학자 요하네스 뮐러 폰 쾨니히스베르크는 점성술이 "불멸의 신이 보낸 가장 믿을 수 있는 전령"이며 신은 "미래에 일어날 사건의 조짐인 반짝반짝 빛나는 별들을 어디에나 심어두었다"라고 말했다.[22] 마르틴 루터 또한 점성술사가 실수할 수도 있겠지만 점성술 자체는 신께서 허가한 것일 뿐 아니라 이성에 굳게 뿌리박고 있다고 공식 표명했다.[23] 마르틴 루터의 주요 후계자였던 필리프 멜란히톤은 루터가 정말로 신의 임명을 받았는지 알아보기 위해 점성술에 의지했다. 약간의 조작을 가한 뒤(오늘날까지도 마르틴 루터가 태어난 정확한 날짜와 시각은 알려져 있지 않다) 마르틴 루터가 신의 임명을 받은 것이 사실이라는 결론에 도달했다.[24]

점성술과 앞에서 알아본 다른 미래 예측 방식을 구분하고 점성술을 현대 과학에 더욱 가깝게 만든 요인은 점성술이 그 어떤 변성의식상태와도 관련이 없다는 사실이다. 점성술에서 중요한 것은 정확한 관찰과 고정된(많은 사람들이 주장하듯 전적으로 상상의 산물이라 하더라도) 규칙이며, 수학적 계산도 점성술 초기부터 줄곧 중요한 요소였다. 서기 2세기에 처음 등장한 이후 점성술 분야의 중심이 된 천궁도horoscope(그리스어로 '시간의oro 관측scopo'이라는 뜻이다)로 점을 치려면 반드시 수학 계산을 해야 한다. 우리가 태어난 날짜와 시간을 알지 못했다면 오늘날 점성술사와 점성술은 어떻게 되었을까? 복잡한 수학 계산 능력이 있는 냉철한 사람만이 이러한 방법을 사용할 수 있다는 것은 말할 필요도 없을 것이다. 이들은 종종 시계와 다양한 종류의 천구의, 아스트롤라베(천체의 고도를 측정하는 장치), 메르카토르 고리(세 개의 고리로 이루어진 장치로, 다양한 천문학적 목적에 사용한다), 볼벨(더 발전된 형태의 아스트롤라베) 같은 최첨단 도구를 사용했다. 한 현대 점성술사의 설명처럼 "각 인물이 태어난 시각에 태양이 내뿜은 독특한 진동, 다른 천체 및 별자리와 비교했을 때의 태양의 위치는 오직 그러한 수단을 통해서만 알아낼 수 있다".[25]

이러한 도구들이 점성술을 측량과 지도 제작, 항해술, 광학 같은 기존 과학과 연결해주었고, 그 결과 점성술사는 다른 종류의 주술사들과 달리 높은 지위를 얻었다. 어느 정도였냐면, 권력자와 부자의 집에 있는 모든 방이 집주인의 천궁도에 맞게 디자인되어 집주인의 과거와 앞으로 겪고 성취할 것들을 보여주는 경우도 있었다. 수학에 너무나도 깊이 뿌리 내리고 있었기에 점성술은 오늘날 사람들의 생각처럼 천문학의 하급 분과가 아니라 오히려 천문학의 모체 역할을 한 경우가 많았다.[26] 프톨레마이오스가 살았던 2세기부터 요하네스 케플러가 살았던 17세기까지, 학자들이 하늘을 상세히 조사하게 만든 것은 다름 아닌 별자리 점에 대한 수요였다. 의도했건 의도하지 않았건 그렇게 함으로써 학자들은 천문학이 과학의 여왕이 되는 데 일조했고 점성술사들이 굶어 죽지 않게 해주었다.

점성술의 핵심에는 태양과 달(참고로, 코페르니쿠스 이전에 태양과 달은 행성으로 분류되었다)이 지구에서의 삶에 크고 결정적인 영향을 미친다는 생각이 있었다. 실제로 이는 여태껏 그 누구도 부정한 적 없는 너무나도 명백한 사실이다. 계절의 변화, 비와 가뭄, 낮과 밤의 길이 변화, 그림자의 길이와 방향, 조수의 움직임이 모두 천체의 지배를 받는다. 또한 해바라기 밭을 한 번만 힐끗 봐도 알 수 있듯이, 수많은 동식물의 삶의 양태도 태양과 달의 영향을 받는다.[27] 많은 종교에서 태양을 모든 생명을 만들어낸 위대한 신으로 여긴 것도 당연하며, 태양이 지상의 삶에 미치는 영향을 사제들이 최선을 다해 연구한 것도 당연하다.

한 해 동안 항성의 뜨고 짐을 날씨와 연결하려는 노력 또한 아주 오래전부터 있었다. 이런 시도를 한 사람들 중에는 철학자 데모크리토스와 천문학자 크니도스의 에우독소스, 아테네의 메톤, 칼리포스, 히파르코스처럼 오늘날 과학계에서 명성이 높은 인물들도 있었다. 특히 히파르코스는 처음으로 지구의 둘레를 계산하려 시도했고, 지구의 실제 둘레와 매우 근접한 결과를 도출했다. 이렇게 알아낸 결과는 책이나 특별히 깎아서 다듬은 돌 위에 기록되었는데, 그리스어로 '파라페그마타'라고 불리는 이 석판들은 일반인이 이용할 수 있도록 제작되었으며 지금까지 약 60개가 발견되었다. 가장 오래된 것은 기원전 5세기의 것으로 추정되나, 그보다 훨씬 전부터 존재했다고 생각할 충분한 근거가 있다.[28] 오늘날에도 전 세계의 많은 과학자들과 의사들이 한 사람이 태어난 계절과 미래의 건강 상태, 지능, 성격 간의 관련성을 발견하려고 열심히 노력하고 있다.[29] 이것들이 그 사람의 운명을 결정하는 데 큰 영향을 미칠 특성이라는 점은 굳이 덧붙일 필요가 없을 것이다.

다음은 아우구스투스 황제 시대에 활동했던 로마의 시인이자 점성가 마르쿠스 마닐리우스의 말이다.

그러므로 지구 전체는 별들 사이에 존재하고, 이 별들에 따라 땅의 권리가 알맞게 나누어진다. 별들은 사이에 있는 별자리에 따라 서로 소통하며, 이들[별자리]은 서로 결합하거나 서로 맞지 않을 때는 떨어지고, 180도를 이루거나 다양한 영향을 미치는 서로 다른 원인에 의해 트라이곤[삼각형]으로 결합해, 땅은 땅과, 도시는 도시와, 해안은 해안과, 왕국은 왕국과 연결된다. 그러므로 모든 사람은 스스로를 위해 어떤 장소를 피하거나 선택해야 할 것이며, 별들에 따라 상호 신뢰를 기대할 수 있거나 위험을 두려워하게 된다. 왜냐하면 그의 부족[민족, 가족]은 저 높은 하늘에서 땅으로 내려왔기 때문이다.[30]

짧게 말하면, 완벽한 천상계와 마찬가지로 이곳 지구도, 그만큼 완벽할 순 없겠지만, 하늘을 본뜬 모양이라는 것이다. 피에트로 폼포나치 같은 르네상스 시기의 학자들이 점성술을 자연과학으로 이해한 것도 하늘과 지구의 이 관련성 때문이었다.[31] 자연과학 분야에서처럼 점성술사들도 행성과 항성의 움직임 및 그들 사이의 관계를 고려해 할 수 있는 한 상세하고 구체적으로 그 관련성을 설명하고자 한다. 계산이 정확할수록 점성술사는 미래를 내다볼 더 좋은 위치를 차지한다.

역사상 가장 위대한 천문학자 중 한 명인 프톨레마이오스는 저서 『테트라비블로스Tetrabiblos』에서 지구에서 멀리 떨어진 행성과 항성은 태양과 달에 비해 지구에 적은 영향을 미친다는 사실을 기꺼이 인정한다. 하지만 그렇다고 해서 구체적인 결론을 도출할 때 행성과 항성을 전부 배제해야 하는 것은 아니었다. 현대의 연구 결과가 프톨레마이오스가 옳았음을 증명했을 수 있는데, 최근 연구자들은 별이 폭발할 때 전하가 흐르며 거의 빛의 속도로 움직이는 수많은 입자를 방출해 실제로 지구의 기후에 영향을 미친다는 결론을 냈다.[32] 물리학자 스티븐 호킹도 국지적 물리 법칙을 결정하는 것은 우주의 거대 구조라고 주장했다.[33] 어쨌거나, 엘리자베스 1세가 공주였던 시절 고문을 담당했던 16세기 영국의 유명 점성술사 존 디가 다음과 같이 말한 데에는 타당한 근거가 있었던 것으로 보인다. "점성술사는 지구뿐만 아니라 행성과 모든 항성의 실제 크기를 알아야 한다."[34] 즉, 정확한 결과를 내기 위해서는 하늘에 존재하는 모든 것을 발견하고, 주시하고, 고려해야 한다는 의미다.

현역 점성술사들에게 지침이 되어줄 내용을 담은 『테트라비블로스』의 번역본은 오늘날에도 계속 출간되고 있다. 그 밖에 점성술사들에게 해야 할 일을 알려주는 다른 자료들도 수없이 많다. 한 현대 점성술사는 "행성과 별자리는 우리의 삶을 통제하지 않는다"라고 경고한다. 행성과 별자리는 자연법의 작동 원리를 보여주는 지표일 뿐이다. 별들과 우리는 똑같은 원리와 힘에 의해 움직인다. 별들은 "우리가 참고할 수 있는 거대한 우주의 시계 또는 확장된 일정표가 되어준다".[35]

이 책을 쓰느라 조사를 하면서 나는 모교 도서관에서 "출생 점성술 분야의 최근 발전 사항들"이라는 제목의 책을 발견하고 무척 놀랐다. 누가 봐도 진지하게 쓰인 이 책은 점성술사들이 새로운 발견 중 가장 최근에 발견된 행성인 해왕성과 천왕성, 명왕성, 아직 발견되기를 기다리는 가상의 행성들, 소행성들, 3의 배수에 기초한 "하모닉 차트harmonic charts"를 고려해야 한다고 말한다. 알고 보니 이 하모닉 차트라는 것은 주로 영국 점성술의 대가 존 애디(1920~1982)의 작업이었다. 그는 "기념비적인 4년의 시간 동안 행성 운동의 결과를 연구한 끝에" 태어날 날로부터 이틀 이내에 역방향으로 운동 방향을 바꾼 "정지 행성"이 차트 전체를 장악할 수 있다는 결론에 도달했다고 말한다.[36]

이 모든 내용은 점성술도, 점성술의 토대가 되는 추론도 완전히 사라진 것이 아님을 보여준다. 서구 세계만 해도 수천만 명의 사람들이 어느 정도 점성술을 믿고 있다고 알려져 있다. 보고서에 따르면 대부분의 젊은 미국인은 점성술이 과학이라고 생각한다. 게다가 그 수는 점점 늘고 있다.[37] 납세 기록이 근거가 될 수 있다면 1991년 프랑스에는 가톨릭 신부보다 점성술사가 더 많았다.[38] 별들의 비밀을 파악하는 데 들어가는 총 금액은 매년 수십억 달러에 이르며, 여기에는 개인 상담에 들어가는 금액뿐만 아니라, 편집자들의 개인적 의견과는 상관없이 미디어가 고객에게 퍼주는 이야깃거리 중 하나로 별자리 운세 및 점성술사와의 인터뷰를 게재하는 데 들어가는 돈도 포함된다. 한동안은 파티에서 처음 보는 사람에게 "저는 무슨무슨 자리인데 당신은 무슨 자리인가요?"라는 말로 자신을 소개하던 때도 있었다.

오늘날에도 지도자가 주기적으로 점성술사와 상담을 하는 국가들이 있다. 그중 악명 높은 사례는, 보좌관의 말을 믿을 수 있다면, 아내 낸시에게 이끌려 점성술사를 만난 로널드 레이건이다.[39] 레이건 대통령은 1986년 레이캬비크에서 있었던 소비에트연방 지도자 미하일 고르바초프와의 만남을 준비할 때에도 점성술의 도움을 받았다. 고르바초프의 후계자 보리스 옐친 역시 점성술 자료를 모았다.[40] 자기 별자리를 모르는 사람은 좀처럼 만나기 힘들다. 아마 이것도 그동안 점성술이 많은 공격을 받으며 신뢰성을 의심받은 이유 중 하나일 것이다.

7

명백한 징조와 전조들

징조와 전조는 자연적으로 발생하는 현상이지만 이례적이라는 점에서 다른 현상과 구분된다. 사람들은 이를 앞으로 일어날 사건에 대해 신들이(일신교 사회에서는 신이) 경고로 보낸 것이라 여겼다. 이러한 자연현상에는 혜성과 일식 및 월식, 지진, 폭풍과 홍수, 기형인 사람 및 동물의 탄생, 온갖 종류의 환영이 있었다. 자연적 원인도 모르고 명백한 설명도 없는 상태에서 이처럼 새롭고 기이하고 드문 현상을 목격한 사람들은 경이를 느꼈고 때로는 정신을 잃기도 했다. 대수롭지 않은 현상이라며 그저 어깨를 으쓱하고 넘기는 사람은 많지 않았다. 사람들은 그러한 현상이 미래에 관해 무엇을 의미하는지 파악하기 위해 온갖 노력을 기울였다. 이러한 징조와 점을 칠 때 사용된 다른 표식의 차이점은, 의식을 치르며 일부러 찾아 나선 것이 아니라 불시에 저절로 나타난 것이라는 점이었다.

　징조가 암시하는 사건은 매우 다양했는데, 그중에는 중요한 인물의 탄생과 사망, 임박한 정치·군사적 사건, 온갖 종류의 심각한 자연재해 등이 있었다. 한 현대 학자가 여러 출처에서 가져온 다음 목록은 기원전 1800년에서 600년 사이에 메소포타미아에서 징조를 어떻게 해석했는지를 보여준다.

> 집에서 나방이 보이면 집주인은 중요한 사람이 될 것이다.
> 눈썹 오른쪽에 점이 생기면 하고자 하는 일을 이루지 못할 것이다.
> [양의] 새끼가 머리 둘 달린 기형으로 태어나 두 머리의 뒤통수가 붙어 있고 눈들이 서로 다른 방향을 바라본다면 왕은 결국 추방당할 것이다.[1]

징조가 영향을 발휘한 다소 다른 사례는 『일리아스』에 나와 있다. 이다산에 자리를 잡은 제우스는 다른 신들이 자꾸 트로이 전쟁에 간섭하는 데 무척 화가 나 있었다. 트로이와 해안가에 늘어선 그리스 군함이 훤히 내려다보이는 편안한 위치에서 제우스는 벼락을 세 번 내리쳤다. 이 벼락에 힘을 얻은 트로이군은 아카이아군을 강하게 몰아붙였는데, 그 기세가 어찌나 거셌던지 제우스는 아카이아군이 정말로 패배해 포위 작전을 포기하고 운명이 결정한 트로이의 파멸을 막을까 봐 우려했다. 제우스는 독수리를 보냈다. "날짐승 중에서도 가장 확실한 전조인 독수리는 날쌘 암사슴 새끼 한 마리를 발톱으로 채다가 제우스의 영광스러운 제단 옆에 떨어뜨렸다. 그곳은 모든 전조를 보내는 제우스에게 그리스인이 제물을 바치는 곳이었다. 제우스가 새를 보냈음을 알게 된 아카이아군은 다시 맹렬하게 트로이군에게 달려들었고 그들의 마음은 전의로 가득 찼다."

징조와 전조에 대한 믿음 뒤에는 두려움, 즉 인간은 질투 많고 간섭하길 좋아하고 도덕관념이 전혀 없는 신들의 무력한 장난감일 뿐이라는 느낌이 있었다. 기원전 7세기의 시인 아모르고스의 세모니데스는 이렇게 말한다. "제우스는 모든 성취를 지배하고 자기 마음대로 처리한다네. 하지만 통찰력은 인간의 것이 아니지. 우리 인간은 언제나 일어나는 일에 휘둘리며 짐승처럼 사는구나. 신이 우리 행동에 어떤 결과를 내릴지 전혀 알지 못한다네."[2] 또는 기원전 6세기경에 활약한 시인 테오그니스의 다음 구절을 살펴보자.

그 어떤 인간도 자신의 실패나 성공의 원인이 아니다. 실패와 성공은 전부 신이 내리는 것이다. 그 어떤 인간도 자기 행동의 결과가 좋을지 나쁠지 알지 못한다. (……) 한 치 앞도 보지 못하는 인간은 그저 헛된 관습을 따른다. 하지만 신들이 그 모든 것을 가져다 미리 계획해둔 성취를 이뤄낸다.[3]

고전 시대와 헬레니즘 시대, 로마 시대에는 미래 예측 방식으로서의 징조와 점술에 대한 의견이 매우 다양했다. 한쪽 끝에는 스파르타가 있었다. 언제나 보수적인 성향을 띠었던 스파르타는 징조를 매우 진지하게 받아들였고 징조에 따라 군사 원정을 취소하거나 연기하기도 했다.[4] 알렉산드로스 대왕은 직속 점술가인 아리스탄드로스에게 다가올 전투에 축복을 내리라 했으나 계속 퇴짜를 맞았다.[5] 다른 한쪽 끝에는 기원전 3세기 중반의 로마 지휘관이었던 클라우디우스 풀케르가 있었다. 카르타고와의 해전을 앞두고 풀케르는 군함에 탄 신성한 닭들이 먹이를 먹지 않는다는 사실을 발견하고 "닭들이 먹지 않는다면 물이라도 마시게 하라"라며 바다로 집어 던져버렸다.[6] 참고로 전투 결과는 로마의 처참한 패배였고, 풀케르의 배는 거의 다 바다에 가라앉고 말았다. 풀케르는 다시 로마로 소환되었고 집무실을 빼앗겼으며 무능하고 불경한 죄로 재판에 처해져 벌금형을 받았다. 그리고 얼마 후 아마도 자살로 삶을 마감했다.

폴리비오스는 점술의 조언을 따르는 사람을 만성병을 앓는 사람에 비유했다. 하지만 오늘날 군대 장군에 해당하는 스트라테고스는 미래에 발생할 일을 알아내기 위해서가 아니라 군대 내에서 미신적 공포가 확산되는 것을 막기 위해서라도 반드시 곁에 점술가를 두어야 한다고 말하기도 했다. 서기 1세기의 군사이론가 오나산드로스는 지휘관이 현명하게 징조를 읽어낼 수 있어야 하며 부하들이 직접 제물을 살피게 해야 한다고 주장했다. 그는 이렇게 말한다. "군인은 자신들이 신들의 호의를 받으며 위험에 맞서고 있다고 믿을 때 훨씬 더 용감해진다. 그때 군인들은 빈틈없이 모든 사람을 경계하며, 보이고 들리는 징조를 더 면밀하게 감시한다. 또한 군 전체를 위해 상서로운 제물을 바치면 의구심을 품은 사람에게도 용기를 불어넣을 수 있다."[7] 서기 2세기 초의 총독 프론티누스는 여기서 더 나아갔다. 그는 전쟁에서 사용되는 다양한 전략을 열거하면서 지휘관에게 병력의 사기를 드높일 수 있는 징조를 꾸며낼 것을 제안했다.[8] 아마도 이 조언을 따른 사람이 수없이 많았을 것이다.

전체적으로 징조에 대한 사람들의 태도는 엇갈렸다. 하지만 여러 징조가 꼼꼼하게 기록되었으며 예언이 틀렸다는 이유로 처벌받기는커녕 쫓겨난 점술가도 매우 드물었다는 점에서 대부분의 사람들이 징조를 진지하게 받아들였음을 알 수 있다. 그중 가장 흥미로운 것은 로마의 역사가 리비우스가 내놓은 의견이다. 그의 대표작 『로마사*Ab Urbe Condita Libri*』(기원전 27~25)는 수백 년에 걸친 역사를 다룬다. 이 책에서 그는 그 어떤 고대의 역사가보다 징조 이야기를 더 많이 하는데, 예를 들면 사비니족에서 양성구유자가, 베이이에서 머리 둘 달린 남자아이가, 시누에사에서 손이 하나인 남자아이가, 아욱시뭄에서 치아가 이미 다 자란 여자아이가 태어났다. 그는 이렇게 말한다.

오늘날 사람들이 신은 아무것도 예언하지 않는다고 생각하는 것과 같은 이유로, 우리 역사에서 그 어떤 전조도 공식 보고되거나 기록되지 않는다는 것을 나 또한 알고 있다. 그러나 내가 오래된 과거의 일들을 쓰고 있으므로 어떤 식으로든 구식의 사고방식을 갖게 되었을 뿐만 아니라, 과거의 현인들이 공적 관심사로서의 가치가 있다고 여긴 것을 현재에는 기록할 가치가 없다고 보는 데에 양심의 가책을 느낀다.[9]

오늘날 전임자들의 작업을 평가할 때 이만큼 겸손하고 겸허한 '전문가'는 많지 않다.

징조에 크나큰 관심을 보인 또 다른 고대의 역사가는 트라야누스 황제 및 하드리아누스 황제와 동시대를 살았던 수에토니우스다. 그는 가십을 기록하는 데 탁월한 능력이 있어 지금은 사라지고 없는 『인간의 신체장애 *Physical Defects of Men*』와 『이름난 매춘부들에 관하여 *On Famous Courtesans*』 등을 집필한 훌륭한 작가였다. 그는 기원전 44년에 율리우스 카이사르가 사망한 뒤 혜성이 나타났다고 전한다. 그리고 흔히 그렇듯 사람들이 이 혜성을 다가올 재앙의 증거로 해석했다고 설명한다. 그러나 어떤 사람들은 이를 카이사르의 영혼이 하늘로 올라간 것이라고 보았다. 당연하게도 카이사르의 후계자 아우구스투스는 이 해석을 더 선호했다.[10]

뒤이은 로마 황제들의 삶 역시 온갖 종류의 전조로 점철되었다. 그중 가장 흥미로운 사례는 아마 베스파시아누스일 것이다.[11] 특별할 것 없는 가문에서 태어난 베스파시아누스는 군인의 길을 택했다. 아우구스투스를 제외하면 그의 삶은 매우 일찍부터 그 어느 황제보다 많은 전조를 보였다. 먼저 자식들이 태어날 때마다 참나무에 순이 나서 자식들의 미래를 알려주었다. 한번은 개가 그에게 인간의 손을 물어다 주었고, 또 한번은 우리를 빠져나온 황소 한 마리가 베스파시아누스의 집 식당에 난입했다가 그의 발아래 고분고분 엎드리기도 했다. 그의 아버지 집에 있었던 사이프러스 나무는 눈에 띄는 이유 없이 꺾였다가 다음 날 다시 온전히 붙었다. 네로가 암살되고 얼마 지나지 않았을 때 베스파시아누스는

50대 초반이었고 유대인의 반란에 맞서 군대를 지휘하고 있었다. 그때 신격 율리아스(카이사르)의 동상이 저절로 방향을 돌려 동쪽을 바라보았다. 서기 69년 알렉산드리아에 머물 당시 베스파시아누스는 앞을 보지 못하는 사람과 걷지 못하는 사람(다른 자료에 따르면 발기 불능인 사람)을 치료해주었다. 이 이야기 중 어떤 것들은 매우 냉철하고 냉소적이며 훌륭한 역사가였던 타키투스가 기록한 것이었다. 즉 베스파시아누스는 현실에서 성공가도를 달리기 훨씬 전부터 그 전조가 상세히 기록되었다. 언급된 징조 중 일부는 베스파시아누스가 왕좌에 오르는 과정에서 신의 인정을 받고 왕이 될 운명이었음을 증명하기 위해 뒤늦게 날조되었을 수 있지만, 이 점은 신경 쓰지 말자.

호노리우스 황제(서기 395~423년 재위)의 삶에도 징조가 잇따랐다. 하지만 그때 로마제국은 그리스도교화된 지 오래였다. 당연히 그리스도교 작가들은 징조를 다른 시각으로 바라보았다. 성 아우구스티누스는 다음과 같이 썼다.

징조는 악마들이 일으킨 것일 때만 힘이 있다. (……) [또한] 모든 징조는 해로운 호기심과 마음을 괴롭히는 불안, 지독한 예속으로 가득 차 있다. 징조에 어떤 의미가 있어서 사람들이 주의를 기울이는 것이 아니라, 주의를 기울이고 기록을 하기 때문에 징조에 의미가 생긴 것이다.

그리고 이런 결론을 내린다. "징조는 관찰자의 마음속에서 이미 결정되었다는 것 외에 아무 의미도 없다."[12]

그러나 중세 시대 내내 징조는 계속 중요한 역할을 했다. 많은 사례 중 하나로, 투르의 그레고리우스의 책 『프랑크의 역사*Historia Francorum*』는 징조에 대한 이야기로 가득 차 있다. 혜성과 월식 및 일식에 더해, 투르의 그레고리우스는 갑자기 기존과 다른 방향으로 움직이기 시작한 별들에 대해서도 이야기한다. 그 밖에도 책에는 하늘에서 나타난 빛, 몇 주 동안이나 들려온 의문의 짐승 울음소리, 비처럼 내리는 피, 집에 있던 그릇에 나타난, 해독할 수도 없고 지워지지도 않는 기호 등이 등장한다. 이런 증거들은 "보통 왕의 죽음이나 지역 전체의 파멸"을 알렸고, "왕의 마음을 불길한 예감으로 가득 채웠다".

이로부터 약 250년 후, 샤를마뉴의 고문이자 전기 작가였던 아인하르트는 말년의 샤를마뉴를 크게 괴롭힌 징조들의 길고 긴 목록을 만들었다.[13] 그중에는 잦은 일식과 월식, 태양에 나타나 7일 동안 계속 관찰된 흑점이 있었다. 그 외에 여러 차례의 지진(그중 하나는 엑스라샤펠에 새로 지은 궁전 중 일부가 붕괴되는 원인이 되었다)과 말이 놀라서 뒷걸음치다 황제를 내팽개치게 만든 하늘을 가로지르는 불덩어리도 있었다. 아인하르트는 샤를마뉴 본인은 이 모든 징조에 전혀 동요하지 않았다고 말한다. 그러나 샤를마뉴가 사망하기 몇 개월 전, 사람들은 샤를마뉴가 세운 성당의 처마 돌림띠에 새겨진 비문에 "제1인자 카롤루스"*라는 단어가 희미해져

---

* '샤를마뉴'의 라틴어식 이름.—옮긴이

보이지 않게 된 것을 알아차리기 시작했다.

14세기 피렌체의 연대 기록자로 자신이 태어난 도시의 역사에 관해 쓴 조반니 빌라니는 1348년 카린티아와 프리울리 지역에서 일어난 지진을 세계의 종말이 임박했다는 증거로 해석했다(그에게는 사실이었다. 지진 발생 얼마 후 흑사병으로 사망했기 때문이었다). 노스트라다무스(1503~1566)와 그의 고객이었던 르네상스 시기의 왕자 및 상인들은 혜성, 월식과 일식, 기형 동물, 환영을 무척이나 좋아했다.[14] 노스트라다무스를 그저 사기꾼이나 무식한 사람이라 불러선 안 된다. 점성술사이자 미래를 보는 사람으로 여겨졌던 노스트라다무스는 여행을 매우 많이 다녔기에 모어인 프랑스어(그의 본명은 미셸 드 노스트르담이다) 외에도 라틴어, 그리스어, 이탈리아어, 히브리어, 스페인어, 아마도 아랍어를 할 줄 알았다. 그가 쓴 편지들은 그가 모든 지혜의 원천으로 여긴 고대 작가들에 대한 언급으로 가득하다. 그는 평생 시와 점성술, 역사 분야의 책을 읽으며 끊임없이 지식을 쌓았다.

노스트라다무스는 아들 세자르에게 보낸 편지에서 자신이 집요하게, 그리고 아마도 헛되이 해온 작업을 돌이켜보았다. 그 일이란 신의 의지(신의 의지 없이는 아무것도 이뤄질 수 없었다)와 주술(노스트라다무스는 주술을 강력 비난했다), 변성의식상태, 그가 찾고 있던 진정한 통찰력을 결합할 방법을 찾아내는 것이었다. 그는 이러한 통찰은 오로지 신중한 연구를 통해서만 얻을 수 있다고 말했다.[15] 당연히 그의 예언은 틀릴 때가 많았다. 1564년 남편을 잃은 프랑스의 카트린 드 메디시스 왕비를 만났을 때 노스트라다무스는 그녀가 평온할 것이라 단언하며 겨우 2년 뒤에 발생할 내전을 예측하는 데 실패했다. 또한 그는 훗날 샤를 9세가 될 왕비의 아들이 아흔 살까지 살 거라고 주장했다(샤를 9세는 24세에 사망했다). 노스트라다무스의 4행시(그의 저서 『예언*Prophéties*』은 4행시 942편으로 이루어졌다)는 대개 시적이고 애매모호하다는 특징이 있었고, 이러한 특징 덕분에 거의 모든 상황에 적용될 수 있었다. 아마도 이러한 이유로 여러 번 실수를 했음에도 명성에 큰 오점이 남지 않았을 것이다.[16]

노스트라다무스보다 조금 일찍 태어난 피에트로 폼포나치는 다음과 같이 썼다.

주목할 만한 정치적 변화나, 덕이 높아서든 악해서든 언급할 가치가 있는 인물의 삶이, 탄생 시나 사망 시에, 처음과 시작에, 하늘의 전조 없이 일어났다고 말하는 역사책은 읽은 기억이 없다. 그러한 전조는 언제나, 또는 매우 자주 나타나므로 자연에 그 원인이 있는 것이 분명하다[많은 학자들이 주장하는 것처럼 천사나 악마가 보내는 것은 아니다]. 게다가 역사가 말해주듯이, 점성술사들이 별들을 관찰해서 사건을 예측하고 해석한다는 사실을 볼 때, 이런 전조들은 천체의 힘에서 나온다고 주장할 수 있을 것이다.[17]

폼포나치는 어떠한 이유로 특정 전조가 뒤이은 사건과 관련되는지에 대해서는 확실히 설명할 수 없지만 관련이 있다는 것만큼은 명백하다고 말한다. 또한 더 중요한 역사적 사건일수록 그 전조도 더 "놀랍고 충격적"이며, 이는 무엇보다 그리스도가 탄생할 때 베들레헴에 별이 나타난 데서 잘 드러난다고 말했다.

혜성과 새로운 별(오늘날에는 이것을 초신성이라고 부른다)은 1585년, 1593년, 1596년, 1604년, 1607년에도 하늘에 나타났다. 그때마다 사람들은 이를 경고로 해석했다. 평소에는 간섭하지 않고 세상이 알아서 굴러가게 두던 신이 화가 났으므로 사람들은 회개해야만 했다. 독일의 목사 엘리아스 에잉거는 1618년 12월에 새 혜성이 나타나자 이렇게 적었다.

혜성은 대개 전쟁, 넘쳐흐르는 피/결핍과 죽음을 의미하며, 사람들은 몇 년 후 비참한 전쟁과 함께 정치적 격변이 일어나고 평민들이 반란을 일으킬 것이라 우려한다. 또한 미래에는 박해가 일어날 것이다. 비탄과 고통이 전 세계에 흐를 것이다. 전쟁이 일어나 피와 강도질, 살인, 방화, 심각한 결핍, 전염병이 넘쳐흐를 것이다.[18]

이보다 더 훌륭한 경고는 없었다!

아마 이와 비슷한 발언이 수백 가지는 있었을 것이다. 유럽과 북아메리카에 살던 에잉거의 동시대인들은 이러한 현상을 해석해서 미래에 일어날 일을 예측해야 한다는 데 모두 동의했다.[19] 17세기 후반만 해도 우주에서 벌어진 일뿐만 아니라 지진과 엄청난 폭풍 같은 특이한 사건에는 분명 숨은 의미가 있다는 것을 당연하게 여겼다. 결국 한 역사가의 표현처럼 신이 내린 천재지변을 피할 수 있는 위험으로 바꾸어 전조에 대한 믿음이 사그라지게 한 것은 과학 혁명의 전개였다.[20] 그 과정에서 중요한 역할을 한 것은 에드먼드 핼리의 『혜성 천문학 개요*Synopsis of the Astronomy of Comets*』 (1705)였다. 이 책은 1688년에 관측된 혜성이 1601년과 1531년에 나타난 혜성과 같은 것임을 보여주었다. 또한 핼리는 그 혜성이 1758년에 다시 나타날 것이라 예측했다. 그해 핼리는 사망하고 없었지만 정말로 혜성은 나타났다.

이보다 더 중요한 역할을 한 것은 1749~1752년에 벤저민 프랭클린이 번개는 그저 전기의 방전이라는 사실을 발견한 것이었다. 번개는 다른 세계에서 보낸 전령이 아니라 자연현상이었다. 게다가 접지를 통해 다스릴 수도 있었다. 2~3세기 전에 그렇게 말했다면 아마 프랭클린은 처형되었을 것이다. 그러나 프랭클린의 발견은 150년 뒤 철학자이자 사회학자인 막스 베버가 말한 "세계의 탈주술화"를 보여준 동시에 더욱 촉진했다. 하지만 변화는 점진적이었으며, 기이한 사건과 그 해석을 담은 목록은 이후로도 계속 출간되었다(오늘날에도 특히 인터넷상에서 계속되고 있다).

8

새와 내장으로 보는 점술

플라톤이 보기에 점술은 "인간의 지혜가 아닌 어리석음"의 증거였다.[1] 그러나 그리스인과 로마인은 점술로 결과를 예측하지 않고서는 중요한 결정을 내리지 않았다. 평범한 개인들은 실제로 모든 길모퉁이마다 있었던 저렴한 점쟁이를 찾았고, 부자나 공인은 예언을 담당하는 전문 사제에게 자문을 구했다.

수많은 종류의 점술 중에는 새의 비행을 관찰하는 새점과 제물로 바친 동물의 내장을 관찰하는 창자점이 있었다. 이 두 가지의 공통점은 가만히 앉아 징조가 갑자기 모습을 드러내길 기다리는 대신, 자신이 착수하려는 일의 결과를 직접 알아내려 한다는 것이었다.

하늘을 향해 날아오르거나 하늘에서 땅으로 내려오는 새들이 신이 보낸 전령 역할을 한다는 개념은 매우 오래된 것이었다. 이러한 내용은 『길가메시 서사시』와 「창세기」에도 등장하는데, 「창세기」에서 노아는 밖의 상황이 어떠한지, 홍수의 물이 빠지고 있는지 알아보기 위해 처음에는 까마귀를, 그다음에는 비둘기를 날려 보낸다. 새점은 오늘날까지 전해 내려오는 고대 그리스의 문학 작품『일리아스』의 첫 장면에서도 중요한 역할을 한다. 이 장면에서 "지난 일과 다가올 일을 전부 아는 가장 뛰어난 새 관찰자"[2]인 예언자 칼카스는 어떤 신이 어떠한 이유로 아카이아족에게 역병을 내렸는지 알아내기 위해 새점에 의지한다.

『오디세이아』에서는 아버지 오디세우스가 집에 곧 돌아오기를 바라는 아들 텔레마코스의 마음을 표현한다.[3] 그때 오른쪽에서 매 한 마리가 내려앉아 커다랗고 하얀 새를 잡아갔다. 그 자리에 있던 예언자 테오클리메노스는 이 상황을 오디세우스가 집으로 돌아와 자신의 것(오디세우스의 아내 페넬로페의 이름은 '오리'라는 뜻의 단어 페넬로프스penelops에서 왔을 가능성이 있다)을 되찾는다는 의미로 해석한다. 아이스킬로스와 아리스토파네스, 시인 칼리마코스(기원전 310~240)의 작품에서 나타나듯이 새점은 호메로스 시기 이후에도 계속 사용되었다. 헤시오도스는『일과 나날Works and Days』(기원전 826~828)의 마지막 부분에서 새로 미래를 점칠 수 있는 사람은 행복하다고 말한다. 심지어 스파르타와 아테네를 비롯한 여러 도시에는 전문가들이 새점을 볼 수 있는 관측소가 따로 마련되어 있었다. 기원전 499~449년 그리스-페르시아 전쟁 시기의 것으로 추정되는 에페수스에서 발견된 한 비문은 당시 사람들이 어떻게 새점을 쳤는지를 보여준다. 먼저 새점을 치는 사제에게 질문을 해야 했다. 비문은 다음과 같이 설명한다.

새가 오른쪽에서 왼쪽으로 날아간 뒤 보이지 않는 곳에 자리 잡는다면 운이 좋은 것이다. 새가 왼쪽 날개를 펼친 뒤 날아오르거나 보이지 않는 곳에 자리 잡는다면 운이 나쁜 것이다. 새가 왼쪽에서 오른쪽으로 직선으로 날아간 뒤 보이지 않는 곳에 자리 잡는다면 운이 나쁜 것이다. 새가 오른쪽 날개를 펼친다면 운이 좋은 것이다.[4]

더 자세한 설명은 크세노폰에게서 얻을 수 있다. 오른쪽에서 날카롭게 우는 독수리는 좋은 징표이지만 주로 평범한 사람이 아닌 위인에 대한 징표였다. 크세노폰이 본 독수리는 날지 않고 앉아 있었는데, 이 사실은 문제의 발생을 예고한다고 해석되었다. 새는 날아오를 때 가장 공격받기 쉽기 때문이었다. 눈앞의 장면에 영향을 받아 제우스에게 제물을 바쳤으나 또다시 나쁜 징조를 받은 크세노폰은 자신에게 주어진 1만 용병을 지휘하기를 거부했다.[5] 율리우스 카이사르와 그의 후계자 아우구스투스는 공무로 새점을 치는 복점관을 두었다. 이 밖에도 수많은 사례가 있다. 고대가 끝나고 일신교가 등장한 이후에도 새점은 사라지지 않았다. 심지어 오늘날에도 어떤 사람은 비둘기는 평화를, 독수리는 힘을, 백조는 변화를 상징한다고 믿는다.

최근 연구는 이전의 설명과 달리 호메로스의 시에는 창자점이 나오지 않는다는 사실을 증명했다. 그리스 예술에서 창자점이 처음 등장한 것은 기원전 530년경이며, 창자점을 처음 언급한 문학 작품은 아이스킬로스의 『사슬에 묶인 프로메테우스*Prometheus* *desmotes*』다. 에우리피데스는 비극 『엘렉트라*Electra*』에서 창자점의 기원을 프로메테우스에게서 찾았다. 프로메테우스는 인간에게 창자점을 전해준 신성모독적 행동으로 나중에 제우스에게 처벌을 받는다. 사실 창자점은 기원전 2000년 초의 고대 메소포타미아에서 유래한 것으로 보인다. 창자점은 아시리아인에게서 아나톨리아(히타이트인)·에트루리아·그리스·로마로, 반대 방향으로는 중국으로 퍼져나갔다. 그러나 이집트에는 전해지지 않았는데, 이집트는 알렉산드로스 대왕이 정복한 후에야 창자점이 유행하게 되었다. 고대와 현대의 역사가들은 이러한 창자점의 확산을 통해 여러 나라 간의 관계를 추측할 수 있었다.[6]

앞에서 말한 국가에서 창자점에 사용된 동물은 양과 염소 같은 가축 동물이었고 로마의 경우에는 송아지였다. 반대로 수탉과 돼지, 황소는 피했는데, 왕성한 원기가 간을 오염시켜 틀린 결과가 나올 수도 있다는 우려 때문이었다.[7] 간혹 창자점에 개와 개구리가 사용되었다는 이야기도 있지만 맥락을 보면 그 말이 진짜인지 농담인지 판단하기 어렵다.[8] 일단 제물을 바친 후에는 동물의 비장과 위, 신장, 심장, 폐, 칼에 흘러내리는 피를 모두 상세하게 관찰했다. 그러나 가장 중요한 부위는 피가 솟는 원천으로 여기던 간이었다. 이러한 이유로 그리스어뿐만 아니라 앞에서 언급한 국가들의 언어에서는 간이라는 단어에 '수원', '길', '강'이라는 의미가 있었다.[9] 이상하게도 아리스토텔레스가 그것이 사실이 아님을 증명한 후에도 점술에 있어서 이러한 생각은 계속 이어졌다.

건강한 간은 제물을 바친 신이 곁에 있으며 받은 것에 만족했음을 의미했다. 이집트 파이윰에서 발견된, 저자를 알 수 없는 2세기의 파피루스에 창자점의 논리가 설명되어 있다.

이[목성이 다스리는 신체 부위]는 위와 간이 있는 가슴인데 이곳에서 열정과 지능, 식욕이 나온다. 음식을 피로 바꿔 몸으로 보내는 일을 간이 하기 때문이다. 지휘 능력이 간에서 나오는 것도 바로 이러한 이유 때문이다. 진정한 지도자는 간이 신체를 위해 하듯 나라를 위해 앞을 내다보아야 하기 때문이다. 간에 병이 나면 즉시 온몸에 황달이 생기고 시체처럼 몸이 부어오르는데, 피가 제대로 돌지 못하기 때문이다. 그러므로 목성으로부터 그런 능력이 인류에게 내려온 것이며, 그러므로 제물을 바친 사람이 동물의 간에서 징조를 찾아내는 것이며, 식욕과 성욕이 간에서 나오는 것이다.[10]

특히 중요한 것은 간엽lobe(그리스어로는 로보스lobos)의 크기와 색깔, 그리고 줄무늬의 유무였다. 그 밖의 다른 중요한 요소로는 밀도와 부드러운 정도가 있었다. 이 모든 것이 중동에서 점토로 만든 간 모형 수백 개가 발굴된 이유를 설명해준다. 이탈리아에서는 청동으로 만든 모형도 발견되었다. 가장 오래된 모형은 기원전 18세기까지 거슬러 올라간다. 전부는 아니지만 일부 모형에는 부위마다 그에 맞는 설명이 새겨져 있다. 이를 통해 창자점을 치는 사람은 실제 간에서 찾아낸 징표를 모형과 비교해볼 수 있었다. 이러한 비교 작업이 연구를 위해서였는지 다른 사람을 가르치기 위해서였는지, 또는 제물을 바치는 과정에서 있었던 일인지는 분명하지 않다.

새점과 마찬가지로 창자점을 보는 사람들이 받은 질문은 예/아니요로 답할 수 있는 종류였던 것으로 보인다. 계속 진행할까 말까? 결과는 좋을까 나쁠까? 창자점을 얼마나 중요하게 여겼느냐면, 간엽이 없는 것이 드러나면 군사 작전이 유예되어 투입된 군인이 다시 고향으로 되돌아올 수도 있었다. 이 상황은 기원전 388년에 스파르타의 지휘관 아게시폴리스에게 실제로 벌어졌다. 그러나 군사 작전을 취소하거나 동물의 내장이 마침내 호의적인 전갈을 가져다줄 때까지 작전을 연기한 지휘관이 그 혼자만은 아니었다. 제물로 바친 동물에게 심장이 없음을 알게 된 점술가 스푸린나는 율리우스 카이사르에게 3월의 열닷새(카이사르가 암살된 날)를 주의하라고 경고했다.[11] 그 경고는 아무 소용이 없었던 것으로 드러났다.

여기서 점성술과 징조의 해석 같은 여러 형태의 점술이 샤머니즘과 예언, 꿈, 신탁, 심령술과는 달리 변성의식상태에 들어가 다른 세계로 미스터리한 여행을 떠나는 사람에게 의존하지 않았다는 점에 주목할 필요가 있다. 이런 점술은 '이성적인' 기술(그리스어로는 테크네technē)이었고, 전문가들의 손에서 냉정하고 체계적으로 실시되었으며, 이 전문가들은 종종 견습 기간을 거친 뒤 수년을 들여 자기 기술을 완벽하게 갈고닦았다. 특히 스토아학파가 점술에 호의적이었다. 스토아학파에게 점술은 신이 존재하며, 신은 인간을 사랑하고, 운명이 모든 것을 지배하므로 운명에 저항할 수 없다는 증거였다.[12] 키케로는 점술에 관한 저서에서 점술은 헛소리 아니면 사기라고 독자들을 설득하려 했다. 그럼에도 기원전 63년에 집정관이 된 키케로는 자신의 의무로 점술을 행하지 않을 수 없었다.

희생된 동물의 내장을 관찰해서 점을 치는 행위는 서기 4세기 중반경 (배교자) 율리아누스 황제 시절에도 여전히 행해졌다. 그는 창자점의 결과가 나쁘다는 경고를 무시하고 파르티아와의 전쟁에 나섰다가 결국 패배하고 살해당했다.[13] 그리스도교가 로마제국을 장악한 뒤 로마의 지도자들은 스토아학파와는 정반대로 점술이 신의 전능함에 의구심을 불러일으킬 것을 우려했다. 따라서 그들은 최선을 다해 창자점은 물론 그와 비슷한 점술을 전부 금지했다. 그러나 이러한 노력도 점술을 완전히 없애지는 못했다. 일부 점술은 중세 시대 초기까지도 계속 행해졌다. 심지어 오늘날에도 점술이 엉터리임을 밝히려는 온갖 노력에도 불구하고 여러 형태의 점술이 널리 행해지고 있다. 일부 동아프리카 국가에서는 여전히 제물로 바친 동물의 내장을 보고 미래를 예측한다.[14]

다른 종류의 현대 점술로는 손금과 수정점(크리스털 구슬 또는 다른 투명하거나 반사되는 물체를 들여다보는 것), 찻잎 읽기, 오미쿠지(일본의 신사에서 행하는 점술로, 운명이 적힌 종이를 무작위로 선택하는 것) 등이 있다. 이 모든 점술이 점을 본 사람의 미래를 예언한다고 알려져 있다. 과학적 가치가 전무한 것이나 사기, 또는 둘 다라고 그동안 무수히 비난받았음에도 수많은 사람이 여전히 점술을 믿는다.[15]

그러나 점술가가 언제나 고객을 설득하거나 속이는 것은 아니다. 나는 대회장이나 파티장에서 가끔씩 타로를 봐주는 여성을 한 명 알았다. 당시 그녀는 30대 후반이었고 상당히 매력적이었으며 의사라면 환자 다루는 솜씨가 좋다고 할 만한 태도를 지니고 있었다. 흥미가 생긴 사람들은 그녀에게 몰려가 타로를 보았고, 특히 자신이 처한 경제 상황이나 자신 또는 가까운 친척에게 발생한 심장병 같은 건강 문제에 대해 물어보았다. 그러나 그녀는 타로의 결과를 진지하게 받아들여야 하는지 확신하지 못했다. 한편으로 그녀는 종종 타로를 '헛소리'라고 칭했다. 하지만 다른 한편으로는 타로를 배우고 연구하고 기술을 갈고닦는 데 엄청난 시간과 노력을 쏟았다. 더 중요하게는, 그녀는 사람들이 자신에게 의지하고 있으며 문제의 해결책을 기대한다는 사실을 분명히 알았다. 그녀의 고객 중 다수는 정식 교육을 충분히 받지 못했고 매우 힘든 삶을 사는 경우가 많았다. 자신이 고객의 미래에서 본 나쁜 일들이 그들의 심리적 건강에 나쁜 영향을 미칠까 봐 걱정스러웠던 그녀는 결국 타로 보기를 그만두었다.

9

숫자의 마법

숫자가 그저 임의적인 부호가 아니라 물리적 현실의 여러 중요한 측면을 포착하는 데 사용될 수 있음을 처음 깨달은 사람은 이미 오래전에 기억에서 사라졌다. 분명 고대 이집트의 수학자들은 매년 범람해 주변의 모든 지형지물을 지워버리는 나일강 때문에 사각형과 삼각형 같은 여러 형태의 지역을 측량하고 기록할 방법을 찾고 싶었을 것이다. 비슷하게 이들은 그릇의 용량을 계산하는 데에도 관심이 있었는데, 당시 곡물로 지불하던 세금의 양을 파악하는 데 도움이 되었기 때문이다. 물론 이들은 피라미드와 다른 건축물을 짓는 데 반드시 필요했을 각도에도 관심이 있었다.[1] 이들이 각도 분야에서 이룬 성취는 어떤 면에서는 타의 추종을 불허했다.[2] 앞에서 점성술을 다룰 때 보았듯이 숫자는 천체의 움직임도 좌우했기에 바빌로니아인 역시 숫자에 관심을 가졌다. 심지어 수학 교과서라고는 볼 수 없는 『구약』에도 주님께서 '모든 것을 헤아리고 재고 달아서 처리하셨다'라는 말이 나온다.(「지혜서」

11:20)

　하지만 이건 시작일 뿐이었다. 기원전 6세기의 철학자 피타고라스는 음계 역시 숫자의 지배를 받는다는 사실을 발견했다.[3] 피타고라스는 에게해에 있는 사모스섬에서 태어났다. 그와 추종자들은 크로톤에 살다가 메타폰툼으로 피신했다(두 곳 다 남부 이탈리아에 있는 도시로, 당시에는 그리스의 식민지였다). 이들이 형성한 학파는 기이하고 신비주의적인 측면이 있었고, 그 결과 이 학파에 대한 많은 이야기가 전해오고 있으나 전부 다 믿을 수 있는 것은 아니다.

　피타고라스의 추종자들에게 있어 스승의 음계 발견은 "모든 것[또는 번역에 따라 신]은 숫자다"라는 믿음으로 이어졌다. 그들의 손에서 숫자는 우주 만물의 의미를 숙고하고 파악할 수 있는 시작점이 되었다. 심지어 이들은 1+2+3+4=10이라는 숫자에 따라 네 줄로 된 열 개의 점으로 만든 삼각형 테트락티스(신비한 테트라드)를 향해 기도를 올리기도 했다.

　축복을 내려주소서, 신과 인간을 만드신 신성한 숫자여! 오, 영원히 흘러내리는 창조성의 뿌리이자 원천인 성스러운 테트락티스여! 이 신성한 숫자는 심오하고 완전한 1에서 시작해 성스러운 4에 이르고, 모든 것의 어머니, 모든 것을 구성하고 아우르는 맏물이자 절대로 지치고 피곤해하지 않는 성스러운 숫자 10, 모든 것의 열쇠를 낳는다네.[4]

피타고라스학파에 들어가려면 수련 기간 5년을 거쳐야 했다. 그리고 그 기간이 끝나면 테트락티스를 향해 선서를 했다.

> 높은 곳에 계신 순수하고, 성스러운 네 숫자,
> 자연의 영원한 원천이자 공급이시고,
> 살아 있는 모든 영혼의 부모인,
> 그분의 이름으로, 믿음으로 선서하며, 당신께 맹세합니다.

피타고라스의 체계 속에서 정수는 신들의 작품으로 여겨졌다. 반면 무리수(파이π처럼 정수의 비로 표현할 수 없는 수)는 아주 나쁜 것으로 여겨졌다. 한 이야기에 따르면 피타고라스는 무리수를 입에 올린 추종자들을 쫓아내기까지 했다. 숫자 2로 나눌 수 없는 홀수는 강하고 남성적이며 차분한 것으로 여겼고, 짝수는 약하고 여성적인 것으로 여겼다(이러한 견해는 지금까지도 남아 있다).[5] 여기서 더 나아가 모든 숫자에는 고유의 특징과 의미가 있다고 생각했다. 숫자 1은 오늘날과 마찬가지로 모든 숫자의 근원이었다. 2는 견해를 나타냈고, 3은 조화 외에도 인간이 미래를 내다볼 수 있게 도와주는 과거와 현재, 미래의 통합을 나타냈다. 4(혹은 8)는 정의를, 5는 결혼을, 6은 창조를, 7은 일곱 개의 행성 또는 '방랑하는 별'들을 나타냈다. 또한 7은 존경받아 마땅한 신성한 숫자이기도 했다. 세 일신교 모두에서 7은 여전히 신성한 숫자다.

알렉산드리아의 필론도 이와 유사한 체계를 마련했다. 유대인이었던 필론은 유대교가 피타고라스 학설을 포함한 그리스 문화의 핵심 요소를 담고 있음을 증명해 유대교를 옹호하려 했다. 당연히 그는 1(신의 숫자)을 모든 숫자의 근원으로 삼았다. 2는 분열을, 3은 신체를 나타냈다. 사원소와 사계절에도 등장하는 4는 완벽한 숫자였다. 5는 이성과 감성의 숫자였다. 필론은 특히 7을 특별하고 가장 자유롭고 신성하고 중요한 숫자로 여겼다. 이 밖에 50과 70, 100, 12, 120에도 '특별한' 의미가 있었다.[6]

필론보다 훨씬 유명한 인물로는 플라톤이 있었다. 그가 평생을 바친 목표는 우리의 감각을 통해 드러나는 환영 같은 세계를 넘어서, 이 세계를 지배하는 절대적 이념을 이해하는 것이었다. 플라톤은 불변의 법칙을 지닌 수학을 그 목표를 향한 중요한 발판으로 여겼다.[7] 한 이야기에 따르면 이러한 이유로 플라톤은 자기 아카데미 입구에 "기하학을 모르는 자는 이곳에 들어오지 말라"라고 써두었다. 또한 그는 『국가Politeia』에서 수호자는 20세부터 30세까지 10년 동안 수학을 공부해야 한다고 말했다.[8] 가장 마지막 저서인 『법률Nomoi』에서는 이상적인 도시라면 시민이 반드시 $1 \times 2 \times 3 \times 4 \times 5 \times 6 \times 7 = 5,040$명이어야 한다고 말했다.[9] 5,040이 11을 제외한 1부터 12까지의 모든 자연수로 나누어진다는 이유에서였다. 또한 5,040은 42번 이어지는 소수의 총합이기도 했다 ($23+29+31+37+41+43+47+53+59+61+67+71+73+79+83+89+97+101+103+107+109+113+127+131+137+139+149+151+157+163+167+173+179+181+191+193+197+199+211+223+227+229$). 숫자 42 자체도 기이하고 흥미로운 특징이 많은 숫자다.[10] 플라톤의 저서를 번역한 한 현대 번역가는 말년의 플라톤이 피타고라스학파의 영향을 받아

도시의 안녕이 정의와 중용만큼이나 숫자 42의 축복에 달려 있다고 믿은 듯 보인다고 말한다.[11]

플라톤과 거의 동시대를 살았던 인물이자 페이디아스에 이어 두 번째로 훌륭한 그리스 조각가로 여겨지는 폴리클레이토스는 치수 또는 규칙을 의미하는 캐논Canon을 제시했다.[12] 캐논의 원칙에 따르면 숫자는 특히 인간 신체와 얼굴의 아름다움을 비롯한 미의 개념을 지배했다. 캐논 자체는 오늘날까지 남아 있지 않다. 하지만 이후에 캐논을 언급한 글을 보면 폴리클레이토스는 신체에서 가장 작은 부위인 새끼손가락 끝의 한 마디를 기본 단위로 삼아 다른 모든 신체 부위를 기본 단위의 배수로 계산했다. 그리고 손가락은 손과, 손은 팔뚝과, 팔뚝은 위팔과 길이가 비례해야 했다.

로마의 건축가 비트루비우스(서기 15년경에 사망)를 비롯한 다른 예술가들도 여기에 자기만의 원칙을 덧붙였다. 예를 들면 사람의 키가 발 길이의 여섯 배여야 이상적이라고 선언하는 식이었다.[13] 이보다 훨씬 뒤인 르네상스 시기에 여러 예술가도 이러한 원칙을 받아들여 인간의 신체를 원이나 정사각형에 맞추려 했다. 또한 비록 구체적인 숫자가 다 다르고 시대와 국가에 따라 숫자가 변하기도 했지만, 어떤 비례가 매력적으로 보이는지에 관한 일부 현대 연구가, 이 원칙들의 타당성을 증명해주었다.[14]

건축가들도 건물에 비슷한 생각을 적용했다. 가장 유명한 사례는 파르테논으로, 파르테논 신전은 높이가 폭의 정확히 1.618배이며, 1을 1.618로 나눈 값은 0.618을 1로 나눈 값과 같다. 이 값은 황금비율이라는 이름으로 알려져 있다. 미켈란젤로와 르코르뷔지에를 비롯한 유명 예술가와 건축가도 이 비율을 사용했고, 오스카르 니에메예르가 설계해 1948~1952년에 지어진 뉴욕의 UN 본부도 여러 군데에서 황금비율을 자랑한다.

17세기 전반기의 갈릴레오 때부터 시작해 다양한 자연의 양상이 하나둘씩 수학의 힘 앞에 무릎을 꿇었다. 그 사례는 벌집과 물방울, 눈송이, 모래 언덕의 형태, 조개껍데기의 나선형 무늬, 꽃잎의 모양, 온갖 물질의 구성과 특징, 방사성 물질의 붕괴 속도 등 그야말로 끝이 없다.[15] 숫자는 외부 세계와 관련이 있을 뿐만 아니라 자기들끼리도 이상하고 불가해한 게임을 하는 것처럼 보였다. 숫자에는 양수도 있고 음수도 있다. 소수도 있고 소수가 아닌 숫자도 있다. 실재하는 숫자도 있고, 상상 속에만 존재하는 숫자도 있다. 분수로 표현 가능하다는 점에서 이성적이라고 여겨진 유리수가 있고, 그렇지 못한 숫자가 있다. 분수로 표현 불가능한 수 중에는 매우 중요한 숫자들이 있는데, 그 예로는 우리 모두가 학교에서 배운 원의 둘레와 지름의 비율인 파이와 피보나치 수, 아인슈타인이 말년에 마음을 빼앗겼던 괴델 수 붙이기가 있다.

나도 일곱이나 여덟 살 때쯤 공책 뒤에 붙였던 곱셈표에 푹 빠졌던 기억이 난다. 25와 35, 49, 63, 81 같은 숫자는 딱 한 번만 등장했다. 하지만 12(3×4, 2×6)나 20(5×4, 2×10), 36(4×9, 6×6) 같은 숫자는 여러 곳에서 계속 모습을 드러냈다. 어떤 숫자는 소수였고(당시에는 이게 무슨 뜻인지 몰랐다) 어떤 숫자는 아니었다. 나는 숫자에 어딘가 마술 같은 면이 있다고 생각했고, 숫자가 어떻게 작동하는지, 만약 의미가 있다면 어떤 의미인지를 알아내려 애쓰며 지루한 수업 시간을 보냈다. 그로부터 훨씬 뒤, 나는 여러 수학자가 나와 똑같이 시간을 보냈음을 알게 되었다. 즉 수학자들은 숫자를 가지고 놀며 수많은 숫자의 특별한 성질을 알아내고자 했다. 위키피디아에 한번 숫자 0을 검색해보라. 숫자 0은 그 어떤 숫자보다도 이상한 성질을 많이 지니고 있다. 숫자와 관련된 위키피디아 항목은 1, 2, 3 등등으로 계속 이어진다.

한 현대 수학자는 플라톤을 상기시키며 이렇게 말한다. "숫자와 수학은 모든 분야의 지식을 하나의 계보로 통섭 또는 통합한다. 그리하여 계산은 인간 의식에서 우주 그 자체에 이르기까지 그 어떤 복잡한 체계도 풀어낼 수 있는 보편적 용매라는 개념에 근거한 정보의 온톨로지를 제공한다."[16] 정의에 따르면 알고리즘(계산 또는 문제 해결을 위한 일련의 규칙)으로 축소할 수 있는 모든 것은 결과를 예측할 수 있다. 그러한 알고리즘이 소립자처럼 한 번도 본 적 없거나 아예 보는 것이 불가능한 것들을 다룰 수도 있고, 물체가 다른 속도가 아닌 중력가속도로 떨어지는 이유처럼 A와 B 사이에 구체적 관계가 존재하는 이유를 전혀 모를 수도 있고, 예측이 확률에 근거한 통계일 수도 있지만 말이다. 마지막의 경우 우리는 무슨 일이 일어날지가 아닌, 그 일이 일어날 가능성을 숫자로 알 수 있다(x가 일어날 확률은 이러저러하다).

숫자점의 특별함은 그 토대가 된 수학에 있는 것이 아닌데, 수학은 앞에서 함께 살펴본 것처럼 정해져 있는 것이기 때문이다(수학을 이용하는 사람이 아르키메데스든 숫자점을 치는 현대인이든 1 더

하기 1은 언제나 2다). 숫자점의 특별한 점은 숫자의 의미에 있으며, 이는 숫자가 다른 것에 대한 상징으로 여겨짐을 의미한다. 이렇게 숫자점은 숫자에 신비하고 신성하기까지 한 특성을 부여한다. 어떤 숫자는 특정 힘과 영향력이 있다고 여겨지고, 어떤 숫자는 힘이 훨씬 적다고 여겨진다. 어떤 숫자는 행운을 가져다주고, 어떤 숫자는 그렇지 않다. 숫자들은 저마다 이런저런 것들을 약속한다(예상할 수 있듯이 그 내용은 문화마다 매우 상이하다). 어떤 숫자는 행성이나 황도대의 별자리와 관련이 있어서 점성술과 연결되기도 한다.

숫자는 무수히 다양한 방식으로 우주 만물을 드러내는 동시에 영향을 미친다. 우리가 알든 모르든, 숫자는 우리 모두의 삶에도 영향을 미친다. 이러한 이유로 제대로 이해만 한다면 숫자가 미래에 일어날 일을 예측하게 도와줄 수 있는 것이다. 또한 이러한 이유로, 우연히 서로 결혼한 현대의 두 숫자점 전문가의 눈에 숫자점이 "과학, 수학보다 더 숨 막힐 정도로 흥미진진하다는 것이 증명될" 수 있는 것이다.[17]

예언에 숫자를 사용한 꽤 독특한 초기 사례로는 『아스트람프시쿠스의 신탁*Oracles of Astrampsychus*』이라는 2세기의 문서가 있다. 훨씬 오래전의 인물인 이집트의 전설적 마술사의 이름을 딴 이 문서는(물론 이 인물은 책과 아무 관련이 없다) 어느 광장에서나 사용되었을 법한 기성품이다. 여기에는 사람들이 점쟁이에게 물어보고 싶어 할 만한 92개의 질문(5번에서 103번까지 번호가 붙었다)과 가능한 답변이 1천 개 넘게 들어 있었다. 손님은 가장 묻고 싶은 질문을 고르고 그 번호를 확인했다. 그러면 점쟁이가 덧셈과 뺄셈이 포함된 복잡한 과정을 거쳐 1천 개의 답변 중 가장 적절한 답변을 골라냈다. 책에 들어 있는 질문은 전 세계 사람들이 점쟁이에게 늘 묻는 질문과 다르지 않았다. 내가 원로원에 들어갈 수 있을까? 잘생긴 왕자님과 결혼할 수 있을까? 질병에서 살아남을 수 있을까(42번)? 아이를 낳게 될까? 자유의 몸이 될 수 있을까? 내가 팔릴까? 안전하게 항해할 수 있을까? 답변은 좋은 것과 나쁜 것, 애매모호한 것으로 나뉘었다. 많은 답변이 "기다려라", "아직은 아니다", "인내심을 가져라", "기대하지 말라"처럼 운명에 대한 체념을 암시했다.[18]

『구약』도 고대 중동의 그 어떤 문서도 숫자를 사용하지 않았다는 점을 지적할 필요가 있다. 예를 들면 므두셀라의 수명은 969년이 아닌 '구·백·육십구' 년이었다.(「창세기」 5:27) 이집트를 떠난 성인 남성 이스라엘인의 수는 600,000명이 아닌 '육·백·천' 명이었다.(「출애굽기」 12:37) 호메로스와 헤시오도스의 작품을 비롯한 동시대 작품도 마찬가지였다. 알파벳 글자에 숫자의 의미를 부여하자는 생각을 처음으로 떠올린 사람은 서기 500년경의 그리스인이었다. 이러한 체계 속에서 알파는 1이었고 베타는 2, 감마는 3, 델타는 4였다. 이오타는 10을, 카파는 20을, 파이는 100을 뜻했고, 이렇게 800을 나타내는 오메가까지 쭉 이어졌다. 그리스인은 추가로 ϡ라는 글자를 발명하기까지 했는데, 이 글자는 ss 또는 sh로 발음되었고 숫자로는 900을 의미했다.[19] 다양한 계산을 훨씬 쉽게 만들었다는 점에서 알파벳에 숫자를 부여한 것은 아주 훌륭한 조치였다. 아마 그랬기 때문에 이런 체계가 그리스인에게서 유대인에게로 퍼져 나갔을 것이다. 유대인은 히브리어 알파벳에 숫자를 부여한 체계를 '게마트리아'*라고 불렀는데, 이름에서 이 체계의 유래가 잘 드러난다.[20] 이보다 훨씬 후에 로마인과 아랍인도 이 체계를 채택했다.

아랍의 숫자점 전문가는 꿈을 해석해달라는 요청을 받으면 (예를 들어) 다음과 같은 과정을 거쳤다. 먼저 고객 이름에 들어 있는 글자 하나하나를 숫자로 바꾸었다. 그리고 각각의 숫자에서 9를 뺐다. 그 결과 9가 남으면 꿈은 도시에 관한 나쁜 징조였다. 8이 남으면 여행에 관한 것이었고, 7이 남으면 황소와 수확, 옥수수에 관한 것이었다. 6은 천사와 성인에 관한 것으로 착수하고 있는 일이 완성됨을 의미했으며, 5는 말과 팔, 4는 하늘과 별을 의미했고, 3은 꿈을 꾼 사람이 다른 사람에게 비밀을 알려줌을, 2는 꿈을 꾼 사람이 속세에서 자신을 도와줄 사람을 기대함을 의미했다. 마지막으로 1은 왕이나 다른 위인을 떠올리게 하는 독특한 숫자로, 본인이 바라는 것을 얻거나 문제에서 빠져나온다는 의미였다.[21] 이러한 해석은 매우 기발하게도 전부 숫자가 나오는 『쿠란』의 단락에서 나왔기 때문에 꿈을 해석하는 사람은 『쿠란』의 내용을 매우 상세하게 알아야 했다.

중세와 르네상스기에 숫자점은 모든 곳에서 계속되었다. 모든 숫자에는 개인이나 세상 전체에 관한 다양한 의미가 부여되었

---

* 'gematria'라는 이름은 '기하학'을 의미하는 그리스어에서 나왔다.—옮긴이

다. 그중에서 가장 인기 있는 숫자는 7이었는데, 아마도 일반적인 환경에 있던 대부분의 사람들이 동시에 가장 많이 기억할 수 있는 개수가 7이기 때문이었을 것이다.[22] 7은 (지구를 나타내는 4에 하늘을 나타내는 3을 더한 것이므로) 완전함과 완벽함, 우주를 의미했고, 천지창조의 기간, 일주일의 모든 날, 일곱 교회, 성모 칠고七苦, 행성, 일곱 가지 성사, 일곱 가지 대죄, 일곱 가지 미덕(향주삼덕에 사추덕을 더한 것), 7년 대환란, 묵시록에 나오는 일곱 트럼펫과 일곱 봉인, 아우구스티누스 역사의 일곱 시기, '주기도문'의 일곱 가지 청원, 그리스도의 일곱 번의 여행, 미사의 일곱 순서, 인생의 일곱 단계, 그리스도의 마지막 일곱 말씀, 음계의 일곱 음, 일곱 가지 선한 일을 나타냈다. 그 밖에도 숫자에 의미를 부여한 사례는 놀라울 정도로 많다. 각기 여덟 명의 귀부인과 관련된 여덟 가지의 행복도 있으며. 심지어 14세기 후반의 한 익명의 작가는 엄격한 수학 규칙에 따라 시「가웨인 경과 녹색 기사*Sir Gawain and the Green Knight*」를 썼다. 시의 전체 길이와 연과 행의 개수 사이의 관계는 이러한 수학 규칙에 따라 정해졌다.[23]

이러한 규칙이 끝없이 변하면서 확장한 결과, 모든 것이 모든 것과 연결된 기이할 정도로 촘촘하고 복잡한 연결망이 만들어졌다.[24] 12세기 중반에 『교령집*Decretum*』을 출판한 법학자 그라티아누스와 그와 거의 동시대를 살았던 위대한 유대교 학자 마이모니데스 등이 숫자점을 금지하려고 노력했지만 아무 소용이 없었다. 한 현대 학자는 숫자가 변덕이나 인간의 실수와 동떨어져 존재한다고 썼다. 그렇기에 숫자는 창조주의 언어와 가장 근접했고, 창

조주에게 다가가고 그의 업적을 이해하는 데 가장 중요한 수단이
되었다.[25]

좀 더 평범한 수준에서는 존 머필드란 이가 숫자를 이용해 미
래를 내다보는 방법을 조언했다. 그에 대해서는 알려진 바가 별로
없다. 하지만 그는 확실히 사제(또는 서기)였고, 14세기 말경에는
런던에 있는 성 바르톨로메오 병원에서 일했다. 죽음과 죽어가는
사람을 계속 목격한 그는 자신의 경험을 요약해서 남겼다. 그리고
어떤 환자가 살아남고 어떤 환자가 사망할지를 파악하려면 다음
절차를 따르라고 권했다.

> 환자의 이름과 의사를 부르러 온 사람의 이름, 그 사람이 찾
> 아온 요일을 알아내서 전부 합친 뒤 그 결과로 나온 수가 짝
> 수라면 환자는 살아남지 못할 것이고 홀수라면 환자는 회복
> 할 것이다.[26]

현대의 로마자에 숫자를 부여한 사람은 하인리히 코르넬리우스
아그리파 폰 네테스하임(1486~1535)이다. 그는 다양한 주술뿐만
아니라 신학과 탄도학, 광업과 의학에 대해 글을 쓴 독일의 박식
가였다. 과학혁명이 힘을 얻으면서 널리 퍼져나가자 수학을 통해
세상을 이해하려는 노력도 커졌다. 이후 앞에서 언급한 켈빈만큼
이나 훌륭한 과학자들은 숫자의 형태로 표현이 '불가능한' 것은
전부 "하찮고 불만족스럽다"라고 주장하기까지 했다.[27] 숫자점과
숫자점 전문가들이 인기를 얻은 것도 당연한 일이었다.

"숫자의 진동"은 이름에 포함된 각 글자에 해당하는 숫자가 진동한다는 뜻으로, 20세기 초반의 한 미국인 숫자점 전문가는 "숫자의 진동은 자연의 정신적 언어다"라고 주장했다. 그러므로 사람들은 "음악과 점성술을 연구하듯 신중하게 자신의 생시"가 가리키는 의미를 연구해야만 한다. "좁은 관점에서가 아니라 넓은 시야에서, 나와 같은 숫자에 진동하는 호텔과 가게, 의류를 찾아내고 자신과 관련된 모든 것을 시도해야 한다." 예를 들어 말은 11에 진동하고 백합은 22에 진동한다. "여기서 백합이 꽃이라는 영역의 우두머리임을 알 수 있다. (……) 이러한 사례를 통해 중요한 것은 숫자 자체가 아니라 숫자가 전달하는 의미임을 알 수 있다." 또한 이 전문가는 이름이 그저 부모님이 마음대로 정해준 글자의 조합이 아니라고 말한다. 이름은 "자신이 어떤 사람이고 이 사회에서 어떤 의미를 갖는지를 확신하게 해주는 유일한 방법이다. (……) 존재의 전 체계가 그 사람의 이름에서 드러난다".[28] 그렇게 때문에 숫자를 제대로 도출하는 것이 매우 중요하다. 숫자점에 관한 최근의 한 도서도 이와 비슷하게 전개된다.[29] 저자는 먼저 숫자, 특히 태어난 날짜가 우리의 삶을 지배한다는 확언으로 책을 시작한다. 성격, 관계, 삶의 방향, 재정 상태를 비롯한 많은 것들이 전부 생시의 영향을 받는다. 결국 우리의 삶을 결정하는 것은 운명이긴 하지만, 숫자점을 공부하면 무의미하게 운명에 맞서는 대신 앞으로 일어날 일에 미리 대처하고 운명과 함께, 또는 운명을 향해 나아갈 수 있다.

저자는 숫자점을 치는 가장 쉬운 방법은 "인생 여정 숫자"를 이용하는 것이라고 말한다. 인생 여정 숫자는 태어난 달이나 해를 제외한 일을 의미한다. 예를 들어 어떤 달의 18일에 태어났다면 1+8은 9이므로 인생 여정 숫자는 "원시적 힘"을 의미하는 9다. 인생 여정 숫자가 1로 시작하는 사람은 '종종' 지도자로 태어난다. "만약 1이 당신의 인생 여정 숫자라면, 프로젝트를 맨 처음부터 시작하는 것을 권한다. 그 과정에서 실수가 있다면 실수를 통해 배워라. (······) 위험을 감수하고, 용감해지고, 자신의 행동을 온전히 책임져라. 그럴 때에만 인생에서 진정한 성공을 이룰 수 있을 것이다"라고, 저자는 말한다. 숫자 2는 로맨틱하고 온화하다. 숫자 3은 창의력을 의미하고, 숫자 4는 신용과 현실성을 의미한다. 이 책에는 조화의 가능성과 돈에 대한 태도를 다루는 챕터도 있다. 다음은 그 내용의 일부다.

6은 공급과 풍부함의 상징이다. 이들은 어렵지 않게 물질적인 것을 성취하며, 여기에는 돈도 포함된다. 이 사람들은 집안의 돈을 물려받거나 청하지 않은 돈을 받게 되는 경우도 많다. 또한 선물과 인정을 많이 받으며, 대개 자신이 마음을 정한 분야에서 성공을 거둔다. 대부분은 현금 유동성을 걱정할 필요가 없으며 이들의 재정 상태는 급격하게 오르내리는 일 없이 늘 안정적이다.

저자는 더 복잡한 체계를 따르면 태어난 달과 해도 계산에 포함된다고 말한다. 어떤 방법은 점성술과 타로에서 사용되는 숫자를 이용하고, 어떤 방법은 글자에 숫자를 부여하는 고유의 방식이 있다. 모든 것을 지배하는 핵심 숫자는 9인데, 이 발견은 피타고라스까지 거슬러 올라가는 것으로 알려져 있다. 이 책의 저자는 그렇게 설명하지 않지만, 다른 책들은 앞에서 살펴본 것처럼 1+2+3+4의 결과인 '완벽한' 숫자 10에서 1을 뺀 숫자라는 점에 9의 중요성이 있다고 주장한다.

이러한 단서에 따라 알파벳 글자를 다음처럼 나열할 수 있다.

1	2	3	4	5	6	7	8	9
A	B	C	D	E	F	G	H	I
J	K	L	M	N	O	P	Q	R
S	T	U	V	W	X	Y	Z	

어떤 사람은 모음을 빼고 자음만 표에 넣어야 한다고 말하기도 한다. 자기 이름에 있는 글자에 해당하는 숫자를 전부 더한 다음, 한 자리의 숫자가 나올 때까지 각 자리의 숫자를 계속 더하면 자신의 마스터 숫자가 나온다. 예외는 11과 22, 33이다. 이 숫자들은 "우리의 감각적 본성을 간질이는" 마스터 숫자이므로 각 자리를 더해선 안 된다.[30]

이름에 어떤 숫자가 가장 많이 들었는지를 확인함으로써 그 사람의 성격과 능력을 파악할 수 있다. 이렇게 하면 정해진 성격과 인생에서 택할 수 있고 택해야 하는 길, 실패할 것이므로 반드시 피해야 하는 길까지 전부 알 수 있다. 예를 들어 마스터 숫자가 1인 사람은 위대한 정치인이나 배우, 운동선수가 될 수 있는데, 타고난 지도자이자 전사이기 때문이다. 마스터 숫자가 3인 사람은 훌륭한 화가나 배우, 다양한 종류의 예술가가 될 수 있다. 예를 들어 '샘 스미스Sam Smith'라는 이름을 가진 사람이 있다고 해보자. S=1, a=1, m=4, S=1, m=4, i=9, t=2, h=8이다. 숫자의 총합은 30이고, 3+0=3이다. 이 마지막 숫자는 우리가 무엇을 하고 싶어 하고 할 수 있는지를 알려주는 "모티베이션motivation 숫자"다. 샘 스미스의 모티베이션 숫자인 3은 "즐거운 영혼"을 의미한다. 이런 사람들은 "재미를 추구하는 유머러스한 사람들과 어울리는 것을 좋아하며, 이들의 즐거운 영혼은 어딜 가나 사람들의 이목을 끈다".

하지만 이건 기초 단계에 불과하다. 비슷한 방법을 쓰되 태어난 날이나 이름 전체가 아닌 이름의 머리글자만 사용하면 삶에 "균형과 조화"를 가져다주는 "밸런스balance 숫자"를 얻을 수 있다. 예를 들어 밸런스 숫자가 1이면 "당신은 스스로에게서, 자기 안에서 힘을 끌어내는 방법을 배워야 한다. 하지만 본인의 이야기와 감정을 가족이나 친구와 함께 나누는 것도 도움이 될지 모른다. 그 두 가지 사이에서 균형을 잡는 법을 배워라." 한 저자는 이 모든 방법을 통해 "삶에서의 사랑과 성공, 성취를 계산"할 수 있다고 말한다.[31] 또 다른 저자는 태어난 날짜와 시간이 우리의 운명을 결정한다고 생각하는 것은 큰 실수라고 말한다.

사실은 정확히 그 반대다. 우리는 태어나기 전에 자신이 언제 태어날지를 결정했다. 마음 깊숙한 곳에서 자신이 이 세상에 태어날 적절한 날과 시간을 알고 있었던 것이다. 우리는 먼저 우리의 운명을 결정한 뒤 그에 맞는 날과 시간을 결정했다. 바로 이렇게 인생 여정 숫자와 운명 숫자를 비롯한 개인의 숫자가 정해졌다.[32]

또 다른 전문가는 "숫자점 전문가는 숫자의 총합과 부분의 합, 격자와 그래프, 표를 사용함으로써 개인을 분석해 그들 내면의 영혼과 외면의 자아를, 내면과 외면의 페르소나를, 자신이 스스로를 어떻게 생각하고 타인이 그들을 어떻게 인식하는지를, 그들의 과거와 현재의 운명을, 그들이 신체적·정신적·감정적·영적으로 어떻게 작동하는지 등등을 드러낼 수 있다"라고 말한다.[33] 서구뿐만 아니라 이슬람 세계와 동아시아에서도 많은 사람이 여전히 숫자점을 중요하게 여긴다. 한국에서는 굿이라는 의식에서 숫자점을 친다. 굿의 한 종류에서 무당(여성 샤먼)은 소나무 씨앗이 든 그릇을 흔드는 방식으로 사람들의 질문에 답한다. 그릇에서 튀어나온 씨앗은 내버려두고, 안에 들어 있는 것들의 수를 센다. 그 수가 홀수면 운이 좋은 것이고, 짝수이면 운이 나쁜 것이다.[34]

이번 조사를 시작했을 때 미국의 일부 유대인이 숫자점을 이용해 힐러리 클린턴이 아말렉족이고 도널드 트럼프가 메시아의 도래를 알릴 것임을 증명했다는 것을 알게 되었다.[35] 유대인들이 사용한 방법은 다음과 같다. 이들의 이름을 히브리어로 써서 게마트리아에 따라 글자에 부여된 숫자를 더하면, 힐러리, 로댐, 클린턴은 각각 255라는 숫자가 나온다. '아말렉에서 온 여성'이라는 뜻의 아말레키아Amalekiah에 해당하는 숫자의 총합도 255이다. 아말렉 사람들은 이스라엘의 적이므로, 이들에겐 그 어떤 자비도 베풀어선 안 된다.

이건 이야기의 절반일 뿐이다. 힐러리 로댐 클린턴에 들어 있는 수의 총합은 765(255×3)이며, 이는 '그때까지 없던 어려운 때'라는 의미의 표현 'et tsara'와 숫자가 같다(당연히 우연이 아니다!). 이 표현은 「다니엘」 12장 1절에 등장하는데, 이스라엘의 천사장 미가엘이 재난의 시기에 자기 백성을 보호하는 상황을 묘사한 구절이다. 그렇다면 힐러리는 분명히 문제를 의미한다. 힐러리가 무슨 끔찍한 일을 벌일지 누가 알겠는가? 히브리어가 아닌 단어, 그중에서도 특히 이름을 히브리어 글자로 표기하는 방법이 매우 다양하다는 점은 신경 쓰지 말자. 어느 글자를 택하느냐에 따라 결과는 크게 달라진다. 예를 들면 아말렉에서 온 여성을 Amalekit라 쓸 수도 있다. 이 경우 글자에 해당하는 숫자의 총합은 255가 아니라 640이다.

반면 도널드 트럼프라는 이름을 구성하는 히브리어 글자의 총합은 424이고, 424는 212×2이다. 한 전문가는 버니 샌더스의 총합이 636, 즉 212×3이라는 점에 주목했다. 여기서 1832~1901년 바그다드에 살았던 랍비 벤 이시 하이(본명은 요세프 하임이다)가 등장한다. 위키피디아에서 "유대교 율법의 권위자이자 유대교 신비주의의 대가"라 칭하는 이 랍비는[36] 숫자 212를 이스라엘의 고난의 시기라는 뜻으로 해석했다. 이게 끝이 아니다. 212는 다른 단어나 단어들의 조합에서 나온 수와도 일치하는데, 예를 들면 "다윗의 아들 메시아"라는 표현이 그렇다. 할렐루야! 산술점이라는 이름으로 불리기도 하는 숫자점은 〈해리 포터〉 시리즈에서도 언급된다. 소설 속에서 숫자점은 호그와트의 일부 학생, 특히 해리의 친구인 헤르미온느가 미래를 내다보는 능력을 향상시키기 위해 듣는 어려운 과목으로 등장한다.

요약하자면, 숫자와 숫자 사이의 관계는 언제나 사람들을 매혹시켰으며 그것은 오늘날도 마찬가지다. 역사상 가장 훌륭한 몇몇 철학자는 숫자를 자연 또는 신이 감탄할 만큼 정교하게 배치해놓은 질서의 필수 요소로 우리가 탐험하고 즐겨야 할 것으로 보았다. 그렇기에 숫자를 다루는 올바른 방법을 찾기만 한다면 숫자를 통해 하늘의 움직임과 음계, 무엇이 우리의 미적 감각을 만족시키는가를 비롯해 우리의 성격과 미래, 그리고 우리에게 있을 수도 있을 역사적 의미에 이르기까지 매우 다양한 것들을 알 수 있다는 주장이 제기되었다.

숫자점 지지자들은 숫자점을 무려 "미래를 예측하는 매우 정확하고 측정 가능하며 거의 과학적인 방법"이라고 칭한다.[37] 하지만 모두가 숫자점을 이렇게 진지하게 여기는 것은 아니다. 다음은 한때 세계적 베스트셀러였던 스웨덴 의사 악셀 문테의 자서전 『산미켈레 이야기 The Story of San Michele』(1929)의 한 구절이다.

금요일 저녁에 [카프리에 있는] 약국은 내일 자신이 로또에 당첨될 확률에 대해 마구 손을 흔들며 열띤 토론을 벌이는 사람들로 가득했다. 44, 69, 43, 17!

돈 안토니오는 고모가 갑자기 돌아가셔서 5천 리라를 상속받는 꿈을 꿨다. 갑작스러운 죽음 49, 돈 70! 돈 오노라토는 포르첼라 거리에 있는 곱추에게 물어봐 놓은 터라 자기 번호를 잘 알았다. 9, 39, 20! 돈 바르톨로의 고양이는 간밤에 새끼를 일곱 마리 낳았다. 숫자 7, 16, 64! 돈 디오니시오는 임마콜라텔라에서 카모라 조직원이 이발사를 칼로 찔렀다는 '자극적인 뉴스'를 막 읽었다. 이발사 21, 칼 41! 돈 파스콸레는 묘지 관리인에게서 숫자를 받았는데, 그 사람은 무덤에서 숫자를 들은 것이 분명했다. 말하는 시체 48![38]

10
『성경』 해독하기

사람들이 오래전부터 미래 예측에 사용한 주요 방법 중 하나는 신성한 문서, 그중에서도 특히 『성경』의 '진짜' 의미에 접근하려고 노력하는 것이다. (이미 『탈무드』에 드러나 있는) 이 방법의 기본 가정은 신이 성서에 백성(그게 누구든 간에)이 판독해야 할 메시지를 일부러 숨겨놓았다는 것이다.

　그 과정은 매우 다양한 방식으로 이루어진다. 그중 하나는 「다니엘」이나 「요한의 묵시록」에서 확실히 미래를 예언한 것으로 보이는 부분을 찾아 논하고 현재의 사건과 연결하는 것이었다. 또 다른 방법은 겉으로는 예언처럼 보이지 않는 내용에서 예언의 의미를 찾아내는 것이었다. 『신약』은 예수의 삶에서 나타난 온갖 자잘한 정보를 『구약』의 내용과 연결 지으려는 시도로 가득 차 있다. 가장 중요한 사례로는, 이사야가 기적적 잉태를 예견했다는 「마태오의 복음서」의 주장(1:22~23)을 들 수 있다("처녀가 잉태하여 아들을 낳을 것이며, 그가 그의 이름을 임마누엘이라고 할 것입니다"

「이사야」7:14).

　중세 프랑스의 한 『성경』 해설가는 「시편」의 한 행은 예수가 육신을 가지고 세상에 온 때로부터 각각 한 해에 해당하기 때문에 이 세상의 나이와 종말년도를 계산할 수 있다고 주장했다. 피오레의 요아킴이 저서 『관련성에 대한 책Liber de concordia』에 정리한 『성경』의 연대표와 교단의 연대표 간의 관련 체계는 더 절묘하고 야심찼다.[1] 그는 『성경』이 두 가지 줄기로 이루어져 있다고 설명했다. 하나는 아담에서 시작해 그리스도의 탄생에서 끝나고, 다른 하나는 그리스도의 탄생에서 시작해 그리스도의 재림으로 끝이 난다. 각 줄기에는 63세대가 포함되어 있고, 63세대는 21씩 세 그룹으로 나뉜다. 『신약』의 두 그룹(42세대)은 적그리스도의 공격이 시작되기 전에 끝나야 했다. 『신약』의 한 세대는 30년인데, 첫 번째 제자가 생겼을 때 그리스도의 나이가 서른 살이었기 때문이다. 이렇게 보면 적그리스도의 도래는 1260년에 일어날 것이었다(30년씩 42세대).

　이 주장은 「요한의 묵시록」 12장에 광야로 도망친 뒤 하느님에게 1,260일 동안 보살핌을 받은 신비한 여성이 등장한다는 사실에서 더욱 힘을 얻었다(요아킴은 1,260일을 1,260년으로 해석했다). 1260년도는 아무 일 없이 흘러갔다. 그러나 이러한 계산 착오에도 사람들은 16세기 초반까지 계속 요아킴의 주장을 참고했다.[2] 그가 "명문가 카이사르의 자손", "필립의 아들 카를로스"의 도래를 예언하지(또는 예언했다는 주장이 있지) 않았더라면, 끔찍한 죄악을 수없이 저지른 교황을 누가 꾸짖을 수 있었겠는가? 게다가

고금의 수많은 지도자가 그의 예언을 지지하지 않았는가? 부르고 뉴의 미남왕 필립의 아들인 카를 5세가 1527년 로마를 약탈해 교황 클레멘스 7세가 산탄젤로성으로 피신했을 때, 그의 예언은 소름 끼칠 만큼 현실이 되지 않았는가? 그러나 요아킴은 신과 직접 연결되었다고 주장하는 사람에게 닥칠 위험을 알았기 때문이었는지 자신은 절대 예언자가 아니라고 주장했다. 그는 자신에게는 오로지 『성경』의 신비를 이해할 "지적인 정신"만이 있을 뿐이라고 말했다.

이와 유사하게, 1666년에 종말이 올 것이라는 두려움은 「요한의 묵시록」 13장 17~18절에서 666을 "짐승의 수"로 칭했다는 사실에서 비롯되었다. 그러나 이것은 여러 해석 중 하나일 뿐이다. 한 해석은 666이 네로 황제(서기 54~68년 재위)의 이름을 히브리어와 아람어로 써서 게마트리아 숫자로 바꾼 것과 일치한다고 말한다. 『성경』 속 증거에 따르면 「요한의 묵시록」은 서기 70년 제2차 성전이 파괴된 이후에 쓰인 것이므로 네로의 등장을 예언한 것으로 이해할 수 없다는 점을 지적해도, 이 방법의 옹호자들은 동요하지 않았다. 이들은 이 글자가, '황제'라는 단어를 빼면, 81년에서 96년까지 재위한 도미티아누스 황제의 이름과도 일치한다고 말한다. 이름은 여러 방식으로 표기할 수 있으며, 직함을 붙이거나 뗄 수 있다는 점은 신경 쓰지 말자. 가장 오래된 원고에는 숫자가 666이 아닌 616으로 나와 있다는 점도 신경 쓰지 말자. 이러한 생각은 지금도 사라지지 않았다. 이슬람이 그리스도교인을 위협한다고 느낄 때마다 숫자 666이 무함마드의 이름(이 경우에는 무함마드가 아닌 마오메티스Maometis라고 쓴다) 또는 『쿠란』과 관련이 있다는 생각이 다시 수면 위로 등장한다.[3]

666이 사실은 1666을 의미하며 1666년에 종말이 올 것이라는 생각은 엘리자베스 1세 때 온갖 잡다한 지식을 제공했던 토머스 럽튼의 1597년 저서 『바빌론은 무너졌다Babylon is Fallen』에 처음 등장한다.[4] 이때부터 이 개념은 점점 더 자주 언급되기 시작했다. 666을 1260과 엮으려는 시도 또한 많았다. 그렇게 시도한 사람 중 한 명은 영국의 학자이자 목사인 토머스 굿윈(1600~1680)이었다. 골수 청교도인이었던 굿윈은 청교도 혁명이 일어나기 직전에 네덜란드로 도망쳐야 했다. 그러나 공화정 시기에 다시 영국으로 돌아올 수 있었다. 약 2년간 굿윈은 다름 아닌 올리버 크롬웰 밑에서 목사로 일했다. 굿윈에게 이것은 1260에 406(대략 훈족이 침입한 시기이자 악마로 여겨진 첫 로마 교황의 취임 시기)을 더하기만 하면 되는 간단한 문제였고 모든 것이 명료했다.

1666년, 크롬웰은 죽었고 공화정 시기도 끝이 났다. 하지만 숫자 1666은 사람들의 입에 자주 오르내렸고, 특히 1666년에 화재가 일어나 런던 대부분이 파괴되었을 때 사람들은 즉시 굿윈의 예언에 기댔다. 이전 해에 시작된 역병으로 도시 전체 인구의 약 4분의 1인 10만여 명이 사망한 것도 이유 중 하나였다. 666이 첫 일곱 개의 소수를 제곱한 값의 총합($2^2+3^2+5^2+7^2+11^2+13^2+17^2$)인 것 외에도 여러 '마술적' 특징이 있다는 사실도 아마 도움이 되었을 것이다.[5]

상황은 여기서 끝나지 않았다. 백악관에서 로스앤젤레스의 벨

에어로 이사한 낸시 레이건과 로널드 레이건은 새 집의 주소를 세인트 클라우드가 666번지에서 668번지로 바꾸었다. 2003년 뉴멕시코의 666번 국도는 491번 국도로 바뀌었다. 뉴멕시코의 교통부 장관인 론다 파우트는 다음과 같이 말했다. "이제 악마는 사라졌습니다. 작별하니 속이 시원하네요."[6]

『성경』을 이용해 예수가 재림하고 낙원이 펼쳐질 날을 계산하고자 했던 여러 인물 중 가장 유명한 사람은 아이작 뉴턴이다.[7] 심지어 1704년에는 이 주제에 관해 『다니엘의 예언과 요한의 묵시록에 관한 평론Observations upon the Prophecies of Daniel, and the Apocalypse of St John』이라는 책을 쓰기까지 했다. 다른 많은 사람들처럼 뉴턴은 먼저 「다니엘」에서 '예언한' 2,300일이 사실은 날이 아니라 해를 의미한다고 상정했다. 그다음 어떤 해를 시작점으로 삼을지를 결정하려 했다. 시작이 되는 해는 알렉산드로스 대왕과 마케도니아인이 페르시아제국을 멸망시킨 기원전 331년이라고들 믿는 "숫염소에게 작은 뿔이 돋아난" 때일까?(「다니엘」 8:1~27) 아니면 예루살렘과 성전이 로마인에게 무너진 서기 70년일까? 아니면 "교황이 최고 지위를 얻은" 서기 800년일까? 아니면 그레고리 7세가 교황의 자리에 오른 1073년일까? 그다음 뉴턴은 「요한의 묵시록」에 언급된 숫자 1,290에 따라 같은 과정을 반복했다.[8] 그리고 여러 난해한 계산을 통해 자신이 얻은 여러 결과를 조화시키고자 했다. 결국 뉴턴은 예수가 재림할 확률이 가장 높은 해로 2060년을 제시했지만 나중에는 그 해가 2090, 2132, 2344, 2374년일 가능성도 배제하지 않았다.

당황한 그는 『성경』 속 예언은 "종말이 올 때까지" 아무도 이해할 수 없을 것이라 덧붙였으며, 그때가 오더라도 "악한 사람은 이해할 수 없다"라고도 덧붙였다. 오늘날까지도 『성경』에 언급된 '날'이 정말 한 해를 의미하는지, 아니면 천 년을 의미하는지(「베드로의 둘째 편지」 3:8~10)뿐만 아니라 일주일이 단순히 7일을 의미하는지, 아니면 1년이나 7년을 의미하는지에 대해 의견이 분분하다.[9]

『성경』이 미래에 관해 '정말로' 무어라 말했는지 판독하는 그 외의 방법도 많다. 이미 여러 번 언급한 투르의 그레고리우스는 그중 하나가 어떤 식으로 이루어졌는지를 묘사했다. 다음은 그레고리우스의 삼촌이자 랑그르의 주교였던 성 테트리쿠스의 이야기다. 그는 클로비스 왕의 손자이자 6세기 메로빙거 왕조의 클로타르 왕의 사악한 아들이었던 크람의 운명을 예언하고자 했다.

먼저 예언자들의 책을 펼쳤다. 그러면 목사들은 다음 구절을 보았다. "울타리를 걷어치워서, 그 밭을 못 쓰게 만들 것이다. 나는 좋은 포도가 맺기를 기다렸는데 들포도가 열렸다."[「이사야」 5:4~5] 그리고 사도의 책을 펼쳐 다음 구절을 보았다. "주님의 날이 밤에 도둑처럼 온다는 것을, 여러분이 잘 알고 있다. 사람들이 평안하고 안전하다고 말할 때에 아기를 밴 여인에게 해산의 진통이 오는 것과 같이 갑자기 멸망이 닥칠 것이니, 그것을 피하지 못할 것이다."[「데살로니카인들에게 보낸 첫째 편지」 5:2~3] 마지막으로, 주님이 복음을 통해 말하셨다. "그러나 내 말을 듣고서도 그대로 행하지 않는

사람은, 모래 위에 집을 지은 어리석은 사람과 같다. 비가 내
리고, 홍수가 나고, 바람이 불어서, 그 집에 들이치면, 무너진
다. 그리고 그 무너짐은 엄청날 것이다."[「마태오의 복음서」
7:26~27] 10

이 예언은 정말로 실현되었다. 전쟁 이후 크람은 아버지에게 생
포되어 아내, 딸과 함께 산 채로 화형당했다. 이 제비뽑기cleromancy
(그리스어로 클레로스Kleros는 운명을, 만테이아manteia는 점술을 뜻한다)
사례는 이 책에 등장하는 여러 사례 중 하나일 뿐이다.

　오늘날 인터넷에는 "성경 구절 자동 재생기"라는 것이 있다.[11]
버튼을 누르면 눈앞에 있는 스크린에 『성경』 구절이 나타난다. 예
를 들면 "하느님은 우리의 피난처이시며, 우리의 힘이시며, 재난
이 있을 때 우리 곁에 계시는 구원자이시다"(「시편」 46:1)나, "너희
의 재물이 있는 곳에, 너희의 마음도 있다"(「마태오의 복음서」 6:21)
같은 것들이다.

　유대교의 일부 랍비들도 같은 방법을 사용했다. 자신이 취하
려는 행동의 결과가 어떨지 염려한 사람들은 랍비에게 질문을 했
고, 랍비는 무작위로 『성경』을 펴 히브리어에서 보통 그렇듯 오른
쪽에서 왼쪽 방향으로 쓰인 첫 번째 구절을 보고 답을 해주었다.
모두가 그런 것은 아니지만, 정통파 유대교도는 지금도 가끔 이
방법을 사용한다. 비신자들은 이것이 그저 우연의 문제일 뿐이며
이 방법으로는 미래에 관한 그 어떤 것도 알 수 없다고 주장할 것
이다. 하지만 신자들은 신의 손길이 자신들을 문제의 페이지와 문

장으로 이끈다고 주장한다. 물론 신은 이들에게 그 문장을 해석할 통찰 또한 주셨다.

이 밖에 『성경』을 사용해 미래를 예측하는 여러 방법이 제안되었으며, 이는 근대 이전에만 국한된 것이 아니다. 어떤 사람들은 "『토라Torah』 읽기에 대한 올바른 지시 사항을 따름으로써 유대교 신비주의자들은 과거와 현재, 미래의 상태를 볼 수 있다"라고 말한다. 또한 이들은 "이러한 상징[『토라』 안의 글자뿐만 아니라 글자의 위아래에 위치해 모음의 소리를 가리키는 작은 점과 선도 포함된다]이 조합된 방식을 가만히 응시하기도 한다. 하지만 그렇게 볼 수 있으려면 그저 토라를 읽기만 해서는 안 된다. 암호를 보는 방법을 알아야만 한다."[12]

또 다른 방법은 글자들이 이해 가능한 메시지가 되길 기대하며 『성경』 속에 있는 두 번째(또는 세 번째나 네 번째, 쉰 번째) 글자를 이어 적는 것이다. 이 방법은 등거리 문자열ELS, equidistant letter sequence라는 이름으로 알려져 있으며 히브리어에서처럼 오른쪽에서 왼쪽 방향으로 사용할 수도 있고 왼쪽에서 오른쪽 방향으로 사용할 수도 있다.[13] 이 방법의 옹호자들은 『성경』 속에서 사실상 모든 주요 역사적 사건에 대한 예언을 찾았다고 주장하지만 『모세오경』만 사용해야 하는지 『구약』 전체를 사용해야 하는지에 대해서는 논란이 있다.

일례를 들기 위해 『모세오경』만 해당된다고 가정하면, 이 방식은 다음과 같이 진행된다.[14] 먼저 전체 내용을 한 줄에 글자 30만 4,805개가 오도록 재배치한다. 둘째, 그 속에 들어 있을 것이라 예상되는 사건을 고른다. 히로시마 원자폭탄 투하일 수도 있고 걸프전쟁일 수도 있다. 셋째, 한 자씩 거른 글자들을 끝까지 쭉 모으고, 다시 두 자씩 거른 글자들을 모으고, 세 자씩 거른 글자들을 모으고, 그렇게 10까지 갔다가, 다시 20에서 50자씩 거른 글자를 쭉 찾는다. 이렇게 같은 개수씩 글자를 거름으로써 암호를 발견할 수 있다. 예를 들어 'Brown Lunch Units Exist; SearcH our hOme to Enter'라는 문장에서 네 자씩 글자를 거른다면, 여기에서 'blue shoe'라는 단어가 나오는 것이다. "『성경』에서 등거리 글자의 조합을 찾아내는 데 힘쓰는 온라인 커뮤니티"라고 자신들을 소개하는 '디바인코더스DivineCoders'는 아마 이러한 방법으로 신이 '해리 왕자 런던'과 '닉슨 사임' 같은 단어를 『성경』 속에 끼워 넣었음을 발견했을 것이다.[15]

암호와 암호화 과정에 대해 조금이라도 익숙한 사람이라면 알겠지만, 이런 식으로 특정 글자와 일치하는 글자를 찾아내는 것은 극도로 힘든 일이다. 신자들에게 이러한 사실은 이 방법을 통해 찾아낸 메시지가 정말 신이 보낸 것이라는 또 하나의 증거였다. 하지만 이건 시작일 뿐이었다. 불가지론자였던 유대인 물리학자 나산 야코비와 정통 유대교도 엔지니어인 모셰 아하론 샤크는 자신들이 수백 개의 등거리 문자열을 발견했다고 말한다. 그중에는 "비행기가 사라질 것이다(2014년 3월 말레이시아 항공기 370편이 사라진 것을 예언한다)"와, 같은 해에 창궐한 에볼라 바이러스, 2004년의 허리케인 카트리나도 있었다.[16]

그 밖에도 『성경』을 해독하는 방식은 매우 다양하다. 각각의 방식은 서로 다른 학설의 지지를 받으며, 조금씩 다른 기술을 사용한다. 그중 '짧은 글쓰기'라는 뜻의 그리스어에서 유래한 노타리콘notarikon은 서기 초반 몇 세기에 쓰인 『탈무드』에 처음 등장한다. 이 방법은 각 단어의 첫 번째 글자와 중간 글자, 마지막 글자를 골라 실에 구슬을 꿰듯 이어서 새로운 단어, 심지어 문장을 만들어낸다. '변화'라는 뜻의 또 다른 방법, 테무라themurah는 글자의 순서를 바꾼다.[17] 이런 과정은 과거처럼 손으로 직접 써서 할 수도 있지만, 다른 많은 것들과 마찬가지로 컴퓨터가 등장하면서 훨씬 간편해졌다.

이러한 방법은 대부분 추종자가 많지 않았고 그들 내에서만 논의되었다. 하지만 1997년 미국의 저널리스트인 마이클 드로스닌이 『바이블 코드Bible Code』를 출간하면서 큰 인기를 얻었다.[18] 이번에도 그는 신이 일부러 『성경』에 암호를 넣어놨다고 주장했다. 그 암호는 이스라엘의 수학자인 엘리야후 립스가 컴퓨터로 암호를 풀어야겠다는 생각을 떠올릴 때까지 약 3천 년간 잠들어 있었다. 드로스닌이 수학 영재라고 묘사한 립스는 1969년 초에 소련의 체코슬로바키아 점령에 항의하다 자기 몸에 불을 붙이려 하면서 처음으로 전 세계의 주목을 받았다. 불은 곧 진화되었고, 그는 경미한 화상만을 입었다. 조현병 진단을 받은 립스는 폐쇄 병동에서 지내며 복잡한 수학 문제에 파고들었다. 퇴원 후 이스라엘행이 허락된 그는 이스라엘에서 『성경』 속 암호를 해독하는 방법을 발견했다. 그의 주장에 따르면 그는 『성경』 해독의 비밀을 이스라엘 군대에 넘겼고, 이스라엘군은 1991년 걸프전쟁 당시 기밀을 손에

넣기 위해 이 방법을 사용했다(그러나 이스라엘은 걸프전쟁에 참여하지 않았다). 이후 이스라엘군은 미국 국가안보국에 이 비밀을 밝혔고, 나는 1990년대 초반 즈음에 국가안보국 소속 분석가에게서 이 이야기를 처음 들었다.

립스의 암호 해독 방식은 다음과 같다. 먼저 『모세오경』을 구두점이나 빈칸, 대문자(히브리어에는 대문자가 없다) 없이 한 글자씩 쭉 나열한다. 그렇게 하면 "In the beginning God created the heaven and the earth. And the earth was without form, and void; and darkness was upon the face of the deep. And the Spirit of God moved upon the face o[f](태초에 하느님이 천지를 창조하셨다. 땅이 혼돈하고 공허하며, 어둠이 깊음 위에 있고, 하느님의 영은 위에 움직이고)"라는 문장은 다음과 같이 보일 것이다.

i	n	t	h	e	b	e	g	i	n	n	i
n	g	g	o	d	c	r	e	a	t	e	d
t	h	e	h	e	a	v	e	n	a	n	d
t	h	e	e	a	r	t	h	a	n	d	t
h	e	e	a	r	t	h	w	a	s	w	i
t	h	o	u	t	f	o	r	m	a	n	d
v	o	i	d	a	n	d	d	a	r	k	n
e	s	s	w	a	s	u	p	o	n	t	h
e	f	a	c	e	o	f	t	h	e	d	e
e	p	a	n	d	t	h	e	s	p	i	r
i	t	o	f	g	o	d	m	o	v	e	d
u	p	o	n	t	h	e	f	a	c	e	o

이제 글자들이 가로나 세로(누군가는 대각선도 포함된다고 말한다)로 과거의 역사적 사건이나 미래에 일어날 법한 사건과 일치하는 단어를 형성하는지를 확인할 수 있다. 등거리 문자열과 마찬가지로 이를 위한 특수한 소프트웨어가 개발되어 있다. 사람들은 이러한 방법을 이용해서 『성경』 속에 "이츠하크[라빈]는 살해당한다" 같은 단어가 등장한다는 것을 (비록 '사후'일지라도) 발견했다.

쏟아진 사람들의 관심을 고려하면 예상할 수 있겠지만, 이 방법은 2017년의 '이란 원자'(이게 무슨 뜻인지는 모르겠지만)뿐만 아니라 이스라엘의 이란 공격을 예측했다고 알려져 있고, 북한의 핵 위협이 천사들의 전쟁을 일으켜 종말을 일으키리라는 것 또한 예측했다고 한다.[19] 다음은 이러한 결론이 도출되기까지의 과정을 더 자세히 설명한 것이다.

특수한 컴퓨터 프로그램을 사용해서 랍비[마티탸후 글라제르손]는 '북한 Tsafon Korea'이라는 단어를 찾아냈다. 랍비가 글자 aleph, heh, resh, bet가 연속해서 배치된 것을 찾아내면서 메시지는 더욱 분명해졌다. 이 단어들은 히브리어로 쓴 '미국 Artzot Habrit'의 약어를 형성한다.

두 암호 다 '홀로코스트 원자 Shoah Atomit'라는 단어 근처에 있었다. '바이블 코드'의 같은 격자판 안에서 랍비는 'Gog'라는 단어를 발견했는데, 그는 이 단어가 '북쪽'에서 올 것이라 예언되었던 메시아 이전의 전쟁을 북한이 일으킬 가능성을 암시한다고 말했다.[20]

종종 이런 방법들은 우리 인간이 이 세상에 태어날 가능성은 거의 제로에 가깝다는 것을 확률의 법칙을 이용해 '증명'한 일종의 통계에 둘러싸여 있었다. 하지만 이 방법을 사용하는 것은 히브리어를 모르는 독자들이 생각하는 것만큼 어렵지 않다는 점을 유념해야 한다. 여기에는 세 가지 이유가 있다. 첫째, 히브리어 알파벳에는 모음이 없고 자음만 있다. 그래서 두 개 이상의 글자를 무작위로 조합한 것에 어떤 의미가 있을 확률이 영어나 다른 유럽 언어에 비해 훨씬 높다. 같은 이유로 스크래블(단어 맞추기 게임)을 히브리어로 하면 훨씬 쉽다. 둘째, 이 방법들은 저자 및 내용과 관계없이 『성경』 외의 모든 책에 적용 가능하다. 셋째, 립스가 사용한 것보다 성능이 훨씬 좋다고 주장하는 무료 바이블 코드 탐색 프로그램이 많다. 심지어 그중 하나는 윈도우 95, 윈도우 98, 윈도우 2000, 윈도우 NT, 윈도우 XP, 윈도우 7, 윈도우 8, 윈도우 10에서도 작동된다고 한다.[21] 더 바랄 게 뭐가 있겠는가?

수백 년 전에 시작된 이 방법은 과학자와 랍비 사이에서 놀라울 만큼 많은 논란을 낳았다.[22] 일부 랍비는 신의 마음(물론 그들은 이 분야의 전문가다)이 이런 식으로 나타나지 않는다고 주장했다. 수많은 사람이 자발적으로, 또는 요청을 받아서, 왜 이 방식이 말이 되는지를 설명했다. 초반에 립스는 게임 이론으로 2005년 노벨 경제학상을 받은 이스라엘의 석학 로버트 아우만의 지지를 받았다. 유대교인이었던 아우만은 이스라엘 과학 아카데미에서 이 주제로 강의를 마련했으며 강의 내용을 권위 있는 통계학 저널에 실으려고까지 했다. 훗날 그는 이제 이 방법에 개연성이 없다고 생각한다며 지지를 철회했다. 립스는 이 개연성 없는 연구로 1997년 이그노벨상*을 수상했다. 그러나 이 사실은 과거에도 지금도 사람들이 이와 비슷한 생각을 떠올리는 것을 막지 못하고 있다.

---

* 한 유머 잡지에서 "다시 할 수도 없고 해서도 안 되는" 기발한 연구나 업적을 대상으로 수여하는 상.—옮긴이

3부

근대에 들어서다

11

패턴에서 사이클까지

미래를 예측하려면 먼저 과거를 들여다봐야 한다는 생각은 그동안 너무 많이 반복되어서 우리 시대의 클리셰 중 하나가 되었다. 이러한 발언을 한 사람 중에는 "과거를 기억하지 못하는 사람은 과거를 반복할 수밖에 없다"[1]라고 말한 스페인 철학자 조지 산타야나와 "과거에 대해 더 많이 알수록 미래를 더 잘 준비할 수 있다"라고 말한 시어도어 루스벨트가 있다. 그러나 과거를 정확하고 철저하게 파악할 수 있다고 가정하더라도, 과거를 미래 예측에 활용하고자 하는 사람들 중 '어떻게' 과거가 미래를 설명할 수 있고 어떤 방식을 사용해야 하는지를 설명하는 사람은 거의 없다. 앞으로는 과거를 미래 예측에 활용한 네 가지 주요 방법을 설명할 것이다. 앞서와 마찬가지로 그 내용은 18세기 이전과 이후로 나누어진다.

오늘날 대부분의 사람들은 역사가 화살처럼 지나가는, 절대 변하지 않고 반복되지 않는 과정임을 당연시하는 경향이 있다. 먼 옛날, 어쩌면 빅뱅에서부터 역사는 미래를 향해 일직선으로 달려 나간다. 하지만 놀랍게도 이러한 생각이 등장한 것은 매우 최근의 일이다. 곧 살펴보겠지만, 이 생각은 18세기 중반에 처음 나타났다. 그 이전에 대부분의 사람들은 플라톤과 이븐 할둔처럼 역사를 계속 반복되거나 주기적으로 순환하는 영역으로 여겼다.

역사가 계속 반복되며 같은 상황이 언제나, 또는 적어도 대부분 같은 결과를 낳는다고 가정해보자. 그 경우 특이하고 예외적인 사건의 역할은 크게 줄어들 것이다. 남는 것은 분명하게 파악해서 미래에 투영할 패턴뿐이다. 어쨌거나 이론상으로는, 흔히들 '경험'이라고 칭하는 그러한 패턴을 이용해 다가올 사건을 예상할 수 있다. 이러한 견해는 역사상 가장 훌륭한 역사가로 여겨지는 기원전 5세기 아테네의 투키디데스에게서도 매우 분명하게 나타난다. 장군이었다가 아테네에서 추방된 뒤 역사를 기록했던 투키디데스의 주요 관심은 미래에 일어날 수도 있는 일을 예측하는 데 있지 않았다. 그러나 그는 인간 본성은 변하지 않기 때문에 과거에 일어난 일이 언제나 다시 발생한다는 가정을 토대로 책을 집필했고, 이를 통해 명성을 얻었다.[2] 1970년대 초 미국 해군 대학의 학장이었던 해군 제독 스탠스필드 터너도 이 가정에 동의한 것으로 보인다. 그는 기존의 전략 연구 커리큘럼을 투키디데스의 견해에 기반한 것으로 대체했으며, 미국의 다른 군사 대학도 같은 행보를 따랐다.[3]

투키디데스가 살았던 시대에서 2천 년이 지났을 무렵, 니콜로 마키아벨리도 이와 유사한 생각을 토대로 자칭 '효과적인'(또는 유용한) 역사서를 쓰고자 했다. 효과적인 역사서란 왕자와 그들의 참모에게 도움이 될 만한 책이라는 뜻이었다. 투키디데스처럼 마키아벨리도 모든 역사는 기본적으로 권력을 향한 투쟁이라고 생각했다. 역사에서 교훈을 얻을 수 있는 이유는, 권력의 속성과 권력에 굶주린 자들, 이들이 권력을 얻고 유지하기 위해 사용한 방법이 절대 변하지 않기 때문이었다. 마키아벨리가 보기에 어떤 사건이 로마공화국에서 일어났는지(마키아벨리는 로마공화국 시기를 상세히 다루었고 이 시기에서 대부분의 사례를 가져왔다) 자신이 살던 시기에 일어났는지는 중요하지 않았다. 본질적으로는 두 시기가 동일했기 때문이다.

불변하는 패턴을 보여주는 더 좋은 예는 소수와 다수, 부자와 빈자 간의 갈등이다. 플라톤은 『국가』를 비롯한 여러 저서에서 이러한 갈등이 언제나 내전으로 이어진다는 생각을 드러냈다. 이로부터 약 2,500년이 지난 지금도 많은 사람이 그렇게 믿는다. 완전히 다른 전통을 형성하고 있긴 하지만 「전도서」에도 이러한 생각이 명료하게 드러나 있다. "이미 있던 것이 훗날에 다시 있을 것이며, 이미 일어난 일이 훗날에 다시 일어날 것이다. 태양 아래 새로운 것은 없다."(1:9)

패턴과 사이클은 서로 다르다. 시간이 사이클을 따라 순환한다는 생각을 처음 한 사람이 누구인지는 알려지지 않았다. 약 5천년 전에는 지중해 주변과 이집트, 메소포타미아 지역뿐만 아니라 중국(19세기 후반까지도 이러한 견해가 지배적이었다), 스칸디나비아의 고대 노르웨이에서도 이러한 생각이 통용되었다. 마야인도 독자적으로 이러한 생각을 발전시켰다.[4] 아마도 이러한 견해는 다음 두 가지 중 하나에서 나왔을 것이다. 하나는 우리의 먼 조상이 생물학적·사회적 조직체의 탄생과 죽음, 성장과 쇠퇴, 흥망성쇠를 관찰하기 시작했다는 것이다. 다른 하나는 조상들이 천체의 공전을 관찰하다 지구에서 발생하는 일들과의 유사성을 밝혀냈다는 것이다. 미르체아 엘리아데는 저서 『영원회귀의 신화Le Mythe de l'Éternel Retour』에서 "고대의 인간은 자신의 피난처와 정착지, 종교적이고 세속적인 삶 전체를 천체와 천체가 나타내는 신성을 본떠서 형성했을 것이다. 인간은 반복과 반복이 시사하는 사전 지식에 온전히 헌신했다"라고 설명했다.[5] 가장 오래된 시계로 알려진 기원전 13세기의 이집트 해시계가 동그란 모양이었다는 사실도 도움이 되었을 수 있다. 계절의 변화 외에도 사람들은 해시계의 바늘gnomon(그리스어로 '아는 부분'이라는 뜻)이 돌고 돌아 매일 아침 제자리로 돌아온다는 것을 두 눈으로 직접 목격할 수 있었다.[6] 아마 생물학적이고 천문학적이고 기술적인 이 모든 요소가 맞아떨어지며 영향을 미쳤을 것이다. 또한 이 모든 것은 점성술의 등장에도 함께 기여했다.

고대 그리스의 정치인 리쿠르고스도 시간이 순환하며 언제나 시작점으로 돌아온다고 생각한 고대 사상가 중 한 명이었다. 솔론, 헤라클레이토스, 헤로도토스, 엠페도클레스, 폴리비오스 같은 철학자와 역사가도 그러했다. 로마가 "자신의 위대함에 허덕이고 있다"[7]라고 생각한 역사가 리비우스와 시인 호라티우스, 유베날리스도 이 견해에 동의했다. 서기 2세기 중반 로마의 황제였던 마르쿠스 아우렐리우스도 마찬가지였다.[8] 로마가 선조의 운명을 맞이할 날이 머지않았다는 두려움(때로는 거의 확신에 가까웠다)이 로마의 문화와 역사에 스며 있다고 해도 과언이 아니다. 성장과 타락, 흥망성쇠, 거침없고 불가피한 흐름은 계속 반복되었다.[9]

오노레 보네와 이슬람 세계의 위인 이븐 할둔 같은 중세의 많은 현자들도 이러한 생각에 동의했다. 그 밖에 이름이 알려지지 않은 인물들은 '로타 포르투나이Rota Fortunae', 즉 운명의 수레바퀴라는 개념을 생각해냈다. 자만심에 대한 경고의 의미를 지닌 이 모티프는 군주에게 국가를 잘 다스리는 방법을 알려주는 교단문학 장르인 '군주의 거울mirrors for princes' 여러 편과 유명한 시 모음집인 『카르미나 부라나Carmina Burana』에도 등장한다("운명의 수레바퀴가 돌아가네/나는 강등되어 내려가고/다른 사람이 높은 곳에 오르는구나"). 운명의 수레바퀴는 보카치오의 『데카메론Decameron』 속 이틀차에도, 셰익스피어의 여러 희곡에도 언급된다.[10] 삽화에서는 보통 행운의 신이 두 눈을 가린 여성의 모습으로 수레바퀴를 바삐 돌리고 있다.

징조에 대한 견해로 이미 우리에게 익숙한 폼포나치는 다음과 같이 말했다.

그러한 질서는 무한한 시대 속에서 무한히 존재할 것이다. 이 질서는 우리의 힘이 아닌 운명의 힘 안에 있다. (……) 우리는 비옥한 땅이 척박해지고, 위대한 자와 부유한 자가 초라하고 비참해지는 것을 본다. 그러므로 역사의 흐름은 정해져 있다.

우리는 그리스인이 야만인을 지배하는 것을 보았으나 지금은 야만인이 그리스를 지배한다. 그러므로 모든 것은 계속 변한다. 그러므로 지금 왕인 자가 어느 날 노예가 되고 지금 노예인 자가 어느 날 왕이 될 것이다. 만약 누군가가 당신에게 도대체 이것이 무슨 게임이냐고 묻는다면 신의 게임이라고 대답하는 것이 현명할 것이다.[11]

심지어 폼포나치는 그리스도교를 포함한 종교의 발전이 비슷한 패턴을 따랐을 가능성을 제기했으며, 그 결과 교회가 그의 책들을 불태웠고 그의 삶은 위험에 처했다.

왕조와 제국, 인물의 흥망성쇠를 이루는 사이클 중에는 비교적 기간이 짧아서 몇 세기면 다시 시작점으로 돌아가는 것들도 있었다. 예를 들면 이집트의 천랑성 주기가 그러했는데, 천랑성이 태양과 함께 떠오를 때를 기준으로 삼은 천랑성 주기는 '겨우' 1,461년간 이어졌다. 프랑스 학자인 가스통 조르겔이 1937년의 저서 『역사 속의 리듬Les Rythmes dans l'Histoire』에서 자신이 처음 발견했다고 주장하는 사이클은 겨우 539(77×7)년으로 더 짧았다. 이밖에 많은 사이클이 인간 역사나 정치와 전쟁의 미래, 도시의 흥망성쇠보다는 우주학과 더 큰 관련이 있었다. 이런 사이클들은 우주가 끝없는 순환 속에서 파괴되었다가 다시 태어나고 성장할 것이라고 예측했다. 예를 들면 그리스 철학자 아낙시만드로스(약 기원전 611~546?)의 가르침이 그러했다. 또는 부처가 썼다고 여기는 한 글은 다음과 같이 이어진다. "오 승려들이여, 수십만 년이 지나면 비가 그칠 것입니다. 모든 묘목과 모든 초목, 모든 식물과 풀과 나무들이 바싹 말라 죽게 될 것입니다. (……) 수많은 시간이 지나면 새로운 계절이 올 것이고 두 번째 태양이 떠오를 것입니다."[12] 그렇게 세 번째, 네 번째, 다섯 번째, 여섯 번째 태양도 떠오를 것이었다.

『파이드로스Phaidros』에서 시간을 말과 마차가 같은 곳을 계속 돌고 도는 경주에 빗댄 플라톤은 사이클이 1만 년간 이어진다고 말한다. 한 사이클이 끝날 때마다 모든 영혼은 다시 경주를 시작해야 하고, 아주 작은 것 하나까지 정확히 똑같은 전개를 따른다. 이로부터 한참 뒤 초기 이슬람 학자들이 이 생각을 물려받았다. 조로아스터교와 불교, 힌두교 전통에는 길이가 다양한 여러 사이클이 존재한다. 길이가 매우 긴 사이클 중 브라흐만의 하루(겁)는 12억 8,000만 태양년 동안 지속된다.[13] 하지만 이것도 가장 긴 사이클은 아니었다. 사이클이 지속되는 기간이 길수록, 진지하게 한 말이 아니라는 인상이 강해진다. 긴 사이클은 학자들 사이에서 누가 가장 긴 사이클을 만들어내는지를 겨루는 정교한 게임의 일부가 되었다.

인물과 국가의 성쇠와 관련해서, 앞에서 언급한 거의 모든 저자를 비롯한 수많은 사람들의 주장에는 공통점이 있었는데, 바로 사이클이 진행되는 대략적인 방식이었다. 먼저 사람이 등장했다. 이들은 거만하지만 용감하고, 사람들을 결집시키고, 필요할 때에는 재빠르고 결단력 있게 행동할 수 있고, 전통을 지키려고 노력했다. 키루스 대왕과 필리포스, 그의 아들 알렉산드로스 대왕, 무함마드(아마 가장 좋은 사례일 것이다), 칭기즈칸 같은 유달리 뛰어난 지도자 아래서 단결한 이들은 흥했다가, 싸웠다가, 패배한 뒤이웃 국가의 지배를 받았다. 그리고 때가 무르익으면 위대한 제국을 세웠다. 그러나 결국 이들은 도시 생활, 즉 사치와 나태, 음악, 와인, 여자에 젖어들었다. 예를 들어 로마의 경우 1년 중 게임과 행사에 바친 날은 아우구스투스 때 66일에서 마르쿠스 아우렐리우스 때 135일이 되었고, 서기 4세기가 되자 175일 이상으로 늘어났다. 식민지의 주민들에게서 거둬들인 세금(키케로는 이를 "패배한 데 대한 영원한 처벌"라고 칭했다)으로 쌓은 부 때문에 지도자들은 선망의 대상이 되었다.

선조의 전통을 소홀히 여긴 이들은 "남자다운 활력"이라는 것을 잃어버렸다. 폴리비오스는 "남자들은 오만하고 탐욕스럽고 나태해졌으며 결혼하려 하지 않았다. 그리고 결혼을 하면 기껏해야 한두 명 이상 아이를 낳으려 하지 않았다"라고 말한다.[14] 타키투스도 이에 동의하며 로마인과 달리 유대인은 배 속에 있는 아이나 막 태어난 아이를 죽이지 않았다는 점을 지적했다.[15] 페트로니우스는 아이를 적게 낳을수록 사람들이 사회에서 활약하기가 더 쉽고 지위도 더 높아진다고 말했다.[16] 그리고 자연스럽게 사회와의 이해관계도 줄어들었다.

당대 사람들이 전투력에 변화가 생겼음을 몰랐던 것은 아니다. 율리우스 카이사르를 시작으로 황제들은 오로지 게르만족 병사로만 이루어진 경호대(코르포리스 쿠스토데스corporis custodes라는 이름으로 불렸다)를 꾸렸다.[17] 한편 수 세기 동안 전 세계 최고의 병사를 배출했던 로마인은 점차 입대하지 않게 되었다. 심지어 어떤 사람은 입대하지 않으려고 자기 몸을 불구로 만들기까지 했다.[18] 군인의 가치를 내버린 로마인은 점차 군인을 낮잡아보았고 전투에서 대신 싸워줄 사람(주로 외국인)을 고용했다. 로마제국이 멸망하기 몇 세기 전부터 로마군은 거의 외국인 용병으로만 이루어져 있었다. 설상가상으로 용병들이 지휘까지 맡게 되었다. 그 결과 군인들은 지휘하는 법을 모르고, 로마의 지도자들은 싸우는 법을 모르는 상황이 되었다. 당연히 그 끝은 퇴보와 패배, 몰락이었다.

역사가 순환한다는 생각은 18세기 중반에도 계속 유럽 지식인의 마음을 사로잡았다. 그중 가장 유명한 인물은 샤를 드 몽테스키외였다. 그의 1748년 저서 『법의 정신 L'Esprit des Lois』은 고국인 프랑스와 미국 공화국의 정치 질서를 결정하는 데 매우 큰 영향을 미쳤다.[19] 오래된 것과 새로운 것 사이에 서 있던 몽테스키외는 영국에서 2년을 보내며 영국 정부의 균형 잡힌 체제에 감탄하게 되었다. 그는 이 체제 덕분에 영국이 신앙, 상업, 자유라는 측면에서 "다른 모든 국민보다 더 커다란 진보를 이룩했다"라고 생각했다. 그러나 그는 순환의 개념을 완전히 폐기하지 않았다. 같은 장의 말미에 그는 이렇게 적었다. "모든 인간사에 끝이 있는 것과 마찬가지로 우리가 말하고 있는 국가도 언젠가는 자유를 잃고 종말을 맞이할 것이다. 로마도, 스파르타도, 카르타고도 그러했다. 국가는 입법권이 집행권 이상으로 부패할 때 멸망할 것이다."[20] 몽테스키외는 1734년 『로마인의 흥망성쇠 원인론 Considérations sur les Causes de la Grandeur des Romains et de Leur Décadence』을 출판한 이력이 있었다. 시민 정신의 역할과 불가피한 쇠퇴를 강조한 이 책은 앞에서 언급한 고대 저자들의 말을 거의 글자 그대로 반복했다.[21]

몽테스키외와 거의 동시대를 살았던 프로이센의 프리드리히 2세는 상수시 궁전에 '로마' 유적을 만들어달라고 의뢰했는데, 사람들에게 국가의 사이클을 상기시키기 위해서였다. 그가 이런 행동을 한 18세기의 유일한 지도자는 아니었다. 훨씬 뒤에 히틀러의 건축가였던 알베르트 슈페어도 이와 비슷한 프로젝트에 착수했다.[22] 이들은 올라간 것은 반드시 내려가게 되어 있다고 생각했다.

많은 저자가 역사의 순환을 이용해 자국 국민이 상승세에 있으며 머잖아 세계에서 더 중요한 위치를 차지할 것임을 보여주려 했다. 당연하게도 특히 18세기 미국 저자들이 이 길을 택했다.[23] 그들 거의 모두가 당시 미국이 성장의 초기 단계에 있으나 빠른 속도로 성숙하고 있다는 데 동의했다. 미국이 얼마나 더 잘될지 누가 알겠는가? 세일럼의 목사였던 토머스 바너드(1748~1814)의 사례를 보자. 1795년 2월 19일에 추수감사절 연설을 하면서 그는 새로운 미국과 오래된 유럽 국가의 장래를 비교했다. 그리고 언제나 순환하는 "인간사의 전개에 따라 쇠퇴하고 고행을 겪는 것" 외에는 유럽에 아무것도 기대할 것이 없다고 말했다.[24]

그 뒤로도 여러 미국 작가가 여기에 동참해 문명이 제일 처음 등장했으나 초기의 영광을 잃어버린 지 오래인 중동에서부터 문명의 중심이 이동하고 있다고 주장했다. 문명의 중심은 당시 문명이 거의 정점에 달한 유럽에 도착했다가 미래의 땅이자 팽창의 천명을 지닌 북미로 향하는 중이었다. 당시 미개척지였던 오하이오주에는 아직도 세계의 중심이라는 이름의 마을이 남아 있다. 이 이름을 떠올린 사람은 19세기의 사업가 랜들 윌멋으로, 그는 이 마을이 정말로 세계의 중심이 되기를 바라며 최선을 다해 마을을 홍보했다.[25] 그리고 이런 식으로 출세하고자 한 사람이 윌멋만은 아니었다. 《타임 Time》지의 창간인인 헨리 루스도 이와 비슷한 생각을 하며 1941년 "미국의 세기"가 도래할 것이라 선언했다.

예상할 수 있겠지만 '오래된' 유럽의 다른 한쪽 끝에 있던 러시아 작가들도 같은 논리에 의지하는 경향이 있었다. 그중 특히 흥미로운 사람은 니콜라이 다닐렙스키(1822~1885)였다. 다재다능했던 그는 동식물 연구자, 경제학자, 철학자, 역사가로 활동했다. 1869년 '서구화'된 러시아 지식인들과의 토론에 휘말린 그는 『러시아와 유럽 Russia and Europe』이라는 책을 출간하며 순식간에 전 세계적 명성을 얻었다. 이 책에서 그는 처음 등장한 뒤 위대한 업적을 세우고 마침내 무너져 내린 서로 다른 열 개의 문명을 열거했다. 그리고 당시 상황에 주목하며 로마-게르만의 피상성과 성급함, 잔인함을 러시아의 독실함과 정직함, 자발성, 그리고 가장 중요하게는 기꺼이 고통받고 인내하는 태도와 비교했다.

14세기만 해도 러시아 문명은 비교적 젊었다. 만약 서구의 유혹에 저항하고 고유의 순수한 가치를 고수했다면 러시아 문명은 서구 문명보다 더 오래 이어질 운명이었다. 러시아 문명은 전 인류를 선도하는 문명이 되어 모든 것을 보잘것없어 보이게 만드는 제국을 세웠을 것이다.

이러한 역사의 순환 개념은 오늘날의 러시아에서도 결코 사라지지 않았다.[26] 현재의 버전에 따르면 먼저 루스제국, 또는 키예프 루스가 등장했다. 기원전 980년에 블라디미르 1세가 세운 이 왕국은 13세기 중반까지 이어지다 "황금의 약탈자"들에게 멸망했다. 이들의 지배는 1480년까지 이어졌다. 1480년에 모스크바의 이반 3세가 타타르의 지배에서 벗어났음을 공식 선언해 훗날 두 번째 러시아제국이 될 국가를 세웠다. 이 제국은 1917년까지 이어지다 제1차 세계대전으로 분열 직전에 이르러 공산주의 제국에게 길을 내주었다. 그리고 1989년에서 1991년 사이에 방대한 영토와 인구의 절반을 잃어버린 이 공산주의 제국 역시 무너지고 말았다.

매번 제국의 붕괴를 가져온 것은 외부의 적이 아닌 외국, 즉 서구의 문화적 가치였다. 은근슬쩍 러시아에 스며든 서구 문화는 다닐렙스키와 그의 가장 중요한 후계자인 이반 아일린(1883~1954)이 말한 러시아 고유의 순수한 가치를 약화시켰다. 그 상황이 너무 심각했기 때문에 러시아제국은 매번 처음부터 다시 시작해야 했다. 이렇게 매번 사이클이 반복되었다. 이 이론이 중요한 것은, 오늘날 거의 공식 독트린의 지위를 누리고 있기 때문이다. 다름 아닌 블라디미르 푸틴이 이 이론을 여러 번 칭찬했는데, 2005년 푸틴은 이반 아일린의 망명지였던 스위스에서 그의 유해를 가져와 모스크바의 돈스코이 수도원에 안장했다. 이만큼 '러시아다운' 매장지는 찾기 힘들다.

그러나 낙관론자는 극히 드물었다. 아마 객관적인 연구보다는 심리적인 문제와 더 관련이 있는 여러 가지 이유로, 오래전에도 현대에도 역사가 순환한다는 견해를 가진 사람들 대부분은 자신과 동시대인이 속한 국가와 문화, 문명이 쇠퇴하고 있다고, 또는 그리 멀지 않은 미래에 어쩔 수 없이 쇠퇴하기 시작할 거라고 믿었다. 다음은 한 시인이 이 문제에 대해 한 말이다.

희미하고 넓게
그들의 무시무시한 그림자가 드리운다.
거대한 제국들은 차례로
파멸의 길에 접어들었다.
그들은 우뚝 솟았다가 사라진다.[27]

이 시를 쓴 이는 존 키블(1792~1866)이다. 그의 책『그리스도교 교회력 The Christian Year』은 158개의 서로 다른 판본으로 27만 5천 부가 팔린 19세기 가장 인기 있었던 영시집이며, 오늘날 그의 이름을 딴 옥스퍼드 칼리지가 있을 정도다. 오스발트 슈펭글러와 아널드 토인비 같은 20세기 역사가들도 저서『서구의 몰락 Der Untergang des Abendlandes』(1918)과 『역사의 연구 A Study of History』(1934~1961)에서 키블의 말을 되풀이했다. 슈펭글러는 약 1천 년 정도 지속되었으며 자신이 '파우스트적'이라 칭한 서양 문화가 선조의 전철을 따라 역사의 쓰레기통에 들어가게 될 것임을 증명하고자 했다. 토인비는 (작업의 진행 단계에 따라) 총 13개, 또는 19개, 또는 33개의 중요한 '세계 문명'을 정리했다.

두 사람 다 각자의 방식으로 문화나 문명의 발달을 지배하는, 그러므로 미래 예측에 사용될 수 있는 법칙을 탐구하고자 했다.

키블처럼 두 사람도 학식이 상당히 높았다. 그들은 무수한 역사적 사실을 한데 모아 마치 말 안 듣는 양떼를 다루듯 한 방향으로 몰아갔다. 상업적으로 보면 두 사람 중 더 큰 성공을 거둔 것은 슈펭글러였다. 하지만 길었던 삶의 마지막 몇십 년간 모든 것의 과거와 현재, 미래를 알려주는 사제가 된 사람은 토인비였다. 토인비의 신탁 중에는 그가 태어난 국가이자 최소 1918년부터 이미 쇠퇴의 길로 향하는 확실한 징후를 보이던 대영제국의 운명도 있었다. 실제로 토인비는 헤로도토스, 단테, 존 밀턴과 이름을 나란히 했다.[28] 그러나 결국에는 토인비도 슈펭글러도 자신이 미래는 고사하고 과거로 향하는 진짜 열쇠를 찾았다고 동료 학자들을 납득시키지 못했다.

역사적 패턴이 반복된다는 생각(단순하고 일상적인 형태로는 이를 경험이라고 한다)과 역사가 순환한다는 생각은 현재에도 건재하다. 이 두 가지 생각을 토대로 저술 작업을 했던 20세기 후반의 유명 역사학자 중 한 명은 베스트셀러『강대국의 흥망 The Rise and Fall of Great Powers』(1987)을 쓴 폴 케네디였다. 이 책에서 그는 독자들에게 "제국적 과잉 팽창"이라는 개념을 소개했다. 제국적 과잉 팽창은 국가의 크기가 국가 방어에 쓸 수 있는 자원의 양을 능가할 때 나타난다. 케네디는 이러한 부조화가 발생하면 국가는 쇠퇴하다 결국 무너질 것이라고 주장했다. 그리고 그러한 사례로 스페인과 영국, 미국을 제시했다. 이 책은 냉전이 끝나기 겨우 2년 전에 나왔는데, 소비에트연방의 사례도 들어 있었다면 좋았을 것이다. 고대 로마는 말할 것도 없는데, 로마의 사례를 통해 이러한 과정이 서

기 2세기 후반부터 이미 일어나고 있었음을 설명할 수 있었을 것이다.[29]

오늘날 많은 사람들이 제국적 과잉 팽창으로 인해 미국이 쇠퇴하고 있다고 생각한다. 미국은 자국 다음으로 국방비를 많이 지출하는 열세 개 국가의 국방비를 합친 것보다 더 많은 돈을 국방비에 지출하고 있으며(2019년 기준) 그 결과 막대한 재정 적자와 국제수지 적자를 겪고 있으므로, 미국의 힘은 점점 약화될 것으로 보인다.[30] 사이클이 계속 서쪽으로 이동하며 미국 해안을 떠나 태평양 반대쪽에 도착한다면, 워싱턴은 자기 차례를 맞이한 베이징에게 권력의 자리를 넘겨주어야 할지도 모른다.

역사가 순환한다는 생각과 이 생각을 이용해 미래를 예측하려는 시도가 사회와 국가, 제국의 단위에서만 나타나는 것은 아니다. 그중 가장 유명한 것은 경기의 순환이다. 경제가 독자적인 모멘텀을 지니고 있어 주기적으로 호황과 불황을 겪을 뿐만 아니라 (어쨌거나 이론적으로는) 그 주기를 예측할 수 있다는 생각은 19세기 전반에 처음 등장했다. 당시 수많은 경제학자가 이 이론을 옹호했는데, 그중 가장 유명한 인물은 기업가이자 사회 개혁가였던 로버트 오언이었다. 이후 카를 마르크스가 이 이론을 이어받아 경제의 순환은 자본주의 생산 양식의 불가피한 요소라고 주장했다. 마르크스는 그 변화의 폭이 점점 극심해지며 사회가 점점 양극화될 것이라 예측했다. 부자는 더욱 부유해지고(그러나 수는 더 적다) 빈자는 점점 더 가난해진 결과(그러나 수는 더 많다) 혁명이 일어나 자본주의가 붕괴하리라는 것이었다. 그때가 되면 모든 모순이 사라지고 공산주의가 세계를 장악할 것이었다.

뛰어난 지식인이었던 마르크스에게는 역사를 통틀어 살필 능력이 있었다. 그러나 다른 사람들은 그보다 작은 목표를 세웠다. 19세기 말부터 경제의 순환을 파악하는 것은 모든 경제학자의 목표가 되었다(물론 이들은 그 주기에 자신의 이름을 붙였다). 그 결과 여러 사이클이 등장했는데, 가장 유명한 것으로는 쥐글라 사이클 (7~11년간 지속), 키친 사이클(3~5), 쿠즈네츠 사이클(15~25), 콘드라티예프 파동(45~60)이 있다. 일부 경제학자는 마르크스의 뒤를 이어 언제 이 모든 순환이 '끝'을 맞이할 것인지 예측하고자 했다(물론 끝은 당연히 올 것이라 전제했다). 하지만 대부분은 사이클이 시작된 뒤 발달하다 다시 처음으로 되돌아가는 방식을 설명하는 데 만족했다. 어떤 학자들은 경제학에서 다른 사회 과정으로 이러한 생각을 확장시키고자 했다. 아마 그중 가장 유명한 사람은 이탈리아의 사회학자 빌프레도 파레토(1848~1923)일 것이다. 그는 "엘리트의 순환"에 관한 글에서 지배하는 자와 지배당하는 자, 부자와 빈자 간의 간극은 언제나 존재했으며 앞으로도 계속 존재할 것이라 주장했다. 바뀌는 것은 엘리트 집단뿐이며, 이 집단은 주기적이므로 예측 가능한 패턴의 지배를 받았다.[31]

이러한 순환이 나타나는 원인에 대해서는 여러 다양한 설명이 있었다. 어떤 사이클은 경제 전체를 아울렀고, 어떤 사이클은 특정 경제 분야만을 포함했다. 어떤 때에는 다른 모든 것을 설명하는 열쇠로서 순환의 논리가 적용되는 분야가 철 생산과 건설이었고, 어떤 때에는 고용, 어떤 때에는 물가와 화물의 운임, 어떤 때에는 옥수수와 면, 돼지고기 등의 판매량이었다.[32] 약 1780년부터 무서운 속도로 산업화된 사회에서는 특히 철 생산량이 경제에 매우 중요한 요소로 간주되었다. 하지만 1973년이 되자 대부분의 선진국에서 갑자기 철 생산량이 더는 중요한 요소가 아니게 되었다. 점점 더 많은 사람이 주식을 구매하면서(1900년에서 1920년대 후반 사이에 주식을 구매한 미국인의 수는 20배 증가했다)[33] 사람들의 관심은 주식 시장으로 쏠렸다. 그 자체로, 또 앞으로 일어날 일의 전조로, 주식은 무수한 사람들에게 무수한 방법으로 무수히 많이 연구되었다.

그러나 경제의 한 부문이 순환하는 패턴을 따른다는 "소매업의 수레바퀴"가 한 개인지 세 개인지에 대해서는 합의된 바가 없다.[34] 아쉽게도, 모든 자료를 모으고 그 정확성을 따지기란 거의 불가능한 것으로 드러났다. 그 이유는 저개발 국가의 경우 그러한 자료가 애초에 존재하지 않기 때문이며, 선진국은 자료가 너무 많아서 분석가들이 그중 어떤 자료가 어떤 방식으로 유의미하거나 무의미한지를 확신하지 못하기 때문이다.[35] 두 경우 다, 적어도 일부 자료는 이러저러한 입장을 지지하기 위해 조작되거나 특정 방식으로 제시될 수 있다. 종종 자료를 더 많이 모을수록 이 모든 사이클이 언제나 같은 속도로 움직이는 것은 아니며 심지어 같은 방향으로 움직이지도 않는다는 사실이 명확해진다. 모든 것의 가격이 내려갈 때에도 가격이 오르는 것을 언제나 최소 몇 가지는 발견할 수 있다. 예를 들면 물가가 상승하던 1970년대에도 컴퓨터와 컴퓨팅의 실질 비용은 전반적인 전자 기기와 마찬가지로 계속 낮아졌다. 대불황이었던 2008~2009년에도 오락용품 지출 비용은 안정세를 유지했다. 어쩌면 늘어났을 수도 있는데, 아마 실업으로 인해 여가 시간이 늘어났기 때문일 것이다.[36]

모든 것의 움직임을 예측할 수 있는 지속적이고 확실한 하나의 '마스터키'는 한 번도 발견된 적이 없다. 아마도 프톨레마이오스를 본받았을 일부 경제학자들은 최선을 다해 사이클 내의 사이클을 겹겹이 고안했다. 다른 경제학자들은 당시 발전 중이었던 과학 분야인 기상학과 천문학, 심지어 점성술을 모델로 삼았다. 그 결과 1878년부터 경제활동과 태양의 흑점 간의 상관관계를 입증하려는 무수한 시도가 있었다.[37] 실제로 1900년경부터 '예측forecasting'이라는 단어가 두루 쓰이게 된 것은 이런 다양한 분야 간에 일어난 상호작용 때문이다. 심지어 굴지의 경제학자와 경영인이, 정부와 사기업이 '현대적' 경영 방식을 적용해 사이클을 부순 결과 끝없는 번영이 시작되었다고, 또는 곧 시작되어 계속 이어질 거라고 믿은 시기도 있었다(1906에서 1908년, 1920년대 후반, 1950년에서 1969년, 1993년에서 2008년).[38] 그러나 경기 후퇴와 불황은 계속 발생했고, 호황과 불황이 주기적으로 나타나는 순환 모델은 여전히 미래 경제를 예측하는 가장 좋은 방법으로 남아 있다.

12

헤겔과 마르크스의 예측 방법

계몽주의 시대 후반에, 패턴과 사이클은 시간이 선형으로 흐른다
는 견해와 만났고, 어느 정도는 대체되었다. 이 견해에 따르면 시
간은 특정 방향으로, 즉 천지창조에서 시작해 신이 미리 결정해놓
은 목표를 향해 움직였다. 물론 이는 전혀 새로운 생각이 아니었
다. 기원전 6세기 중반경에 처음으로 이 같은 생각을 한 이들은 유
대인이었다. 제1성전의 파괴를 목격하고 독립 왕국을 잃은 유대
인은 바빌론으로 추방되었다. 이러한 극적인 상황 변화는 오랜 기
간 이어진 철저한 종교개혁을 낳았다.[1] 그러나 유대인의 목표는
이 땅 위에서가 아니라 세상의 종말, 또는 최후의 심판이 다가왔
을 때 다른 세계에서 이룰 수 있는 것이었다.

「다니엘」 12장 1~3절에서 이에 대한 설명을 찾아볼 수 있다.
먼저 남쪽의 왕과 북쪽의 왕이 전쟁을 벌일 것이며, 그 과정에서
북쪽의 왕은 "바다와 거룩한 산 사이에서" 끝을 맞이할 것이다. 내
용은 다음과 같이 이어진다.

그때에 너의 백성을 지키는 위대한 천사장

미가엘이 나타날 것이다.

그리고 나라가 생긴 뒤

그때까지 없던

어려운 때가 올 것이다.

그때에 그 책에 기록된 너의 백성은

모두 어려움을 피하게 될 것이다.

그리고 땅속 티끌 가운데서 잠자는 사람 중에서도

많은 사람이 깨어날 것이다.

어떤 사람은 영원한 생명을 얻을 것이며

또 어떤 사람은 수치와 함께 영원히 모욕을 당할 것이다.

지혜 있는 사람은

하늘의 밝은 빛처럼 빛날 것이요,

많은 사람을 옳은 길로 인도한 사람은

별처럼 영원히 빛날 것이다.

시간이 선형으로 흐른다는 생각이 어떻게 다른 사람들에게 퍼졌는지는 알 수 없다. 아마도 기원전 332년에 알렉산드로스 대왕이 팔레스타인을 정복한 사실과 관련이 있을 것이다. 이로부터 약 3세기가 지난 기원전 63년, 대장군 폼페이우스가 팔레스타인을 정복해 로마제국의 일부로 삼았다. 그로부터 약 사반세기 후 시간에는 '시작'과 신이 정한 방향으로 이어진 '끝'이 있다는 유대인의 생각은 그리스 역사가 디오도로스가 동시대인의 두 가지 지배적 관점 중 하나라고 언급할 만큼 널리 퍼졌다(다른 하나는 세상은 언제나 존재했고 앞으로도 쭉 존재할 것이라는 관점이었다). 그러나 그는 그러한 견해가 유대인에게서 나왔음은 언급하지 않았다.[2]

『신약』의 여러 구절이 메시아의 재림을 언급한다(그중 몇 가지만 언급하면 「데살로니카인들에게 보낸 첫째 편지」와 「둘째 편지」, 「고린토인들에게 보낸 첫째 편지」와 「둘째 편지」, 「요한의 묵시록」 등이다). 그때가 되면 우리가 살고 있는 물리적 세계는 초가 다 타서 불이 꺼지듯 끝을 맞이할 것이다. 서기 400년경 성 아우구스티누스가 이러한 생각을 이어받았다. 그리고 이 생각은 그의 손 안에서 그리스도교의 가장 중요한 두 기둥 중 하나가 되었다(다른 하나는 예수가 신이라는 것이다). 그 뒤로 『성경』과 교회의 역사를 이용해 지구의 나이를 알아내려는 시도와 함께 지구가 언제, 어떤 방식으로 멸망할 것이며 멸망한다면 그 이후 무엇이 남게 될지에 대한 추측이 오늘날까지 끝없이 이어지고 있다.

18세기 전반기에 시작된 세속화로 시간이 더 이상 신에 의해 앞으로 나아가는 것이 아니게 되었을 때에도 시간에는 여전히 선형적 특성이 남아 있었다. 그러나 대부분의 해설가가 놓친 중요한 지점은, 방향과 변화는 같은 것이 아니라는 것이다. 예를 들어, 돌은 아주 조금도 변하지 않고 이런저런 방향으로 이동할 수 있다. 18세기 후반의 수십 년을 이전과 구별 짓는 점은 변화의 역사가 시작되었다는 것이었다. 변화를 불러온 한 가지 요소이자, 현대 역사 이해에서 가장 중요한 요소는 바로 산업혁명이었다. 산업혁명 이전에는 변화가 너무나도 느리게 진행되었기 때문에 대부분의 사람들은 그날그날의 삶에 몰두하느라 변화를 거의 눈치채지 못했다. 수 세대의 사람들이 같은 곳에서, 주로 동물들과 함께 살았다. 입에 겨우 풀칠을 했고 자신이 태어난 마을을 거의 떠나지 않았다. 주기적으로 풍족한 시기와 힘든 시기가 오간 것을 제외하면, 기대수명과 생활수준은 거의 늘지 않았다. 그러나 이제는 이런 것들이 가속화하고 있다. 한 추산에 따르면 200년이 약간 넘는 기간 동안 "어두운 사탄의 맷돌"은 전 세계 1인당 소득을 약 30배 증가시켰다.[3] 이러한 산업화와 함께 일과 기술, 인구, 사회제도, 생활양식, 편의시설, 여행, 교육, 건강 같은 다른 분야에도 막대한 변화가 일어났다.

가장 먼저 변화의 영향을 느낀 곳은 유럽의 대도심이었다. 많은 공장과 그 공장을 운영하는 노동자들이 집중되어 있던 곳도 대도심이었고, 17세기부터 분침이 도입된 벽시계와 손목시계가 점점 흔해지다 자부심 있는 모든 부르주아가 시계를 차고 다니게 된 곳도 대도심이었다. 17세기의 마지막 사반세기경에는 영국에서만 매해 15만에서 20만 개의 시계를 생산했고 그중 많은 양을 수출했다.[4] 마치 사람들이 이제 역사의 흐름을 어떻게 이해하는지를 보여주듯, 어떤 시계에는 "시간은 쏜살같이 지나간다Tempus fugit"는 라틴어 격언이 박히기 시작했다. 나폴레옹의 표현을 빌리면, 시간이 공간보다 더 귀했다. 공간은 되찾을 수 있지만 시간은 그렇지 않았다.

변화가 너무 급작스럽고 거대했기에 아주 외딴 시골 마을에서 오랜 전통을 지키며 살던 사람들도 이 변화를 모를 수 없었다. 변화가 유럽에만 국한된 것은 아니었다. 대서양 너머에서 벤저민 프랭클린, 토머스 페인, 토머스 제퍼슨, 존 애덤스 같은 인물들이 변화를 이어받았다. 이 네 인물을 비롯한 수많은 사람이 역사는 순환한다는 생각을 폐기하고 역사는 과거에서 미래를 향해 선형으로 나아간다는 생각을 점차 지니게 되었다. 결과적으로 특히 중요했던 또 다른 요소는, 19세기가 엄청난 제국주의 시대였다는 점이다. 증기선과 철도, 소총, 말라리아 약으로 사용된 퀴닌 덕분에 유럽인이 다른 대륙으로 넘어가 영향력을 떨치게 되면서, 수억 명의 전 세계 인구가 원하든 원치 않든 변화를 받아들이게 되었다.

젊은 카를 마르크스와 프리드리히 엥겔스가 『공산당 선언Manifest der Kommunistischen Partei』(1848)에 썼듯이, 부르주아지는 귀족의 뒤를 이어 지배계급이 되었다. 이제 부르주아지는 모든 국가와 지역이 서로 연결되는 세계 시장을 빠른 속도로 형성하고 있었다. 이들의 공장은 거침없이 앞으로 나아가면서 이전 세대는 상상조차 하지 못한 양의 부를 만들어냈다. 그리고 그 과정에서 이집트의 피라미드, 로마의 수로, 고딕 성당을 능가하는 경이를 성취했다. 또한 이전의 모든 민족 이동과 십자군을 무색하게 만드는 원정을 떠났다. 그리고 그 과정에서 오래되고 유서 깊은 일련의 편견 및 의견과 더불어 경직되고 얼어붙은 관계들을 전부 쓸어버렸다. 그 속도가 너무 빨라서 관계들은 자리를 잡기도 전에 낡은 것이 되어버렸다.

이 책과 관련된 시각에서 볼 때, 역사에 변화의 개념이 도입된 것은 그야말로 혁명적이었다. 고대 바빌론과 이집트 때부터 샤먼과 예언가, 점쟁이, 점술가, 그 밖의 여러 전문가들이 대답하고자 한 질문은 거의 언제나 '만약에'로 시작했다. 왕은 '만약' 자신이 특정 무리와 전쟁을 벌인다면 무슨 일이 일어날지를 피티아에게 듣기 위해 거금을 아끼지 않았을 것이다. 상인은 '만약' 자신이 이런저런 항구에 배를 보내면 어떻게 될지를 노스트라다무스에게 물었을 것이다. 한 지방 도시에 사는 평범한 남자는 자신이 사랑하는 사람과 결혼할 수 있을지, 할 수 있다면 아내가 신의를 지킬지를 알아보려고 값싼 점성술사를 찾아가 하소연했을 것이다. 이런 식으로 예측되는 사건들은 좋거나 나빴고, 피할 수 있거나 피할 수 없었다. 그러나 종말을 제외하면 미래가 어떤 모습일지, 어떤 점에서 현재와 다를지에 대한 질문은 드물었다.

미래가 변화하는 분야로 재구성된 방식은 문헌, 특히 유토피아를 그린 문헌에 반영되었다. 아우구스티누스 이후 중세의 유토피아는 언제나 역사 바깥의 시간에 위치했다. 그러나 토머스 모어가 16세기 초반에 쓴 『유토피아*Utopia*』 이후로, 유토피아는 점점 아직 미탐험된 세계 어딘가에 존재하게 되었다. 항해가 늘어나고 미탐험 지역의 크기와 영향력이 줄어들면서, 유토피아는 점점 남태평양과 반쯤은 상상이었던 테라 아우스탈리스Terra Australis(남쪽 땅)를 의미하게 되었다. 그러나 18세기 말에 오스트레일리아의 존재와 윤곽, 일반적 특성이 확실하게 드러났다. 오스트레일리아는 더 나은 세상과는 거리가 멀었고, 당시 유럽인이 구원받지 못한 사람, 심지어 인간 이하로 여긴 야만인과 이상한 동물들이 드문드문 거주하는 사막과 다름없었다. 지리학적 지식이 전파될수록 새로운 사회의 비전을 담은 미지의 장소로서의 미래의 역할은 더욱 더 커졌다(이 새로운 사회는 원래는 좋은 것이었다가, 제1차 세계대전 이후 나쁜 것이 되었다).

처음으로 유토피아를 미래에 위치시킨 인물 중 한 명은 프랑스 작가인 루이세바스티앵 메르시에(1740~1814)였다. 그의 책 『2440년*L'Ann 2440*』은 1770년에 출간된 뒤 순식간에 유럽의 베스트셀러가 되었다. 이 책은 무명인 한 남자의 이야기를 들려주는데, 이 남자는 18세기 파리의 불결함과 불평등을 지적한 한 철학자와의 대화로 무척 화가 난 상태에서 잠이 든다. 잠에서 깨어난 남자는 자신이 그러한 문제가 전부 해결되어 사라진 미래 도시에 와 있음을 깨닫는다. 이런 식으로 메르시에는 자신의 미래관을 어떻게 실체화할 것인가에 대한 질문을 뛰어넘을 수 있었다. 이로부터 1세기 후 미국의 기자인 에드워드 벨러미가 『뒤돌아보며*Looking Backward*』(1888)에서 똑같은 방법을 사용했고, 1년 뒤 영국의 작가이자 디자이너인 윌리엄 모리스도 『에코토피아 뉴스*News From Nowhere*』에서 같은 방법을 사용했다.

여기에 만족하지 못한 사람들은 새로운 미래를 예측하는 더 나은 방법을 마련하고자 했다. 첫 번째 방법은 '트렌드'를 파악하는 것이었다(처음 등장한 이후 의심할 여지 없이 가장 대중적인 방법이 되었다). 기묘하게도, 이 단어는 '돌리다, 굴리다, 회전하다, 돌아서다'라는 의미를 가진 중세 영어 동사 트렌단trendan에서 나왔다. 초서도 보에티우스의 저서를 번역할 때 이러한 의미로 이 단어를 사용했다("자신의 내면으로 굴리고 되돌려서rollen and trenden with Inne hym self"). 16세기가 되자 이 단어는 특정 방향으로의 움직임을 의미하게 되었다. 그러나 '시간의 흐름에 따른 사회의 변화'라는 오늘날의 뜻이 널리 쓰이게 된 것은 대략 1880년 이후부터였다. 이때부터 트렌드라는 단어는 사용 빈도가 엄청나게 증가해 구글 엔그램*에서 드러나듯 결국 우리 시대의 유행어 중 하나가 되었다. 오늘날 미디어에서 이 단어가 한 번도(아니 수만 번) 사용되지 않는 날은 단 하루도 없다.

트렌드는 또 다른 현대 용어인 외삽법**을 낳았다. 이 방법은 1870년에 처음 언급된 뒤 약 1920년부터 널리 쓰이기 시작해 지금은 어디에서나 볼 수 있게 되었다. 과거 대부분의 시간 동안 사람들이 이 방법 없이 어떻게 미래를 예측하려 했는지 이해하기 어려울 정도다. 트렌드를 파악하고 트렌드에 외삽법을 적용해 미래를 예측하는(성공할 때도 있고 실패할 때도 있다) 분야는 수없이 많은데, 예를 들면 출산과 사망, 인간과 인간 이외의 종의 수, 이민, 소득, 수요, 판매, 교통(사고 포함), 에너지 소비, 대기 중 온실가스, 현재 일하고 있는 과학자의 수, 기술 발전, 평등과 불평등 외에도 끝없이 많다. 스티븐 핑커나 유발 하라리, 래리 페이지, 레이 커즈와일 같은 권위자들은 현재 우리가 빈곤과 질병, 죽음 같은 것들을 없애고 있다고 주장할 때 고대 히브리 예언자처럼 신의 말씀을 인용하지 않는다. 점성술을 하며 이런저런 계산을 하지도 않는다.

---

*   Google Ngram. 특정 기간 동안 특정 단어가 얼마나 자주 사용되었는지를 보여주는 도표.—옮긴이

**   extrapolation. 과거의 추세가 장래에도 그대로 지속되리라는 전제 아래 과거의 추세선을 연장해 미래의 일정 시점에서의 상황을 예측하는 기법.—옮긴이

컴퓨터 전문가든 아니든 간에 이들이 의존하는 것은 언제나 외삽법이다.

그러나 심지어 어느 한 분야 내에서도 모든 트렌드가 늘 같은 방향을 가리키는 것은 아니다. 그렇기 때문에 각 트렌드에 마땅한 중요성을 부여하면서 모든 트렌드를 하나로 모으는 것은 대단히 어려운 작업일 수 있다. 어떤 트렌드는 규모가 크고 전 세계적이며, 어떤 트렌드는 규모가 작고 사소하며 특정 장소나 분야에서만 유의미할 수 있다. 어떤 트렌드는 산술식이고, 어떤 트렌드는 토머스 맬서스가 인구 성장에 적용된다고 본 것처럼 기하학적이거나 심지어는 로그식이다. 즉, 트렌드가 끝이 나지 않는다면 얼마 가지 않아 하늘까지 도달하거나 지구를 가득 채운다는 뜻이다. 이러한 과도한 성장을 잘 보여주는 역사적 사례는 18세기 말에 오스트레일리아에 토끼가 전래된 것이다. 야생으로 퍼져나간 토끼에게는 천적이 전혀 없었고, 토끼들은 급속히 번식하다가 결국 심각한 유해 동물이 되었다. 더 최근 사례로는 비트코인이 있는데, 비트코인은 처음 등장한 이후 역사상 유례 없는 투기를 불러왔다.

사람들은 트렌드를 보면(또는 보고 있다고 생각하면) 보통 거기에서 나올지도 모르는 이익을 얻고자 트렌드에 합류한다. 그리고 그렇게 함으로써 트렌드를 더욱 가속화하며, 그러면 트렌드는 더 많은 사람을 불러들인다. 그렇기 때문에 외삽법이 주로 발전 중인 분야에 초점을 맞추는 것이다. 그 기저에는, 만약 우리가 오늘 이러저러한 일을 할 수 있고 계속 같은 방향으로 나아갈 수 있다면 내일은 훨씬 많은 것을 할 수 있으리라는 가정이 깔려 있다. 우주

선과 핵융합로, 약물, 뇌과학, 컴퓨터과학 등 다 언급할 수도 없을 만큼 많은 분야에서 자금 지원을 받기 위해 그동안 한 번 이상 이러한 추론을 적용했다.

외삽법을 쉽게 알아보게 도와주는 세 가지 지표가 있다. 첫째는 마르크스의 사례에서 드러나듯 외삽법을 사용한 시기와 상관없이 글의 90퍼센트는 미래가 아닌 과거를 다룬다는 것이다. 이 점에서 외삽법은 다른 미래 예측 방법, 특히 변성의식상태에 기반한 방법과 다르다. 둘째, '이미 현재'나 이와 비슷한 표현이 반복해서 등장한다. "오래전에 이러저러한 곳과 이러저러한 분야에서 이러저러하게 시작되어 '이미 현재' 우리는 이러저러한 지점을 향해 움직이고 있다"라는 의미다. 예를 들면 1800년이나 오늘날 인도네시아 지역에 있는 크라카타우화산의 폭발로 기온이 낮아진 1883년, 이례적으로 추웠던 1940년과 역시 이례적으로 추웠던 1946년부터 시작되어, 세계는 "'이미 현재' 기온이 몇 도나 올랐다"라고 말할 수 있다. 일본 기업이 자국 내에서 대중화된 첫 번째 스마트폰을 출시한 1999년 이후, 전 세계에서 사용되는 스마트폰의 수는 '이미 현재' 이러저러하다. '이미 현재' 컴퓨터는 이런저런 것을 할 수 있다. 다음 단계는 곡선을 그리고 불규칙한 것을 없앤 뒤 트렌드가 향하는 것으로 보이는 방향을 정하는 것이다. 이런 식으로 우리는 그 결과물이 미래로 향하는 길을 가리킬 것이라 기대할 수 있다.

이러한 종류의 일에 매우 능한 컴퓨터의 도움을 받은 이 사고방식은 현재 너무 널리 사용되어서 이 방법에 의지하지 않던 시간을 상상하기 힘들 정도다. 비교적 초기의 사례로는 애덤스라는 성을 가진 미국 두 대통령의 증손자이자 손자였던 역사가 헨리 애덤스가 제시한 "가속의 법칙"이 있다. 1838년에 태어난 애덤스는 여섯 살이 되기도 전에 네 가지 새로운 기술의 등장을 목격했다. 바로 해양증기선과 철도, 전신, 은판 사진법이었다. 그가 진보를 믿은 것도 당연했다! 1904년에 그동안의 진보를 돌아보던 그는 진보의 정도를 측정할 수 있는 객관적 척도를 마련하고자 했다. 그리고 당연히 석탄 생산량에 주목했는데, 당시 석탄은 모든 생산에 사용되는 가장 중요한 에너지 자원이었다. 19세기에 전 세계 석탄 생산량은 10년마다 두 배로 증가했다. 애덤스는 20세기에는 "진보의 속도"가 더욱 빨라질 것이라 예측했다.[5] 다행히 그의 예측은 빗나갔는데, 그렇지 않았다면 이미 오래전에 모든 것이 검댕으로 뒤덮였을 것이다.

앞에서 설명한 것처럼 미래 예측의 열쇠는 현실 세계의 특징 하나를 골라 외삽법을 적용한 뒤 그 결과를 가능한 한 상세하게 늘어놓는 것이다. 허버트 조지 웰스도 저서 『예측*Anticipations*』 (1901)에서 정확히 그대로 했다. 이 책에서 그는 외삽법을 사용해 교통수단, 특히 화물 트럭의 개발로 인해 도시가 시골 지역으로 '확산'될 것이라 예측했다. 그리고 그 결과 교외 지역과 준교외 지역이 나타나고, '이미' 당시에 미국에 등장하고 있던 것과 유사한 새로운 사회 계층 체계가 등장할 것이라고 생각했다. 그는 자신의 다른 작품인 『다가올 그날의 이야기*A Story of the Days to Come*』를 언급하며 이 소설은 "본질적으로 현 시대의 경향을 과장해 더 높은 건물과 더 커진 마을, 더욱 악독한 자본가, 그 어느 때보다 더 탄압받는 노동, 더 커진 절망을 그린 것"이라고 말했다.[6]

현대의 현실에 존재하는 외삽법의 유명한 사례는 무어의 법칙이다. 인텔의 창립자 중 한 명인 고든 무어의 이름을 딴 이 법칙은 집적회로의 트랜지스터 수와 컴퓨팅 파워가 약 18개월마다 두 배로 증가할 것이라고 예측했다. 1965년 처음 만들어진 이 '법칙'은 약 반세기 동안 컴퓨터의 미래를 정확히 예측했다. 반세기가 지나자 로지스틱 곡선, 또는 S 곡선은 평평해졌고 무어의 법칙은 결국 끝이 났다.

미래 예측에 관심이 있는 독자에게 말하자면, 모든 트렌드를 따라가는 것은 보통 불가능하다. 가짓수가 너무 많기도 하거니와, 트렌드가 서로 상충하는 경우도 많기 때문이다. 그렇기에 외삽법의 세 번째 특징은 바로 길잡이bellwether(유의어로는 '전조, 조짐, 지표, 예측 변수'가 있다)를 자주 찾는다는 것이다. 원래 이 단어는 목에 방울을 건 양을 의미했다. 이렇게 하면 양떼는 방울을 건 양이 어디를 가든 그 뒤를 따라갔다. 미국 정치에서 길잡이 주는 그곳의 투표 패턴이 미국 전체의 투표 패턴과 거의 일치하는 주를 의미한다. 두 분야 모두, 이러한 관련성 덕분에 미래 예측에 길잡이를 사용해 엄청난 양의 상세한 연구를 생략할 수 있는 것이다.

1930년대에 미국의 길잡이 주는 메인이었다. 현재 가장 선호되는 길잡이 주는 오하이오로, 오하이오는 1896년부터 단 두 번의 대통령 선거(1944년과 1960년)를 제외하고 미국 전체의 투표 결과와 항상 같은 결과를 냈으며, 1964년부터는 한 번도 틀린 적이 없다. "오하이오가 가면 미국이 간다"라는 말은 2016년에 또 한 번 실현되었다. 하지만 이 말에 모두가 동의하는 것은 아니다. 다른 시작점과 다른 계산 방식을 사용하는 사람들은 길잡이 주로 플로리다, 네바다, 미주리, 뉴멕시코, 테네시를 꼽는다. 미국 모든 주의 거의 절반이 서로 다른 시기에 한 번씩은 대통령 선거의 길잡이 주로 꼽힌 적이 있다. 아마 그렇기 때문에 일부 분석가가 주를 이용해 선거 결과를 예측하는 것을 그만두고 카운티를 관찰하기 시작했을 것이다.[7] 다른 나라에서도 투표 패턴을 예측하기 위해 이와 비슷한 목록을 작성했다.

미래학자 존 나이스비트는 『메가트렌드*Megatrends*』(1982)에서 캘리포니아와 콜로라도, 코네티컷, 플로리다, 워싱턴을 길잡이 주로 꼽았다. 그는 특히 플로리다가 중요하다고 보았는데, 65세 이상 인구가 가장 많은 플로리다주를 통해 나머지 주의 미래를 알수 있기 때문이었다(오래된 신념이 아닌 그 신념을 믿는 사람들이 사망한다는 생각은 떠오르지 않았던 것 같다). 길잡이는 인구통계, 교육, 보건 등의 다른 분야에서도 미래를 예측하는 데 사용되었다. 경영 분야에서 길잡이는 주식이나 실적이 전체 경제와 밀접하게 관련되어 사람들이 붙잡을 트렌드의 존재를 보여주는 기업을 의미한다. 수년간 제너럴 모터스GM는 길잡이 주식의 완벽한 사례였다. GM에게 좋은 것은 미국에, 심지어 전 세계에 좋은 것이라고, 사람들은 생각했다. 오늘날에는 페덱스(페덱스의 재무상태표가 무역의 현재 상태, 그러므로 생산 활동의 상태를 반영한다는 믿음에서 기인한다)와 아마존, 애플, 페이스북, 버크셔 해서웨이 등을 길잡이 주식으로 여긴다.

트렌드의 발견은 1750년 이후 등장한 다른 역사학적 방식, 바로 변증법과 밀접한 관련이 있었다. 변증법dialectics('무엇을 통하여 말하다'라는 의미의 그리스어 dia+legein에서 나왔다)의 기저에 깔린 기본 관념은 상반되는 것들 사이의 폴레모스polemos, 즉 '갈등'에서 모든 것이 비롯된다는 기원전 500년 헤라클레이토스의 말에서 유래했다. 그로부터 약 한 세기 후 플라톤은 이 개념을 사용해 가장 근본적인 관계인 존재와 비존재 간의 관계를 묘사했다. 존재와 비존재는 서로를 암시하며, 서로 덕분에 존재할 수 있었다.

이로부터 훨씬 뒤 중세의 그리스도교 학자들이 이 개념을 이어받았다. 그들은 주어진 논제의 찬반을 계속 쌓아 올리는 방식으로 진리를 끌어내는 공식 토론 방법인 디스푸타티오disputatio를 행했는데, 예를 들면 그리스도를 십자가에 매달고 순교자들을 고문한 병사들이 자기 행동의 의미를 알지 못하고 그렇게 한 것인지(이 경우 그들은 무죄이며 이들의 영혼은 구원받을 수 있었다), 아니면 알면서 일부러 그렇게 한 것인지(이 경우 당연히 그들은 지옥에 갔다)와 같은 논제를 다루었다.[8] 특히 법원에서는 오늘날에도 이러한 방법을 사용하고 있다. 약 1800년에서 1900년 사이에는 수많은 저자가 뉴턴 역학, 그중에서도 특히 모든 힘은 반대 방향으로 작용하는 똑같은 크기의 힘을 낳는다는 세 번째 운동 법칙을 변증법과 관련짓고자 했으나 별다른 성과를 거두지 못했다.

역사적 변화를 이해하는 데 필요한(그러므로 미래 예측에도 필요한) 핵심 열쇠로 변증법을 처음 지목한 사람은 19세기 초반의 독일 철학자 게오르크 빌헬름 프리드리히 헤겔이었다. 그의 손에서 변증법은 전반적인 역사, 그중에서도 특히 사상사에 적용되었다. 역사가 자의식을 가지고 앞으로 나아가게 하고 더 높은 수준으로 발전하게 하는 것은, 천지창조 때 신의 말에서 추동된 정신Geist이라는 것이, 바로 철저한 관념론자였던 헤겔의 시작점이었다. 하지만 역사는 당연히 자연과학의 법칙을 따르지 않았다. 결국 역사는 법칙으로 축소될 수도, 법칙에서 기원할 수도 없는 것이었다.

그 대신 역사는 자기 고유의 길을 갔다. 정신이 역사의 단계에 투영한 사상(테제)은 순식간에, 또한 필연적으로 그 반대(안티테제)를 낳는다. 이 두 가지가 충돌하면 각각에서 나온 요소가 합쳐져(그러므로 그 무엇도 완전히 사라지지 않는다) 새로운 테제를 이루는 진테제가 나온다. 그리고 하나의 부정이 또 다른 부정으로 계속해서 이어지며 절대로 한 자리에 머물지 않는다. 이러한 과정은 그저 물리적인 것이 아니라 살아 있는 과정, 가장 높은 수준에서 가장 낮은 수준, 가장 큰 것에서 가장 작은 것에 이르는 모든 과정에서 공간과 시간에 관계없이 끊임없이 발견된다.[9]

헤겔이 이전 학자들과 달랐던 점(당시 프로이센에 막 영향을 미치기 시작하던 어마어마한 사회경제적 변화가 반영되었다)은 역사적 과정이 이 방향에서 저 방향으로 이동하다가 결국 그 어떤 본질적 변화도 없이 안정 상태에 도달하는 그래프의 선처럼 정적인 것이 아니라고 주장했다는 데 있다. 지난 6천 년 역사를 되돌아본 그는 (당시 사람들은 여전히 이러한 사안에서 『성경』을 지침으로 삼았다) 역사가 매우 동적이라고 생각했다. 역사는 뉴턴의 화살 같은 시간

속에서 언제나 새로운 형태를 띠며 과거에서 현재로, 현재에서 미래로 이어졌다.

투키디데스와 마키아벨리 등등에게는 미안하지만, 역사는 패턴이나 사이클처럼 복제되거나 반복된 적이 한 번도 없다. 물리학의 영역에서처럼 같은 사건이 매번 똑같이 발생하지도 않는다. 물리학에서 수소와 산소가 만나면 언제나 물이 된다. 압력이 일정하게 유지되기만 하면 물은 100도로 가열될 때 언제나 증기로 변한다. 빅뱅 이후로 언제나 그래왔고, 우주가 존재하는 한 언제까지나 그러할 것이다. 하지만 헤겔이 이해한 것처럼 역사는 늘 변화의 과정이었고, 그러한 역사 속에서 모든 사건은 유일무이한 동시에 다른 모든 것들과 연결되었다.

앞에서 말했듯이 헤겔의 목표는 스틸 사진에서 영화가 나온 것처럼 이전의 방식에서 역사에 대한 새로운 사고방식을 만들어내는 것이었다.[10] 그 과정에서 가장 중요한 역할을 한 것은 헤겔이 아우프헤벤Aufhebung이라 칭한 것이었다. '지양'이라는 말로 이상하게 번역되는 이 단어의 일상적 의미는 '폐지'인데, 특정 관습이나 규칙, 법칙, 제도가 버려짐을 의미할 때 사용하는 단어다. 하지만 이 단어에는 "더 높고 새로운 수준으로의 고양"[11]이라는 의미도 있다. 변화가 단순히 양적인 차원이기를 멈추고 어째서인지 질적이고 혁신적인 차원이 되어, 여러 면에서 전례 없는 새로운 것을 낳는 지점을 가리킨다. 예를 들면 그러한 변화는 프랑스혁명이 수세기 동안 너무나도 견고해 보였던 기존 질서를 그저 커다란 거미줄인 양 쉽게 없애버렸을 때 발생했다. 마치 2와 2가 언제나 4가

되는 것이 아니라 갑자기 5, 6, 7 또는 3이 되는 것과 마찬가지다. 물론 이는 미래 예측이 이토록 어려운 이유 중 하나이기도 하다.

이러한 관점에서 역사의 흐름, 그러므로 미래는 이미 결정되어 있다. 헤겔 자신은 인간의 자유를 무척 중시했기 때문에 변증법을 이용해 미래를 예측하려 하지 않았다. 훗날 『역사철학 강의 *Vorlesungen über die Philosophie der Geschichte*』라는 제목으로 출간된 1822년에서 1830년 사이에 있었던 일련의 강의에서, 그는 정신이 처음으로 다음 형태를 띨 '미래의 땅' 미국은 '여기' 베를린에 있는 '우리'와는 아무 관련이 없다고 선언하기까지 했다.[12] 그러나 그의 가장 중요한 추종자인 카를 마르크스는 그렇지 않았다. 성인이 된 마르크스는 미국의 내전에 관해 여러 편의 글을 써서 출간했고, 그 내전 속에서 오래된 사회질서와 막 태어나려 하는 새로운 사회질서 사이의 '거대한 투쟁'을 발견했다. 그렇게 해서 그는 스승이 밟기를 주저했던 곳을 거리낌 없이 뛰어다녔다.[13] 실제로 그의 친구이자 이 주제와 관련된 글을 몇 편 쓰기도 했던 엥겔스는 '헤겔에 정신이 팔렸다'라는 비난에서 마르크스를 보호해야 했다.

헤겔이 역사의 진정한 본질과, 역사가 과거에서 현재로, 현재에서 미래로 나아가는 방식으로서의 변증법의 본질을 제대로 드러냈다는 것이 마르크스의 시작점이었다.[14] 그러나 또 다른 철학자 루트비히 포이어바흐의 영향 아래 마르크스는 헤겔의 이론을 거꾸로 뒤집어 버렸다. 마르크스는 생각이 행동을 추동하는 것이 아니라 '생명활동'이 생각을 추동한다고 주장했다. 그가 말한 생명활동은 특히 경제활동, 즉 일이었다. 마르크스는 일을 가장 기본적이고 중요한 활동으로 여겼는데, 일은 오로지 인간만이 하는 것이기 때문이기도 했고, 한편으로는 마르크스 본인이 입에 풀칠하는 것을 늘 어려워했기 때문이기도 했다.[15]

생존을 위해 일하고 생산해야 하는 인간의 의무에서 비롯되어 역사 속에서 언제나 서로 경쟁하며 나아가는 '물질적 생산관계'는 변증법에 따라 발전했다. 이에 따라 노예제도가 모두가 자유롭고 평등했던 '원시적 공산주의'를 대체했다. 봉건제도가 노예제도를 대체했고, 자본주의가 봉건제도를 밀어냈다. 그리고 모든 현대 기술을 활용해 전보다 훨씬 발전된 형태로 돌아온 공산주의가 결국 자본주의를 폐기할 것이었다. 이 네 가지 생산제도는 각기 특유의 '상부구조'를 발전시켰는데, 상부구조란 사회계급뿐만 아니라 상층계급의 하층계급 지배를 설명하고 정당화하고 강화하는 종교, 법, 문화, 예술, 사상을 의미한다. 각 생산제도에는 이전 생산제도의 흔적이 남아 있다. 이번 장의 주제와 관련해서 가장 중요한 점은, 각 생산제도가 그 안에 정반대되는 제도의 싹을 품고 있다는 것이다. 때가 무르익으면 정반대의 생산제도가 기존 제도를 무력화한다. 기존 제도가 사라지고 나면 번데기에서 나비가 나오듯 새로운 제도가 등장한다.

흥미로운 점은, 마르크스가 아우프헤벤이 대격변을 일으키며 급작스럽고 폭력적으로 일어날 것인가, 아니면 서서히 평화롭게 일어날 것인가 하는 질문에 사로잡혀 있었다는 것이다. 트리어라는 독일 지방도시의 중산층 가정에서 태어난 마르크스는 타고난 반항아였다. 실패로 돌아간 1848년 혁명에 참여하기도 했던 그는 초기에는 아우프헤벤이 급작스럽게 일어날 것임을 의심치 않았다. 그러나 말년에는, 적어도 일부 국가에서는 역사가 점진적인 길을 따를 것이라고 생각했다. 그가 죽은 1883년에서 약 15년이 지났을 무렵, 공산주의자들과 사회주의자들은 정확히 이 문제로 인해 분열되었다. 기본적인 전제 조건은 이미 충족되었으나 결국 예측한 미래는 오지 않았다. 적어도 이론상으로는 변증법으로 '과학적' 예측을 할 수 있어야 했다. 1918년 여름에 레닌은 공산주의 매체 《프라우다Pravda》에 실은 글에서 변증법으로 미래를 예측할 수 있다는 생각을 명백하게 드러냈다.[16]

수많은 전임자 및 후계자와 달리 마르크스도 헤겔도 개인의 미래를 예측하는 데에는 별 관심이 없었다. 그 대신 두 사람은 거시적인 관점에서 사회 전체, 심지어 인류 전체의 성장에 영향을 미치는 거대한 익명의 정신적·물질적 힘에 집중했다. 마르크스의 체제에 너무나도 큰 감명을 받은 추종자들은 그의 주장이 실현될 것이라 굳게 믿었다. 그의 영향력이 절정에 달했을 때에는 인류의 약 3분의 1이 마르크스의 것이라고 주장되는 체제하에서 살았다.

헤겔과 마르크스, 엥겔스, 레닌, 심지어 자칭 레닌의 제자인 스탈린과 마오쩌둥은 죽은 지 오래다. 그러나 정신적·물질적 요소에 적용되고, 이 요소들이 상호작용하는 방식을 드러내는 변증법은 여전히 시간의 흐름에 따라 역사가 펼쳐지는 방식을 이해하는 가장 좋은 방법으로 남아 있다. 현재를 이해하고 미래를 예측하는 한 가지 방법으로 이해한다면, 변증법은 결코 과거의 유물이 아니다. 어쨌거나 이것은 프랜시스 후쿠야마의 유명한 1989년 논문

「역사의 종말? The End of History?」에 깔린 근본 전제였다.[17]

우리 주변에서도 변증법이 작용한 사례를 관찰할 수 있다. 그중 하나는 노동자 개개인이 서로 조금씩 다른 물품을 하나하나 만들던 것이, 많은 노동자가 똑같은 물품을 대량으로 생산하는 컨베이어벨트 생산 양식으로 바뀌었다가, 과거 장인이 만들던 물품처럼 서로 조금씩 다른 물품을 소수의 인원이 엄청나게 많이 제조하는 컴퓨터화된 공장이 등장한 것이다. 각 체제는 처음 등장한 뒤 더욱 완성된 형태를 향해 앞으로 나아가도록 채찍질당한다. 그러다 어느 시점이 되면 난데없이(난데없는 것처럼 보인다) 정반대의 양식이 나타나 이전 체제의 일부는 물려받고 일부는 폐기한 뒤 새로운 요소를 더해 아무도 예상치 못한 전례 없는 체제를 만들어낸다. 프랑스혁명이 일어나 수 세기 내내 그토록 견고했던 기존 질서를 무너뜨리고 그 잔재를 마치 종이쪼가리처럼 날려버렸듯 말이다.

또 다른 사례는 자동차의 성장이다. 약 1900년에 처음 등장한 자동차는 구매자들에게 전례 없는 기동성과 자유를 제공했다. 수많은 글과 음악이 부모의 감시에서 벗어나 인적이 드문 곳에 차를 주차한 젊은 연인들에 대해 노래하지 않았던가. 그러나 다시 전세가 역전되어 육로 이동이 불가능해질 지경이 되었다. 예를 들어 런던의 주간 평균 이동 거리는 시간당 12.5킬로미터로 1세기 전에 비해 훨씬 느리며, 런던에서 장거리를 달렸던 내 젊은 시절의 달리기 속도보다도 훨씬 느리다.[18]

그 밖에도 서구와 동구가 첨예하게 맞섰던 냉전이 종식된 후 등장한 세계화가 이제는 그 반대인 탈중앙화와 지역화, 사회 분화에 직면하고 있으며, 처음에는 전례 없는 수준의 의사소통과 표현을 가능케 하리라 믿었던 인터넷이 현재는 전례 없는 수준의 검열을 낳고 있다. 또한 도널드 트럼프가 미국 대통령으로 당선되면서 정치적 올바름(이 또한 여러 면에서 1960년대와 1970년대의 '성 혁명'에 대한 반응이었다)에 대한 거부 반응이 뚜렷하게 나타났다.[19] 변증법 덕분에 이런 많은 사건을 적어도 개략적으로는 예견할 수 있었고, 선견지명이 있는 일부 사람들은 실제로 이 모든 사건을 예측해냈다.

이번 장과 앞 장의 내용을 되짚어보면, 역사를 이용해서 미래를 예측하는 네 가지 방법이 있다. 첫 번째 방법은 변하는 것은 아무것도 없으며 모든 것이 그대로 남아 있다고 상정한다. 두 번째 방법은 변화는 순환하며 역사는 언제나 시작점으로 돌아가 계속 되풀이된다고 본다. 남아 있는 기록에 따르면 이 두 가지 방법은 기원전 5세기까지 거슬러 올라간다. 이것은 우연이 아닌데, 그때가 과거를 '이해'하고 남기기 위해 과거의 사건을 '조사'한다는 의미에서의 역사 개념이 처음 등장한 때였기 때문이다. 그렇게 이두 가지 방법은 산업혁명이 영향을 미치기 시작한 18세기 말까지 함께 득세했으며, 오늘날에도 종종 이용되고 있다.

더 최근에 등장한 다른 두 가지 방법은 역사는 반복되지 않으며 변화야말로 역사를 구성하는 요소라고 상정한다. 이 두 방법은 19세기 초반에서야 처음 모습을 드러냈다. 하나는 과거와 현재에 외삽법을 적용하는 것으로, 이렇게 하려면 역사는 화살처럼 특정 방향으로 흐른다고 가정해야만 한다. 다른 하나는 트렌드와 그 트렌드가 낳을 수밖에 없는 정반대의 트렌드를 모두 고려하는 것이다. 이렇게 하면 양적인 변화뿐만 아니라 질적 성장까지 고려할 수 있다.

이 네 가지 방법 모두 미래를 예측하는 가장 좋고도 유일한 방법은 과거를 돌아보는 것이라고 가정한다. 또 다른 공통점은 변성의식상태를 위한 공간이 전혀 없다는 것이다. 신의 계시도, 꿈도, 죽은 사람도 역사가 (어딘가로 흘러간다고 가정한다면) 어디로 흘러가고 우리에게 무엇을 보여줄지를 알려주지 못한다. 그 대신 이 네 가지 방법은 기록된 사실과 과정에 대한 냉철하고 객관적이며 편견 없는 연구에 기반한다. 여기서 과정이란, 현재에서 과거로 물러난 것으로 과거 안에 단단히 고정되어 있으며 "분노와 열망 없이sine irā et studiō" 주의 깊게 들여다보기만 하면 누구나 접근해서 해석할 수 있는 것이다. 여기서 어려운 점은 언제 일어난 어떤 사건에 어떤 방법을 적용할지, 당면한 문제를 다룰 때 어떤 방법을 사용할지, 이 네 가지 방법을 어떻게 결합할지를 결정하는 것이다. 마르크스 역시 이러한 어려움을 느꼈다. 마르크스가 이에 어찌나 분노했는지, 사건들이 한 번이 아니라 두 번, 처음에는 비극으로, 그다음에는 희극으로 일어나는 것 같다고 주장하기도 했다.[20] 이 문제의 해답은 아직 발견되지 않았고, 아마 앞으로도 발견되지 않을 것이다.

13

물어라, 그러면 답을 얻으리니

언제나 선례가 있긴 하지만, 여론조사는 본질적으로 제1차 세계 대전 이후의 산물이다. 그 시기 조지 갤럽 등이 미국에서 여론조사를 발전시켰다. 여론조사의 발전은 미래를 예측하고자 한다면 사람들에게 무슨 생각을 하고 무엇을 하려고 하는지부터 물어보는 것이 좋다는 생각에 기초했다. 여론조사는 정치 문제뿐만 아니라 경제 문제에도 적용되었는데, 예를 들면 사람들이 어떤 상품을 더 선호할지를 알아내고자 했다.

여론조사의 활용을 낳은 첫 번째 요인은 현대 대중사회와 민주주의의 성장이었다. 역사상 최초의 여론조사는 1824년 펜실베이니아에서 실시되었다. 이 조사는 대통령 선거에서 앤드루 잭슨이 존 퀸시 애덤스를 이길 것이라는 틀린 결과를 내놓았다. 여론조사는 개척자 역할을 했던 미국에서 다른 국가로 퍼져나갔으며, 독일과 일본도 이 방법을 받아들였다. 독일과 일본의 초기 여론조사는 1945년 이후 미국 점령군에 의해 실시되었다. 두 국가에서 이것은 전통적 엘리트의 힘을 문제 삼고 약화시키는 데 사용되었다. 소비에트연방에서 여론 파악을 목적으로 시험적으로 실시한 첫 번째 여론조사는 1980년대 후반, 글라스노스트* 시대를 불러왔다. 여론조사가 도입되자 소련 공산당은 즉시 최후의 발악에 돌입했다.[1]

여론조사의 성장에 기여한 두 번째 요인은 현대적 통신 수단이었다. 가장 처음 등장한 것은 엽서로, 최초의 엽서는 약 1870년부터 여러 국가에서 발행되기 시작했다. 1916년에서 1936년 사이에 잡지 《리터러리 다이제스트*Literary Digest*》 등에서 일했던 초기의 여론조사 요원들은 때때로 수백만 개의 엽서를 보내기도 했다. 이름과 주소는 구독자 정보와 전화번호부, 자동차 등록부에서 얻었다(이후 이러한 종류의 비공식적 조사는 스트로 폴straw poll이라는 이름으로 불렸다). 이 잡지의 편집자들이 1920년과 1924년, 1928년, 1932년의 대통령 선거 결과를 정확히 예측한 데서 알 수 있듯이 이 방법이 전혀 성공을 거두지 못한 것은 아니었다. 하지만 1936년 공화당 후보인 앨프 랜던이 루스벨트를 상대로 압도적 승리를 거둘 것이라는 예측은 크게 빗나갔다. 실제로 너무 크게 빗나간 나머지 《리터러리 다이제스트》는 독자의 신뢰를 잃었고 결국 문을 닫아야 했다.

이 실패가 널리 알려지면서 더 나은 방법을 찾으려는 시도가 이어졌다. 지금처럼 당시에도 회사마다 독자적인 방식이 있었다.

---

* Glasnost. 고르바초프의 개방 정책.—옮긴이

어떤 회사는 대면 인터뷰를 선호했다. 속도도 느리고 끔찍하게 비쌌지만 아마도 더 진실한 대답을 얻을 수 있는 방법이었다. 어떤 회사는 두 단계를 거쳤는데, 먼저 작은 규모로 조사를 실시해 여러 가지 문제를 제거한 후 대규모 조사를 실시했다. 그때 기술이 등장한다. 처음에는 전화기, 그다음에는 인터넷의 형태였다. 최근에는 점점 사용이 줄고 있는 데스크톱 컴퓨터보다 어디에나 들고 다닐 수 있는 랩톱컴퓨터와 태블릿, 휴대전화, 스마트폰을 더 많이 활용하는 경향이 있다.[2] 이러한 장치들은 보통 넓은 지역에 퍼져 있는 많은 인구에게 빠르고 효율적으로 접촉할 수 있게 해준다. 또한 조사 비용을 극적으로 줄여주며, 스마트폰을 사용할 경우 옛날처럼 손으로 고되게 결과를 정리하는 대신 응답을 자동으로 처리할 수 있다.

2012년 미국 대통령 선거와 의회 선거의 결과 조금이라도 인터넷을 활용해 예측한 기관은 전화만으로 조사를 실시한 기관보다 더 정확한 결과를 낸 것으로 알려졌다.[3] 미국을 비롯한 여러 국가에서 여론조사는 점점 더 집착에 가까워지고 있다. 실제로 여론조사 결과는 여론과 거의 동의어가 되어서, 때로는 여론조사 결과가 옳았는지 아닌지를 확인하기 위해 선거를 실시하는 것처럼 보일 정도다. 그러나 이런 발전에도 불구하고 2016년 대통령 경선에서처럼 여전히 여론조사 결과가 틀릴 때가 있다.[4] 이 기법에는 문제가 너무 많아서 여론조사 결과 10, 12, 14포인트 앞선다 해도 꼭 그 후보자가 안정적으로 당선된다고 볼 수는 없다.

다른 현대적 방식처럼 여론조사도 변성의식상태와는 아무 관련이 없으며 오로지 '과학적'인 통계학적 계산에만 의지한다. 또는, 여론조사 지지자들은 나머지 사람들이 그렇게 믿기를 바란다. 여론조사를 실시하려면 제일 먼저 사람들이 대답할 질문을 구성해야 한다. 두 번째로는 표본집단을 선택해야 하는데, 이때 다양한 종류의 편향을 최대한 배제해야 한다. 예를 들면 특정 지역 인구를 너무 많이 선택하거나, 젊은 사람들만 많이 선택하거나, 부유한 사람만 많고 가난한 사람은 충분하지 않거나, 휴대전화를 소유한 사람만 많고 휴대전화가 없는 사람은 적으면 안 된다. 이처럼 떠올릴 수 있는 변수는 사실상 무한하다. 그래서 보통 표본집단을 선택하는 것이 가장 어려운 단계로 여겨진다.

세 번째로, 사람들을 대답하게 만들 방법을 찾아야 한다. 사람들이 대답하지 않거나 대답한 사람들이 전체를 대표하지 못한다면 설문지가 아무리 훌륭하더라도 아무 소용이 없을 것이다. 《리터러리 다이제스트》가 1936년 대선 예측에 처참하게 실패한 이유 중 하나도 엽서를 받은 사람 중 겨우 4분의 1만이 응답을 제출했기 때문이었다.[5] 그 결과 응답자는 전체 인구를 대표하지 못하는 자체 선택집단을 형성하고 말았다. 네 번째로, 결과를 해석해야 한다. 보통 그렇듯이 응답이 예/아니요가 아니라 여러 가지 중 하나를 고르는 형태라면 특히 더 그렇다. 또 다른 문제는 사람들이 언제나 말한 대로 행동하지는 않는다는 것이다. 그렇기 때문에 다른 대부분의 방식과 마찬가지로 여론조사도 가까운 미래에 관한 것일수록 결과가 더 정확하다.

이러한 이유로 오늘날 우리가 아는 형태의 여론조사가 곧 사라질 것이라 주장하는 사람들도 있다.[6] 어쨌거나 현재 우리가 사는 세상은 여러 컴퓨터 사이를 흐르는 정보로 가득하다. 그러한 정보 대부분은 컴퓨터 한 대가 아니라 여러 대로 전달된다. 그래서 점점 더 많은 여론조사 기업들이 사람들에게 직접 연락을 해서 질문을 하고 답변을 분석하는 대신, 인터넷(또는 직접 선택한 인터넷의 특정 공간)을 돌아다니며 정보를 구하는, 훨씬 빠르고 저렴한 방법을 사용하기 시작하고 있다. 이렇게 하면 타깃 집단의 구성원이 무슨 생각을 하는지를 때로는 허락하에, 때로는 2018년의 페이스북과 케임브리지 애널리티카(런던에 본사를 두고 있다)의 사례처럼 허락 없이 직접 알아낼 수 있다.[7] 인터넷에서 허락 없이 정보를 구하는 것은 사생활 침해이므로 많은 국가에서 불법이다. 하지만 여론조사 기관의 관점에서 보면 여기에는 설문에 응답하는 사람과 응답하지 않는 사람 사이에서 발생 가능한 통계 오차를 소거할 수 있다는 장점이 있다. 어쩌면 인공지능 덕분에 기존의 네/아니요 질문이 더 복잡하고 개방적인 질문으로 대체되는 날이 올 수도 있다. 또는, 이 게임에 참여하는 사람들은 그런 날이 오기를 바라고 있다.

더 마이너한(응답자의 수와 언론의 관심이 훨씬 적기 때문에) 종류의 여론조사로는 델파이 기법*이 있다. 어떤 면에서 델파이 기법은 상급자가 하급자에게 이런저런 문제에 대한 의견을 묻는 아주 오래된 방법의 연장선에 있다. 현대적 형태의 델파이 기법은 1950

---

* Delphi method. 전문가들의 의견을 모아 합의를 거쳐 하나의 결론을 도출하는 방법.—옮긴이

년대 중반에 랜드RAND(연구·개발Research and Development의 약자로, 초기에 미 공군의 지원을 받았던 캘리포니아의 싱크탱크다) 프로젝트에서 발명되었다. 델파이 기법의 본래 목적은 현재 개발 중인 기술이 미래의 전쟁에 미칠 영향력을 평가하는 것이었는데, 이는 오늘날에도 자주 연구되는 질문이다. 그러나 수십 년이 흐르면서 이방식은 경영, 경제, 심리, 보건 등의 다양한 분야에서 여러 다양한 예측에 사용되기 시작했다.

다른 형태의 여론조사와 마찬가지로 델파이 기법 역시 다수의 판단이 소수의 판단보다 낫다는 가정에 기초한다.[8] 모든 응답자가 미래를 예측하는 '가장 좋은' 방식을 사용하기 때문이 아니라, 응답자들이 저마다 적합하다고 판단하는 여러 미래 예측 방식을 사용하기 때문이다. 실제로 응답자들이 무슨 방식을 사용했는가는 논의조차 되지 않는다. 누군가는 이 델파이 기법이 방식과는 상관없는 미래 예측 방식이라고 말할 수도 있을 것이다. 또한 델파이 기법은 극단적인 견해는 대개 서로 상쇄되어 결국 합당한 타협안이 나올 것이라는 가정에 기초한다. 이 두 가지 가정에는 타당한 근거가 있는 것으로 보인다. 대놓고 말하지는 않지만, 이 방식 뒤에는 '엉덩이 덮기'** 신드롬이 있다. 만약 예측이 옳은 것으로 드러나면 책임자는 조사를 조직한 공을 인정받는다. 예측이 틀릴 경우 책임자는 자신이 활용한 의견을 제공한 전문가들에게 비난의 화살을 돌릴 수 있다.

** cover your ass. 면피할 구실을 마련한다는 뜻.—옮긴이

일부 지지자들은 문제가 모델을 구축할 수 없을 만큼 복잡할 때에나 대면 회의를 열기엔 사람 수도 너무 많고 배경도 너무 다양할 때 델파이 기법을 사용할 수 있다고 생각한다.[9] 이제 설명하겠지만, 델파이 기법은 그 과정이 너무 직관적이거나 너무 자의적이라 전체 과정에 매우 어려움이 많을 수밖에 없다. 그래서 델파이 기법은 보통 마지막 수단으로 사용된다. 하지만 한편으로는 다른 방식보다 저렴하기 때문에 가장 먼저 활용될 수도 있다.

델파이 기법을 쓰기로 결정하면 연구 책임자는 질적 접근법을 취할지, 양적 접근법을 취할지, 또는 두 가지를 혼합할지 결정해야 한다. 그다음에는 어느 정도 구조화된 일련의 인터뷰를 실시하거나 설문지를 작성해 적절한 응답자로 판단되는 전문가들에게 보낸다. 이때 그 전문가들은 반드시 해당 분야에 정통하고, '객관적'이고, 대표성이 있고(무엇에 대해?), 의욕이 있어야 하는데, 여러 상황에서 이는 매우 힘든 주문이다. 전문가들이 응답을 보내면 두 번째 인터뷰를 실시하거나, 첫 번째 설문 결과에 근거해 두 번째 설문지를 보낼 수 있다. 필요하다고 여겨지는 만큼(그리고 응답자들이 분노해서 그만두지 않을 만큼) 이 과정을 여러 번 반복한다. 마지막으로 다른 전문가 집단을 구성해 이 과정을 다시 반복한 뒤두 결과를 비교할 수 있다. 이 과정은 일관성과 확실성을 높여준다고 여겨진다.[10]

이 방식은 여러 가지로 변형할 수 있다. 책임자는 답변에 관해 전문가들과 상의를 하거나 하지 않을 수 있다. 전문가들은 자신의 지식 수준에 관해 설명을 해야 하거나 하지 않을 수 있다. 전문가들은 자신이 도출한 결론에 대해 설명을 해야 하거나 하지 않을 수 있다. 전문가들은 첫 번째 설문지에 대한 다른 전문가의 답변을 보거나 보지 않을 수 있다. 전체 과정은 익명으로 진행되거나 그렇지 않을 수 있다. 합의에 도달하기 위해 모든 결과를 꺼내놓고 마지막 회의를 진행하거나 하지 않을 수 있다. 이처럼 변수는 거의 무한하고, 바람직하고 확고한 결론에 다다르는 것은 거의 불가능에 가깝다. 그래서 일부 비평가는 델파이 기법이 미래 예측 방식이 아니라고 주장하기도 한다. 할 수 있는 것이라곤 기껏해야 집단 의사소통 과정에 구조를 부여함으로써 카오스를 예방하는 것뿐이라는 것이다.

비교적 대규모의 설문조사를 통해 특정 집단(예를 들면 젊거나, 나이가 많거나, 교육 수준이 높거나, 죄를 지은 적이 없는 집단)의 구성원이 다른 집단보다 미래를 더 잘 예측하는지 알아내려는 시도는 1930년대부터 있었다.[11] 첫 번째 시도의 결과는 딱히 결정적이지 않았으나, 그 이후로도 사람들은 계속 이 문제로 씨름했다. 가장 체계적이었던 연구 중 하나는 캐나다계 미국인인 정치학 교수 필립 E. 테틀록이 1980년대에 시작한 연구였다. 그는 제일 먼저 정확한 예측과 틀린 예측을 명확하게 구분할 수 있는 통합 체계를 만들었다. 이를 위해서 그는 응답자들이 예/아니요의 답변뿐만 아니라 본인이 예측한 사건이 '언제' 일어날 것인지를 답해야 하는 질문지를 구성했다. 예를 들어, 북한이 미래에 잠수함발사탄도미사일을 보유할 것 같은지가 아니라 주어진 기간 내에 보유할 것 같은지를 물었고, 북대서양조약기구에 회원국이 늘어날 것 같은지가 아니라 특정 해에 회원국이 늘어날 것 같은지를 물었다. 여러 분야의 전문가 284명에게서 2만 8,000개 답변을 받은 테틀록은 데이터베이스를 만들어 예측을 잘 못하는 '고슴도치 유형'과 예측을 잘하는 '여우 유형'을 구분했다. 여우 유형에 속한 일부는 정말 대단하다는 말로밖엔 설명할 수 없었다.

그러나 이건 시작일 뿐이었다. 테틀록이 이끄는 "전문가의 정치적 판단Expert Political Judgement" 프로젝트는 정보를 얻고 분석하는 더 나은 방법을 찾는 미국의 산하 부서인 정보고등연구계획국IARPA, Intelligence Advanced Research Projects Activity의 관심을 끌었다. 정보고등연구계획국은 테틀록이 후속 프로젝트를 조직하고 자금을 모을 수 있도록 도왔다.[12] 프로젝트의 결론에서 테틀록은 좋은 예측에 필요한 것은 성능 좋은 컴퓨터나 신비한 방식이 아니라고 주장했다. 좋은 예측에 필요한 것은 다양한 출처에서 증거를 모으고, 확률적으로 사고하고, 팀을 구성하고, 결과를 기록하고, 실수를 기꺼이 인정하고 필요하다면 방향을 바꾸는 자세였다. 또한 테틀록은 토너먼트 방식으로 참가자의 의욕을 높일 수 있었으며, 예측 과정에 책임을 지움으로써 답변의 정확도를 개선할 수 있었다고 말했다.

미디어에 널리 보도된 테틀록의 프로젝트는 당시 대통령이었던 버락 오바마에게도 간접적 지지를 받았다. 오바마는 분명 빌 클린턴 이후, 어쩌면 존 F. 케네디 이후 가장 지적인 성향을 가진 미국 대통령으로, 전임자인 조지 W. 부시나 후임자인 도널드 트럼프와 달리 직감이 아닌 머리로 결정을 내렸다. 오바마는 어떤 프로젝트를 고려할 때 언제나 같이 일하는 사람들에게 그 프로젝트가 효과적일 가능성을 숫자로 말해달라고 요구했다. 본인이 말했듯 그는 100퍼센트 확실한 것은 없음을 잘 알았다. 그리고 '불확실성을 편안하게' 받아들였다. 그렇기 때문에 오바마는 새로운 정보에 따라 기존 결정을 끊임없이 재평가하려는 자세가 매우 중요하다고 덧붙였다.[13] 한 수치에 따르면 오바마는 서로 다른 여섯 개 분야(10대의 임신, 가정 방문 프로그램, 혁신에 대한 투자, 사회 혁신 기금 마련, 노동력 혁신 기금 마련, 무역조정지원 커뮤니티 대학 및 직업 훈련 프로그램)에 속한 최소 699개의 계획에 전문가의 정치적 판단 기법을 적용했다. 이 프로젝트에 들어간 총 금액은 거의 45억 달러에 달한다.[14]

테틀록은 지난 4년간 전 세계에서 일어난 사건에 관해 100만 개 이상의 판단을 모아 "좋은 판단Good Judgement" 프로젝트를 진행했다. 그 과정에서 그는 몇 가지를 발견했다. 첫째, 어떤 일은 예측하기가 더 쉽다. 둘째, 독단적이지 않은 사람은 자신이 안다고 생각하는 내용에 무의식적으로 기대거나 그 자리에서 즉시 대답하는 대신 시간과 노력을 들여서 자신에게 주어진 문제에 대해 알아보았다. 그리고 자기 비판적인 사람은 그렇지 않은 사람보다 훨씬 좋은 판단을 내렸다. 셋째, 이 프로젝트 참가자 중 가장 뛰어난 이들은 기밀 정보를 볼 수 있는 정보 장교보다 더 좋은 판단을 내렸다. 게다가 그들이 결론에 도달한 방식은 연구하고 가르칠 만한 것이었다. 예측하는 사건의 시기가 가까울수록 그 사건이 일어날 가능성을 더 정확히 예측할 수 있었으며, 그 반대도 마찬가지였

다. 3년에서 5년 이후에 발생할 사건에 대한 예측은 맞을 가능성
이 겨우 반반(50퍼센트)이었다.

놀라울 만큼 새로운 내용은 아니다.

14

강력한 예측 도구, 모델

오늘날 우리가 미래 예측에 사용하는 가장 강력한 도구는 통계 모델과 그 모델을 구성하는 알고리즘이다. 모델은 변성의식상태에 전혀 기대지 않거나, 기대지 않아야 한다고 여긴다. 이러한 점에서 모델 활용은 여론조사와 역사, 성서, 숫자점, 징조, 점성술의 활용과 유사하다. 이 방법들처럼 모델링 방식의 기본 원칙은 모델이 더 '객관적'일수록(즉 사용자의 인식과 감정이 개입할 여지가 적을수록) 더 좋다는 것이다. 현대에 일을 구하는 컴퓨터 전문가가 자신이 성령으로 가득 차 있다거나 신의 이름으로 이야기한다고 주장한다면, 동료들에게 일요일 아침마다 광장에서 열띠게 외치는 광신도보다 더 존중받기는 힘들 것이다. 또한 그 전문가가 샤먼처럼 북을 치고 노래를 하고 춤을 추고 변성의식상태와 가수 상태에 빠져든다면 아마 그만큼도 존중받기 힘들 것이다.

실제로 모델은 매우 복잡할 수 있다. 하지만 본질적으로 모델은 단 두 가지 요소로 구성된다. 첫 번째로, 현실이나 현실의 일부를 반영하는 요인들의 목록이 있다(오늘날에는 보통 변수라 칭한다). 첫 번째만큼이나 중요한 두 번째 요소는 두 변수 사이의 관계다. 이러한 관계는 거의 언제나 양적인데, 이 말은 요소 A가 변하거나 이러저러한 만큼 수정되면 요소 B와 C, D도 뒤따라 변해야 할 뿐만 아니라 반드시 특정한 정도로 변해야 한다는 뜻이다.

가장 초기 모델이자 천 년간 거의 유일했던 모델은 천체의 움직임을 보여주는 모델이었다. 이 모델들의 목적은 달의 위상과 행성의 위치, 월식과 일식뿐만 아니라 운이 좋고 나쁜 시기, 축제일 등을 보여주는 것이었다. 가장 오래된 것으로 알려진 모델은 안티키테라로, 이 장치가 발견된 에게해 해저의 고대 난파선에서 가장 가까운 섬의 이름에서 따왔다. 이 장치는 기원전 205년에서 87년 사이에 제작된 것으로 보인다. 소금으로 뒤덮여 심하게 부식되었기 때문에 수십 년이 지난 후에야 현대 학자들이 이 장치를 복원할 수 있었다. 학자들은 이 장치가 앞에서 말한 것들에 더해 해와 달의 관계와 미래의 올림픽경기 날짜까지 보여준다는 것을 발견했다. 그러나 고대 세계가 막을 내리면서 이런 정교한 장치를 만드는 데 필요한 지식도 함께 사라지고 말았다. 이로부터 한참이 지난 후에야 중국(서기 1100년경 북송의 과학자 소송이 세운 시계탑)과 아랍 세계(1206년에 알자자리가 만든 성곽 시계), 이탈리아(14세기에 돈디가 만든 시계)에서 이와 어느 정도 유사한 장치를 만들기 시작했다. 또 다른 유명한 사례는 스트라스부르의 거대한 천문시계인데, 이 시계는 여러 차례 다시 만들긴 했지만 14세기에 처음 제작되었다.

정의상 모델은 수학적 계산에 기초한다. 모델을 구성하는 요소들이 서로 관련성이 크고 포괄적일수록, 그러한 변수들 사이를 연결하는 계산이 더 정확할수록 좋은 모델이다. 뉴턴이 1687년에 단일 법칙으로 지구와 하늘에 있는 모든 물체의 움직임을 설명한 『자연철학의 수학적 원리Philosophiae Naturalis Principia Mathematica』를 출판한 이후 이러한 종류의 모델의 인기가 치솟았다. 예를 들면 물리학 법칙에 기초한 모델은 앞으로 수백 년간 일식이 언제 발생할 것인지, 얼마나 오래 지속될 것인지, 그 일식을 관찰하려면 우리의 후손이 어느 지역에 위치해야 하는지를 정확히 알려준다. 어떤 모델은 심지어 수백만 년 이후에 우주에서 벌어질 일들, 예를 들면 별이 언제 백색왜성이 되고 초신성이 언제 블랙홀이 되는지를 예측할 수 있다. 훨씬 더 가까운 미래를 다루는 모델은 초소형 세계에서 무슨 일이 벌어질지를 알려준다.

미래를 예측하는 수학적 모델(통계자료를 모으는 일과는 다르다. 「사무엘하」 24장을 참고하면 통계자료 수집은 『성경』 시대까지 거슬러 올라가는 작업으로, 수학적 모델과 무관하지는 않더라도 아예 다른 일이다)을 천문학과 물리학에서 사회적 삶으로 확장시키려는 첫 번째 시도는 로마제국에서 일어났다. 3세기 초기의 법학자 울피아누스는 구체적으로 어떤 인구 집단을 의미한 것인지는 분명치 않지만 특정 집단의 기대수명을 계산하는 모델을 만들고자 한 것으로 보인다. 그러나 그의 작업은 이후 다른 자료에서 간략하게 요약된 형태로만 남아 있어서 내용을 이해하기가 매우 어렵다. 울피아누스의 목적은 당시 그가 근무했던 것으로 보이는 재무부가 미래에

세금을 얼마나 거둘 수 있을지를 예측하는 것이었다.[1]

여러 사람이 공동의 사업에 기여하게 함으로써 리스크를 줄이려는 시도는 기원전 첫 천 년부터 있었다. 그러나 이탈리아의 수학자이자 '퇴물 도박꾼'[2]이었던 지롤라모 카르다노(1501~1576)가 확률과 가능성, 리스크 관리, 내기에서 이런 것들을 활용하는 방법을 책으로 쓴 것은 르네상스가 되어서였다. 이러한 작업은 17세기 후반까지 계속되어 확률 이론과 복리에 대한 이해가 커졌다. 영국의 윌리엄 페티와 그레고리 킹 같은 인물들은 이렇게 만들어진 모델로 조세의 근거로 삼을 미래의 국민 소득과 정부가 기대할 수 있는 세금의 총액을 추산할 수 있었다. 대개가 단편적이고 체계가 없으며 함께 활용하기엔 너무 이질적이었던 소량의 자료들은 1800년경에 프랑스와 영국 같은 국가에서 처음으로 통계국을 세우면서 그 양이 엄청나게 늘어났다. 이에 따라 고트프리트 아헨발이라는 독일 학자가 처음 만든 것으로 알려진 '통계학statistics'이라는 단어도 이때쯤 널리 사용되기 시작했다.[3]

1880년대에는 더 큰 규모의 단체들이 정부를 도와 통계학적 정보를 모으고 활용했다. 여러 곳에서 동시에 다양한 작업을 실시하게 되면서, 이런 단체들은 분권과 통제 사이의 적절한 균형을 찾는 데 어려움을 겪었다. 그 결과 이러한 단체들도 생산과 소비, 물가 등에 관한 통계를 모으고 처리하기 시작했다. 심지어 일부 단체는 먼저 나서서 이러한 목적의 특수 사무소를 세우기도 했다. 영국 역사가 헨리 토머스 버클의 말에 따르면, 이러한 노력 뒤에는 만약 오래전부터 자연과학에 적용되었던 것만큼 엄밀한('사회통계'에 기초한다는 의미) 조사를 인간사에 적용할 수 있다면 인간사의 토대가 되는 법칙을 분명하게 밝힐 수 있을 것이고 미래의 불확실성을 완전히 제거하거나 적어도 줄일 수 있으리라는 희망이 있었다.[4] 그리고 그 결과 모델의 활용이 대폭 증가했다.

물리적 세계에서도 사회에서도, 모델은 대개 확률에 근거한다. 즉 모델은 개개인의 미래가 아니라 그 개인이 구성하는 집단의 미래에 대해서만 말할 수 있다는 뜻이다. 물리학자는 플라스크를 가열할 때 수십억 개 중 하나의 분자가 어떻게 될지는 예측할 수 없으나 그 모든 분자가 상호작용함으로써 어떤 결과가 나타날지는 매우 정확하게 예측할 수 있다. 비슷하게, 보험업자는 내년에 누가 교통사고를 당할지는 말해주지 못하지만 보험수리 모델은 어떠한 특징(나이, 성별, 주거지, 자동차 유형, 1년당 주행거리, 지난해에 청구한 보험금 등)을 가진 집단에서 그중 한 명이 사고를 당할 확률은 예측할 수 있다. 집에 도둑이 들 확률, 치료가 필요한 질병이 발생할 확률, 범죄를 저질러서 체포될 확률 등도 마찬가지다. 보험료는 이러한 모델을 근거로 산출된다. 많은 보험 회사가 막대한 이익을 내는 것을 보면, 그리고 규칙을 피하거나 깨지 않고 잘 따름으로써 그러한 이익을 얻었다고 가정하면, 확률 모델은 매우 성공적이라 볼 수 있다. 그러나 여기에는 한계가 있다. 첫째, 모든 환경이 변화하므로, 모델은 시간이 흐름에 따라 정확성이 떨어지는 경향이 있다. 둘째, 모델은 개개인의 운명에 대해서는 아무것도 말해줄 수 없다. 그렇기 때문에, 적어도 공식적으로는, 이러한 모델은 법원에서 증거로 제시할 수 없다.[5]

수학적 모델 개발은 언제나 피곤한 작업이다. 먼저 관련 요소를 파악해야 한다. 어떤 세계와 관련된 '모든' 요소를 포함한 모델은 그 세계와 일치할 것이므로, 초반에 어떤 요소를 포함할지와 어떤 요소를 배제할지(이 또한 무척 중요하다)를 결정해야 한다. 그다음 이 요소들은 구체적인 방식으로 연결되어야 한다. 사회적 현실이 무척 역동적이며 오늘 가장 중요한 것이 내일도 중요할지는 결코 알 수 없다는 점을 고려하면 매우 어려운 작업이다. 이 작업이 끝나면 자료를 모으고, 검증하고, 이용 가능한 형태로 정리하고, 조합해야 한다. 마지막으로 현실이 모델에 들어맞고 그 반대도 그러한지를 문제의 복잡도에 따라 여러 번 계산해보아야 한다. 수백 년 동안 사람들은 이 작업을 손으로 직접 힘들게 해야 했다. 19세기 말과 20세기 초의 몇십 년 동안 이 작업은 주로 여성이 담당했다. '컴퓨터computor'라는 이름으로 불린 이 여성들은 힘들고 지루하고 반복적인 작업에 특히 적합하다고 여겨졌다.[6] 당시에 찍은 사진은 이런 여성들로 가득한 방에 더 나이가 많은 여성 관리자 한 명과 남성 방문객 몇 명이 있는 모습을 보여준다.

사실상 모든 측면의 사회경제적 생활에 관한 통계 수치를 모으는 것이 흔해진 것은 1920년대의 일이었다. 특히 미국이 그러했는데, 상무장관이자 차기 대통령이었던 허버트 후버가 그렇게 지시했기 때문이다. 후버 자신도 이러한 방법을 이용해 가난에 시달리던 어린 시절에서 벗어나 막대한 부를 쌓았다. 제1차 세계대전 당시 자선활동가였던 그는 이러한 방식을 훨씬 대규모로 활용해 점령 이후 기아 상태에 빠진 벨기에를 구했다. 제대로 모으고 정리하고 적용하고 활용한 자료가 어떤 기적을 일굴 수 있을지 누가 알았겠는가? 고객에게 세상만사를 예측해주겠다고 주장하는 경영 분석가와 컨설턴트가 성행했다. 대부분은 얼마 지나지 않아 역사 속으로 사라졌다. 그러나 오늘날에도 유명한 부즈 앨런 해밀턴과 매킨지 같은 일부 기업은 살아남았다.

모델 제작에서 그다음으로 중요한 전환점은 제2차 세계대전 이후 컴퓨터가 도입되면서 나타났다. 초기의 가장 흥미로운 사례는 모니악MONIAC, Monetary National Income Analogue Computer이었다.[7] 개발자의 이름을 따서 필립스 유체 컴퓨터라고도 불리는 이 컴퓨터는 나무판자에 투명 플라스틱 통 여러 개와 파이프가 달린 형태였다. 장치의 크기는 가로 1.2미터, 세로 1미터 정도에, 높이는 거의 2미터에 달했다. 각각의 플라스틱 통은 영국 경제의 한 측면을 나타냈다. 나무판자의 맨 위에는 '국고'라는 이름의 거대한 통이 있었는데, 이 통은 이전 몇십 년간의 엄청난 경제성장을 보여주었다. 색깔을 넣은 물의 흐름은 돈을 나타냈고, 물은 국고 통에서 다른 통으로 흐르며 국가가 돈을 사용하는 다양한 방식을 보여주었다.

예를 들어 이 장치에는 건강과 교육을 나타내는 통이 있었다. 건강 분야에 지출을 늘리고 싶으면 잠금장치를 열어서 국고 통에 있는 물을 건강 통으로 흘려보낼 수 있었다. 그러면 물은 건강 통에서 다시 다른 통들로 흘러 내려가며 다른 경제적 상호작용을 보여주었다. 세율의 변화를 나타내고 싶으면 그에 맞는 양의 물을 여러 통에서 다시 국고 통으로 퍼 올릴 수 있었다. 그 밖에도 물의 흐름은 저축과 소득 등 다른 관련 요소를 나타냈다. 또한 원하면 금리 같은 요소를 즉시 추가할 수도 있었다. 실제 물의 흐름은 부구float 장치와 평행추, 전극, 코드를 통해 자동 조절되었다. 이 책의 주제와 관련해 중요한 사실은, 이런 일련의 조종 장치를 통해 사용자가 여러 다양한 조건을 실험하고 그 영향을 파악할 수 있었다는 점이다. 이 때문에 모니악 컴퓨터는 원래의 목적인 교육뿐만 아니라 경제의 방향을 예측하는 데에도 도움을 주었다.

말할 필요도 없겠지만 모니악은 저 혼자 제작되지 않았다. 아날로그든 디지털이든, 다른 컴퓨터도 스스로 모델을 만들지 않는다. 컴퓨터를 프로그래밍하는 것은 여전히 인간의 과업이며, 이는 앞에서 언급한 계산만큼이나 피곤한 일이다. 에이다 러블레이스가 찰스 배비지와 함께 '해석 기관analytical engine'을 연구한 이후 약 150년간 컴퓨터 언어가 무한히 개선되고 새로운 컴퓨터 언어가 많이 고안되었다 해도, 프로그래밍 과정 자체는 거의 변하지 않았다고 볼 수 있다.[8] 컴퓨터의 일은 방대한 양의 자료를 엄청난 속도로 처리하는 것과, 필요할 경우 그 과정을 여러 번 반복함으로써 결과를 입증하고 한 가지 요인을 수정하면 나머지가 어떻게 바뀌는지를 알아보는 것이었다. 그 결과 (더 많은 요소를 고려할 수 있고 요소의 관계가 더욱 정확해졌다는 점에서) 모델이 더 정교하게 개선되었고 모델의 수가 크게 늘어났다. 오늘날에는 컴퓨터로 모델을 만들어서 미래를 예측하지 않는, 또는 않는다고 주장하는 사람은 바보 취급을 받기 쉬운 지경에 이르렀다.

21세기 초반인 현재, 외삽법으로 확실하게 예측할 수 있는 것이 하나 있다. 바로 숫자와 컴퓨터, 모델을 사용한 미래 예측이 계속 증가하리라는 것이다. 한편으로는 상호 관련된 수많은 요소가 어떻게 전개될지를 파악하는 데 모델이 실제로 도움이 되기 때문이고, 한편으로는 모델이 진보의 상징 역할을 하고, 사용자의 위신을 세워주고, 전문가가 가진 대부분의 지식이 사실은 얼마나 불확실한 것인지를 비전문가가 알아차리지 못하게 막아주기 때문이기도 하다. 다시 말하자면, 집단과 개인의 사회적 삶의 많은 양상은 여전히 모델로 만드는 것이 불가능하다. 게다가 여러 방정식으로 이루어진 모델은 대부분의 사람들에게 여전히 샤먼의 여행만큼이나 이해하기 힘들고 미스터리하다. 이것이 한 가지 이유가 되어 교육 수준이 높고 박식한 사람들 사이에서도 여전히 다른 미래 예측 방식이 사라지지 않는 것이며, 미래 개념이 남아 있는 한 앞으로도 다른 예측 방식은 사라지지 않을 것이다.

15

전쟁 게임

여기에도 저기에도 전쟁 게임이 있고, 어디에나 전쟁 게임이 있다.[1] 내가 이 책에서 마지막으로 다루고 싶은 미래 예측 방법은 바로 게임이다. 모든 게임은 아니고, 전략 게임 또는 전쟁 게임이라는 이름으로 알려진 것들이다. 곧 함께 살펴보겠지만, 이러한 이름이 붙은 이유는 군대에서 처음으로 게임을 이용해 미래 예측을 시작했기 때문이다. 이 방법은 군대에서 시작되어 경제학과 정치학으로 퍼져나갔다.

여기서 말하는 전략 게임은 두 개 이상의 팀 사이의 경쟁을 수반한다. 경쟁은 다음 두 가지 조건을 충족할 때 '전략적'이라 할 수 있다. 첫째, 각 팀은 자유롭게 자신의 목표를 추구하는 동시에 다른 팀의 목표 추구를 적극적으로 방해할 수 있어야 한다. 둘째, 그 결과 각 팀의 행동은 다른 팀의 행동에 영향을 받는다. 체스와 농구, 그리고 당연히 전쟁은 전부 이 정의에 부합한다. 달리기 같은 경쟁이나 순전히 운에 좌우되는 경쟁은 대개 전략 게임에 해당하

지 않는다.[2]

로마의 검투사 게임과 중세의 마상馬上 시합이 그랬듯 일부 전쟁 게임은 살아 있는 선수가 출전한다. 그러나 대부분은 종이나 게임판, 오늘날에는 컴퓨터 위에서 펼쳐진다. 살아 있는 선수가 등장하는 게임은 앞에서 말한 로마와 중세의 게임처럼 때때로 폭력적이며, 심지어 사람이 죽기도 한다. 어떤 게임은 규모가 크고, 어떤 게임은 규모가 작다. 정교한 기술(특히 컴퓨터)을 사용하는 게임도 있고, 그렇지 않은 게임도 있다. 그러나 우리의 관점에서 그건 중요치 않다. 중요한 것은 팀 사이에서 발생하는 상호작용이다. 전쟁과 사업을 비롯한 많은 인간 활동에서도 이러한 상호작용이 발생한다.

전쟁 게임은 아마도 전쟁만큼이나 역사가 깊다. 어쩌면 어떤 면에서는 더 오래되었을지 모른다. 전쟁 게임을 활용하지 않은 사회는 아직 발견되지 않았다. 전쟁 게임을 고안하고 실행하는 이유는 때에 따라 다양했다. 전 세계의 많은 부족 사회에서 게임은 일종의 대체 전쟁으로, 경기장에서 실행했다. 그 목적은 재미를 느끼고, 울분을 발산하고, 아마도 이웃 간의 사소한 갈등을 해소하는 것이었다.[3] 로마의 검투사 게임인 '루디'는 종교 의례에서 시작된 것으로 본다. 그러나 시간이 흐르면서 시인 유베날리스의 말처럼 순전한 오락, "빵과 서커스"로 변해버렸다.[4] 몇몇 현대 학자의 말이 사실이라면 로마제국 시대에 검투사 경기를 치른 또 다른 목적은 게임을 주최한 황제의 권력을 사람들 앞에 전시하는 것이었다.[5] 일부 자료에 군인들이 검투사에게 훈련을 받고 검투사가 되었다

는 언급이 나와 있으나 이는 이례적 사례였던 것으로 보인다.[6]

중세에 마상 시합을 연 이유도 비슷했다. 그와 더불어 대부분의 마상 시합장은 일종의 거래소 역할을 했는데, 이곳에서 떠오르는 젊은 귀족이 자신의 기량을 뽐내면 나이 많은 귀족은 그중에서 가신으로 삼고 싶은 사람을 골랐다.[7] 그러나 미래가 과거와 근본적으로 다를 수 있다는 개념이 아직 존재하지 않았으므로, 이런 게임에는 미래를 내다보거나 예측하려는 의미가 전혀 없었다.

군대를 교육하고 구경꾼에게 감명을 주려는 목적의 전술 훈련은 왕국과 도시국가의 군대만큼이나 역사가 깊을 것이다. 그러나 미래를 예측하려는 시도에서 팀을 둘로 나누어 훈련한다는 개념은 19세기에 처음 등장한 것으로 보인다. 당시 전술 훈련은 실제 병사들이 실제 무기를 소지하고 참여했다. 여러 면에서 이런 훈련을 '진짜'처럼 만들기 위해서는 총알, 포탄, 폭탄 같은 가짜 탄약을 진짜로 바꿔야 했을 것이다. 훈련에 활용된 무기 중에는 실험적인 것들도 있었다. 기관총, 무반동 대포, 무선, 탱크, 군용기를 비롯한 다양한 무기가 차례로 전술 훈련에 사용되었다. 오늘날에도 이런 종류의 훈련은 새로운 기술을 시험하는 가장 중요한 방법 중 하나다.

전술 훈련의 범위는 점점 커졌다. 훈련이 절정에 달했던 제2차 세계대전 직전에는 훈련 참가자의 수가 수십만 명에 달했다.[8] 그러나 이 방법에도 한계는 있었다. 진짜로 발포할 수 없었을 뿐만 아니라 각 팀의 지휘관들은 책임자가 옳다고 생각한 방향으로 전투를 이끌기 위해 고안된 일련의 인위적 규칙에 발목이 잡히곤 했다. 규칙을 잘 준수하는지 확인하고 전투 결과를 판정하기 위해 심판이 사용되었다. 때로는 이쪽 팀이나 저쪽 팀이 사용한 방식이 허용 가능한 것인지, 승리를 얻을 자격이 있는지를 두고 의견 충돌이 일어나기도 했다.

모든 전쟁 게임이 실제 군대를 참여시키거나 야외에서 벌어진 것은 아니었다. 그러한 게임 중 가장 유명한 것은 체스다. 6세기 인도에서 처음 발명되어 페르시아로 확산된 체스는 대치 중인 두 군대 사이의 충돌을 모델 삼아 고안되었고, 각 군대는 실제처럼 왕과 대신(와지르wazir 또는 비지어vizier), 코끼리, 기사, 마차, 보병으로 구성되었다. 중세 스페인의 유대 시인인 아브라함 이븐 에즈라 (1089~1167)는 다음과 같은 시를 썼다.

오래전에 시작된
전쟁의 노래를 부르리.
노련하고 똑똑한 사람들이
평지를 여덟 구역으로 나누고
네모난 체크무늬 칸을 만들었다네
두 진영은 서로를 마주 보고
왕은 전쟁터를 지키고
두 진영 사이에 전투가 벌어진다네.
전투에 몰입한 각 진영은
움직이거나 진을 치지만
칼은 휘두르지 않는다네,

이 전투는 생각의 전투이므로.

그러나 체스와 실제 전쟁 사이의 유사성은 여기서 끝난다. 먼저 체스는 신체적 움직임과 위험, 충돌, 물자의 보급, 기밀(체스는 양측이 상대방의 모든 조치를 즉시 알 수 있는 완전 정보 게임이다)처럼 전쟁에서 상당히 중요한 요소들을 반영하지 않으며, 그러므로 그러한 것들을 예측하려 하지도 않는다. 둘째, 말들의 움직임은 너무 단순하고 너무 정형화되어 있어서 실제 군사 작전에서 벌어지는 일들을 나타내지 못한다. 셋째, 규칙에 따라 각 말들은 주위에 있는 몇 개의 칸을 지배할 수 있지만 진짜 군대처럼 먼 거리에서 (즉, 직접 움직이지 않고) 공격하지는 못한다. 넷째, 체스판은 흑백이 번갈아 칠해져 있다는 사실을 제외하면 모든 칸이 정확히 똑같으므로 실제 지형과 상당히 다르다. 말할 필요도 없이 체스는 두는 사람과 구경꾼에게 매우 매력적일 수 있는 즐거운 게임이다. 그러나 미래의 군사 작전을 예측하는 것은 고사하고 전쟁을 훈련하는 데에도 거의 쓸모가 없다.

체스를 실제 전쟁과 더욱 비슷하게 만들고자 한 시도는 17세기 중반 독일 울름의 크리스토퍼 바이크만이 '배틀 체스'라는 것을 떠올리면서 처음 등장했다. 배틀 체스는 체스판과 말, 말의 움직임을 실제 지형과 군대, 군사 작전과 더 비슷하게 만들어서 전쟁의 연구와 훈련에 더 도움이 되도록 한 것이었다.[9] 18세기가 되자 수많은 사람(이 중에 여성은 없었던 것으로 보인다)이 이와 유사한 게임을 개발했다. 이후로도 가능한 한 실제 전투를 정확히 본

뜨려는 시도가 이어지면서 게임은 갈수록 복잡하고 어려워졌다. 배틀 체스와 마찬가지로 이 게임들도 주로 오락과 훈련에 사용된 것으로 보인다.

이러한 종류의 게임 중에서는 19세기 초에 레오폴트 폰 라이스비츠와 게오르크-하인리히 폰 라이스비츠라는 이름의 프로이센 장교 부자가 만든 것이 유명하다.[10] 먼저, 두 사람이 개발한 게임은 평범한 게임판이 아니라 지형도 위에서 이루어졌다. 각 말은 체스처럼 개인이 아니라 부대를 의미했다. 각 부대의 움직임과 능력, 제약은 실제 상황과 최대한 일치하게끔 정교하게 계산되었다. 게다가 부대의 능력은 게임이 펼쳐지는 지형에 따라 달라졌다. 예를 들어 숲을 통과하는 것은 탁 트인 지대를 가로지르는 것보다 시간이 더 오래 걸렸다. 양 선수가 번갈아서 말을 놓는 오래된 방식은 여전히 유효했다. 하지만 게임을 실제 전쟁과 더욱 유사하게 만들기 위해 또 다른 규칙이 고안되었는데, 각 차례는 실제 전투에서의 몇 분(정확히 몇 분인지는 때에 따라 달랐다)을 나타냈다. 마지막으로 아들 라이스비츠는 전투에서 운의 역할이 얼마나 큰지를 잘 알았기에 참가자들이 주사위를 던져서 부대 간 충돌의 결과를 결정하도록 했다.

오늘날에도 독일의 일부 박물관에서 이 게임의 실례를 볼 수 있다. 당시 이 게임은 프리드리히 빌헬름 3세(1797~1840년 재위)의 관심을 끌었다. 그는 훗날 프리드리히 빌헬름 4세(1840~1861년 재위)와 빌헬름 1세(1861~1888년 재위)가 된 두 아들과 함께 이 게임을 했다. 궁정에서 시작된 이 게임은 작전 참모와 장교단 사이로 확산되었고, 그러다 모든 수비대가 이 게임을 갖추게 되었다. 게임의 주요 목표는 여전히 군사 훈련이었다. 그러나 주목할 점은, 훈련은 그 정의상 미래 지향적 활동이라는 것이다. 자신이 무엇을 대비해 훈련하는지, 즉 미래가 어떤 모습일지에 대한 대략적인 개념 없이는 훈련에 임할 수 없다.

이렇게 라이스비츠가 만든 것과 비슷한 종류의 게임은 처음에는 프로이센/독일에서, 1864~1871년에 독일이 큰 승리를 거둔 뒤로는 다른 국가에서도, 여러 전문가와 비전문가 사이에서 널리 유행했다. 이후 전쟁 게임은 전쟁이 벌어질 수 있는 모든 환경, 예를 들면 땅과 바다, 하늘, 우주 공간에 걸맞게 고안되었고, 또한 전술적 수준에서 대전략적 수준까지 전쟁의 모든 수준을 반영했다. 뿐만 아니라 후장총포에서 탱크와 드레드노트 전함, 탄도미사일까지, 이제 막 쓰이기 시작한 온갖 새로운 기술을 반영해서 수정할 수 있었다.

게임을 최대한 현실적으로 만들려는 노력이 이어지면서 전쟁 게임은 점점 말도 안 되게 정교해졌다. 처음에 게임은 지도 위에서 실행되었다. 훨씬 뒤인 1970년대에는 말의 움직임을 더 쉽게 계산할 수 있도록 지도 위에 육각형 무늬가 생겼다. 각각의 능력과 한계를 드러내기 위해 말에는 점수 체계가 도입되었다. 말이 어떤 무기를 나타내느냐에 따라, 예를 들면 장갑차냐 대포냐 보병이냐에 따라 화력 점수를 매겼다(원한다면 타깃에도 점수를 지정할 수 있었다.) 방어력과 특정 조건하에서의 기동성, 다른 부대와의 연합 능력 등등에도 점수를 매길 수 있었다. 또한 점수 체계는 물자 보급 상황, 군의 사기(예를 들어 5단계로 등급을 매길 수 있다), 날씨에도 적용될 수 있었다. 그 밖에 다면체 주사위도 추가로 도입되었다.

약 1980년 이후로 컴퓨터 이용률이 늘면서 대부분의 게임은 게임판에서 화면 위로 자리를 옮겼다. 컴퓨터는 참가자들이 번갈아가며 말을 옮기는 대신 동시에 행동을 취할 수 있게 함으로써 게임을 더 현실적으로 만드는 데 큰 공헌을 했다. 또한 이제는 게임에 필요한 복잡한 계산도 손으로 직접 할 필요 없이 컴퓨터가 대신 처리해주었다. 덕분에 원래는 여러 시간이 걸리던(그리고 엄청나게 많은 종이쪼가리가 필요하던) 게임이 몇 분 안에 끝날 수 있게 되었다. 그러나 게임은 여전히 (필요할 경우 미래의 전쟁을 포함한) 실제 전쟁 모델을 구성하는, 현재는 알고리즘이라는 이름으로 알려진 서로 상호작용하는 규칙으로 이루어졌고, 그러한 규칙에 좌우되었다.

이는 매우 중요한 사안이므로 다시 한번 짚고 넘어갈 필요가 있다. 앞에서 살펴봤듯이 모델은 규칙에 근거해 서로 상호작용하는 요소들을 모아놓은 것에 지나지 않는다. 이 요소와 규칙은 현실 또는 현실의 일부를 반영해야 한다. 전쟁 게임 역시 규칙에 근거해 서로 상호작용하는 요소들을 모아놓은 것이다. 그리고 이 요소와 규칙 역시 현실 또는 현실의 일부를 반영해야 한다. 그렇다면 모델과 전쟁 게임은 뭐가 다를까? 이 지점에서 전략이 치고 들어온다. 두 팀 이상이 참여하는 경쟁을 예로 들어 보자. 이 경쟁에 '전략적' 특징을 부여하는 요소는 각 팀이 자유롭게 자신의 목표를 추구하면서 동시에 다른 팀의 목표 추구를 적극적으로 막으려 한다는 것이며, 그 결과 각 팀의 움직임은 다른 팀의 움직임에 따라 결정된다.

단순한 사례로 모니악 컴퓨터를 살펴보자. 한 요소를 나타내는 물의 흐름이 바뀌면 자동적으로 다른 변화가 따라올 것이다. 모니악 컴퓨터는 경제의 작동 방식을 나타내도록 제작된 모델이므로 경제의 미래를 예측할 수 있다. 게임에서도 각 움직임은 다른 움직임에 반응할 것이다. 하지만 주위 환경과 상관없이 저 혼자서 움직이는 규칙이 이러한 변화를 가져온 것은 아니다. 전쟁 게임에서의 변화는 대부분의 경우 승리하고자 하는 참가자들의 목표에 좌우된다. 이 목표는 체스의 경우 상대편을 이기는 것, 다른 많은 게임의 경우 특정 횟수의 움직임 내에, 또는 특정 시간 안에 특정 점수를 얻는 것이다. 즉 전쟁 게임은 그 모델이 고유의 특징이 아닌 참가자들의 훈련 상태와 태도 등에 따라 결정된다는 점에서 다른 모델과 다르다. 여기서 참가자가 인간인지, 또는 많은 게임에서처럼 컴퓨터인지는 그리 중요하지 않다.

한 추정에 따르면 전쟁 게임은 한 해 규모가 2천억 달러에 달하는 산업으로 성장 중이다.[11] 석기시대 때부터 그래왔듯이, 아마 그중 대부분은 오락 목적으로 제작되었을 것이다. 하지만 어떤 게임은 다양한 종류의 군사 작전을 시험하고 최대한 정확하게 그 결과를 예측하기 위해 실시된다. 앞에서 언급했듯이 이 분야를 처음으로 개척한 인물은 프로이센과 독일의 장교였다. 19세기가 끝나기 훨씬 전부터 이들은 군사 작전을 계획할 때 여러 종류의 전쟁 게임을 한 번 이상 진행하곤 했다. 그 목표는 상황이 어떻게 전개될지, 부대의 수와 장비 등의 요소가 바뀔 때마다 상황이 어떻게 변할지, 상대는 어떻게 움직일지, 아군의 특정 움직임에 상대가 어떻게 반응할지, 작전이 어떤 결과를 낳을지 등을 파악하는 것이었다.

프로이센 군대가 실시한 것을 비롯해 대다수의 전쟁 게임은 자연히 망각 속으로 사라졌다. 실제로 전쟁 게임에 대해 계속 이어지는 불만 중 하나는, 게임이 알려줄지 모르는 미래에 대한 교훈을 시간과 관심을 충분히 들여서 제대로 연구할 수 없다는 것이다. 그러나 지금도 아카이브 등에서 과거에 있었던 게임들의 일부 정보를 찾아볼 수 있다. 가장 유명한 전쟁 게임은 아마도 1894년 베를린에서 실시한 게임일 것이다. 당시 새 참모총장으로 지명된 알프레트 폰 슐리펜 장군(훗날 육군 원수가 되었다)은 대부분의 병력을 동원해 서쪽에 있는 프랑스를 치고자 했다. 그렇게 하면 독일의 동쪽 국경에 무슨 일이 벌어질지 알고 싶었던 슐리펜 장군은 장교들에게 전쟁 게임을 시켜 어떤 작전이 뒤이어 발생할 가능성이 가장 높은지를 알아보도록 했다. 그로부터 20년이 지난 1914년 가을, 타넨베르크와 마주리안 호수에서 벌어진 전투는 게임의 결과를 무서울 정도로 정확하게 재현했다.[12] 그로부터 수십 년간 독일 장교들은 이 사건을, 제대로 온전히 다루기만 한다면 전쟁 게임이 미래를 예측할 수 있음을 보여주는 증거로 삼았다.[13]

이처럼 미래 예측 방식으로서의 정당성이 입증되면서, 독일 장교들은 바이마르공화국과 제3제국, 제2차 세계대전 동안에도 주기적으로 전쟁 게임을 실시했다. 예를 들면 1940년 프랑스 침공을 앞둔 독일군은 작전 참모에서부터 사단 본부에 이르는 모든 직급이 모여 가장 최선의 방법이 나올 때까지 반복해서 전쟁 게임을 실시했다. 바다사자 작전(1940년 영국을 침공한다는 계획으로, 전쟁 게임을 실시한 결과 취소되었다) 이전에도 마찬가지였고, 1941년 북아프리카 작전과 같은 해 소비에트연방 침공 때도 마찬가지였다. 소비에트연방 침공을 앞두고 실시한 전쟁 게임의 책임자는 당시 참모차장이었으며 1942~1943년에 대실패로 끝난 스탈린그라드 전투를 이끈 것으로 유명해진 프리드리히 파울루스였다.[14]

　문제의 게임은 1940년 11월에서 1941년 2월 사이에 두 차례에 걸쳐 실시되었다. 첫 번째 게임은 1) 독일 국방군은 가장 중요한 목표인 모스크바에 아주 간신히 도달할 수 있다. 2) 국방군이 모스크바 도달에 성공해도 물자 보급은 불가능하다. 3) 그리고 그 피해는 실로 엄청날 것이라는 결과를 보여주었다. 훗날 이 결과는 그대로 재현되었다. 그러나 소련을 침공하겠다는 히틀러의 결심이 너무 굳건했으므로, 아마 작전 참모는 이러한 결과를 히틀러에게 제시하지도 못했을 것이다. 1941년 2월 두 번째 게임이 실시되었다. 적군이 패배할 것이라는 이번 결과는 게임을 계획한 사람에게는 더 만족스러웠으나 완전히 틀린 것으로 드러났다. 이로부터 3년 뒤인 1944년 9월, 게임 결과가 미래를 너무 정확히 예측하자 당시 책임 장교였던 발터 모델 육군 원수는 게임 도중 적군(미군)이 갑작스럽게 쳐들어왔을 때에도 게임을 계속 진행하라고 명령했다. 이제 게임은 모형이 아닌 실제 군대와 연락 수단을 이용해 실제 지형 위에서 진행되었다.

미국을 비롯한 다른 국가의 군대도 전쟁 게임을 시작했다. 미해군은 특히 제1차 세계대전과 제2차 세계대전 사이에 주기적으로 전쟁 게임을 실시해 일본과의 전쟁을 실험했다. 제2차 세계대전 때 미국 태평양 함대의 사령관이었던 체스터 W. 니미츠 제독은 1944~1945년의 가미카제 공격을 제외하면 전쟁 게임이 실제로 발생한 모든 시나리오를 정확히 예측했다고 주장했다. 아마 이보다 더 중요한 게임은 일본 해군에서 실시한 게임이었을 것이다. 1941년 9월에서 10월까지 실시된 게임은 진주만 공습의 성공을 완벽하게 예측함으로써 비관론자들의 생각이 틀렸음을 입증했다. 1942년 봄에 실시된 또 다른 게임은 곧 있을 미드웨이 공격이 처참하게 실패할 것이라 예측했다. 그러나 일본 해군 제독들은 게임 결과를 무시했고, 주사위를 던진 결과 침몰했던 항공모함을 멋대로 다시 띄웠다. 그들에게는 안타깝게도, 미드웨이 작전은 게임이 예측한 대로 처참하게 실패했다.[15]

제2차 세계대전이 끝난 후 전쟁 게임은 점점 군사에서 경제 분야로 확장되었다. 노벨상을 수상한 경제학자 토머스 셸링 등의 손에서 전세가 역전되어, 전쟁이 그저 경제학의 연장선상에 있는 것처럼 여겨질 정도였다. 게임은 이런저런 산업에서의 과세 또는 저축액의 증감, 이율과 규제 또는 투자의 변화가 미칠 영향에서부터 카지노의 설립이 이런저런 마을이나 지역의 경제에 미칠 영향까지 온갖 종류의 미래를 예측하는 데 사용되었다.

모든 전쟁 게임이 그렇듯 게임을 통한 미래 예측의 가장 큰 장점은 그저 한 사람이나 팀이 어떤 미래를 상상하는지를 보여주는 대신, (심판이 제기한) 변화하는 요구와 경쟁의 요소를 다룬다는 것이다. 이렇게 함으로써 게임은 참가자들이 '알려진 진실'에 의문을 제기하게 하고 한 번도 생각해보지 않았던 온갖 시나리오에 대처하게 한다. 어떤 게임은 라이스비츠의 게임처럼 우연의 요소가 가미되었다. 오늘날 이러한 요소는 '몬테카를로 모의실험'이라는 거창한 이름을 얻었다. 몬테카를로 모의실험은 옛날처럼 주사위를 굴리는 대신 컴퓨터의 도움을 받아 무작위로 숫자를 뽑는다.

1960년대 이후로 점차 미래 예측 방식으로서의 게임은 이 방식을 좋게 평가하며 그 비용을 댈 여유가 있는 기업의 표준 절차가 되었다. 그 결과 다른 산업에서 사용할 게임을 조직하는 것이 주요 임무인 새로운 산업이 생겨났다.[16] 보통 게임은 3개월에서 10년 뒤를 내다보기 위해 조직된다. 이러한 게임에서는 실제 자료를 토대로 실제 계획을 수립한다. 그러므로 군사 분야에서처럼 산업 분야에서도 게임을 책임지는 부서는 가장 비밀스러우며, 이들에 대한 정보도 적다. 얼마 없는 정보에 따르면 이러한 부서가 언제나 미래를 바르게 이해하고 예측하는 것은 아니다. 잘 해낼 때도 있고, 그렇지 못할 때도 있다.

더 힘든 문제는 전쟁 게임을 정치에 적용하는 것이었다. 군사 작전이 전개되는 방식과 적의 반응, 즉각적인 결과와 그 결과가 미칠 수 있는 광범위한 영향을 제대로 파악하기 위해 양적 정보를 모으고 방정식을 도출하는 것만도 충분히 어려운 일이다. 미시경제학도 마찬가지이며, 거시경제학은 더욱더 어렵다. 현재 진행

중인 정치적 과정, 또는 로마제국의 붕괴처럼 이미 오래전에 끝난 정치적 과정에 같은 방식을 적용하는 것은 훨씬 더 어렵다. 연성권력soft power이나 설득력, 협상력, 협박, 위협의 영향을 어떻게 수량화할 수 있을까? 정직함이나 간계는? 정치에 관한 위대한 고전들이 게임이나 게임의 기초가 되는 알고리즘을 그리 활용하지 않은 것은 우연이 아니다. 카우틸랴의 『강국론Arthashastra』과 플라톤의 『국가』, 아리스토텔레스의 『정치학Politica』, 마키아벨리의 『군주론』도 마찬가지다.

수량화도 어렵지만, 전쟁 게임을 정치의 미래에 적용하는 것은 규칙이나 주사위가 없다는 점에서도 경제학과 전쟁에 전쟁 게임을 적용하는 것과 다르다. 정치의 경우 규칙이나 주사위 대신 다소 무례한 표현인 한 책상에 둘러앉은 '한 무리의 남자들BOGSATS, Bunch of Guys Sitting Around a Table'을 이용한다.[17] BOGSAT는 말 그대로 한 책상에 둘러앉은 참가자일 수 있다. 어떤 경우에는 파티션으로 공간을 나눠서 다 함께 의사소통하기 전에 각 팀이 비밀리에 상의할 수 있게 하기도 한다. 컴퓨터가 널리 활용되는 오늘날에는 각 참가자가 랩톱컴퓨터를 이용해 필요한 각종 정보에 접근할 수도 있는데, 이때는 책상이 꼭 뱀의 굴처럼 보인다. 의사소통은 서면으로 진행되며, 보통 게임 과정을 통제하는 심판이 있다. 어떤 게임에서는 심판이 그저 한 팀에서 다른 팀에게 정보를 전달하는 정직한 중개인처럼 행동하지만, 어떤 게임에서는 어떤 정보를 어느 팀에게 전달할지를 결정하거나 정보를 왜곡하고 (전쟁에서 정보는 언제나 불확실하다는 카를 폰 클라우제비츠의 격언을 반영한 것), 심지어 먼저 질문을 던져서 토론의 방향을 이끄는 등 더 적극적인 역할을 맡기도 한다.

역시나 이러한 게임이 미래를 예측하는 데 얼마나 성공적이고 유용했는지를 판단하기란 무척 어렵다. 유명한 사례로는 각각 1964년의 봄과 가을에 펜타곤에서 실시한 시그마 I-64와 II-64가 있다. 두 게임의 목표는 당시 진행 중이었던 베트남 내전에 미국이 개입할 경우 베트콩과 북베트남인이 어떻게 반응할 것인지를 예측하는 것이었다. 첫 번째 게임에서는 미국 방위 정책에서 가장 중요한 유력자, 또는 그들의 대리인이 아군에 속했다. 아마 그들은 이기는 쪽에 속하고 싶어 했을 것이다. 누가 '적군' 역할을 했는지는 기록된 바가 없다. 그러나 아마도 적군 중 가장 고위 관료는 CIA 부국장이었던 레이 클라인이었던 것으로 보이는데, 그는 동남아시아 전문가가 아니었다. 두 번째 게임에서 '아군'의 구성원은 전보다도 더 강력해졌다. 중세 마상 시합에 참여했던 왕 몇 명을 제외하면 아마도 이만큼 높은 지위의 관료들이 전쟁 게임을 치른 적이 없었을 것이다. 앞에서 언급했듯 누가 '적군' 역할을 했는지는 분명하지 않으나 방위 정책과 외교 정책의 중간급 전문가들이 속했던 것으로 보인다.

첫 번째 게임 결과는 북베트남에 대한 미국의 폭탄 공격을, 누군가의 터무니없는 주장처럼 비밀로 감출 수는 없다고 예측했다. 또한 정당한 정치적 근거가 없는 군사 작전은 미국 안팎에서 대규모 시위를 불러일으킬 것이며, 이는 소비에트연방이 라틴아메리카를 공격해 '냉전의 기본 원칙을 바꾸는' 결과를 낳을 수도 있다고 예측했다. 이 세 가지 예측 중 처음 두 개는 정확히 들어맞았고, 세 번째는 틀렸다.[18] 두 번째 게임에서는 실제로 미국이 실시한 것처럼 북베트남에 융단 폭격을 가한다 해도 북베트남인이 패배를 인정하게 만들 수는 없다는 결과가 나왔다. 오히려 미국이 전쟁에 더 깊이 관여하게 될 것이며, 국내외에서 심각한 정치적 문제가 발생하리라는 것이었다. 게임을 명령한 사람들의 기대를 충족시키지 못한 두 번의 게임은 결국 무시되고 말았다.

1999년 클린턴 행정부에서 이와 다소 유사한 '데저트 크로싱Desert Crossing'이라는 게임을 실시했다.[19] 이 게임의 타깃 국가는 이라크로, 당시 이라크는 미국의 제재 아래 주기적으로 폭탄 공격을 받고 있었다. 그러나 이라크 정권은 붕괴하지 않았다. 군사와 외교, 정보기관 관계자 70명이 게임에 참여해 일부는 미국 정부를, 일부는 어떻게든 군사 작전의 영향을 받는 다른 국가를 대변했고, 일부는 사담 후세인과 그의 부하들 역할을 맡았다. 게임 결과 이라크를 제대로 장악하려면 최소 40만 명의 병력이 필요할 것이라는 결론이 나왔다(실제로 미국의 병력은 그 절반도 채 되지 않았다). 또한 사담 후세인을 몰아낸다 해도 반드시 이라크에 정치적 안정이 찾아오는 것은 아니며, 대체된 그 어떤 정권도 '이라크 편'이 아닌 '미국 편'으로 여겨질 가능성이 높기에 이라크 국민을 통제할 수 없을 것이며, 그 결과 이라크는 종교적 그리고/또는 인종적으로 분열되어 여러 세력이 권력을 차지하기 위해 다투는 혼란 상태가 될 것이며, 미군이 이라크에 장기 주둔하게 되면 다른 동맹국과 문제가 발생할 수 있다고 예측했다.

결국 이 게임도 앞선 게임처럼 쓰레기통에 버려지고 말았다. 이라크 자유 작전(2003년의 이라크 침공) 직전에 게임 책임자였던 앤서니 지니 장군이 게임 결과를 환기시키려 했을 때 그 게임이 실시된 사실을 아는 사람이 아무도 없을 정도였다. 게임 결과는 2006년 말에 조지워싱턴 대학교에 위치한 독립 연구소이자 자료실인 미국 국가안보기록보관소에서 정보공개법에 따라 공개를 청구한 후에야 다시 모습을 드러냈다.

카산드라가 전쟁 게임에 초대되었다 해도 아마 카산드라는 놀라지 않았을 것이다.

4부

온 우주를 다스리는 신

16
뒤를 돌아보며

우리의 여정을 되짚어보면 미래를 내다보며 미래에 일어날 일을 알아내려는 시도는 인간의 눈이 앞을 보기 시작한 때부터 존재했음을 분명히 알 수 있다. 이러한 노력은 인간 본성의 핵심이며, 인간을 다른 동물(동물들도 어느 정도는 미래를 예측하려 하지만 인간만한 수준의 동물은 없다) 및 다른 기계(무기물로 만들어진 기계는 미래를 예측하는 능력이 전혀 없다)와 구분해주는 요소이기도 하다. 아마 미래를 예측하는 방법이 없거나, 또는 최선을 다해 그러한 방법을 고안하려 노력하지 않는 사회는 현재 이전에도 이후에도 존재하지 않을 것이다. 인간도 '그저' 기계에 지나지 않는다는 한물 간 개념인 유물론에 대해 이보다 더 좋은 반론은 떠올리기 힘들다.

서론에서 말했듯이 미래를 내다보기 위해 고안된 방법은 아주 오래전의 샤머니즘에서부터 오늘날의 수학적 모델까지 무척 다양하며, 수학적 모델의 경우 대개가 너무 복잡해서 모델을 만들고 컴퓨터에 입력한 사람조차도 모델이 어떤 결과를 도출할지 예측하지 못한다. 어떤 방법은 그 방법을 개발하고 실행한, 규모가 작고 대개 난해한 문화를 가진 부족이나 종파에서 더 확산되지 못했고, 어떤 방법은 전 세계에서 연구되고 실행될 정도로 퍼져나갔다. 많은 사람이 미래를 예측하는 여러 방법을 사용했고 심지어 같은 시간, 같은 장소에 같은 사람들도 서로 다른 방법을 다양하게 썼다. 샤머니즘과 예언, 해몽, 심령술, 점성술, 숫자점, 외삽법, 변증법, 설문조사, 모델링, 전쟁 게임이 전부 그랬듯 이 방법들은 서로에게서 파생되어 서로에게 영향을 미쳤고, 다양한 문화 사이를 오갔다. 경계를 정확히 나누는 것이 불가능할 정도로 여러 방법이 서로 겹치는 경우도 많았다. 그러나 미래에 무슨 일이 발생할지를 알아낸다는 핵심 문제는 지금까지 변함없이 남아 있다.

아주 오랜 옛날부터, 전반적으로든 구체적 목적이 있는 구체적인 상황에서든, 어떤 예측 방식이 옳은 것인지에 대한 논쟁이 부족했던 적은 한 번도 없다. 사실상 모든 종류의 인간 활동이 그러하듯이, 누군가가 유익하다고 여기는 활동이 누군가에게는 저주로 여겨질 수 있다. 그래서 때때로 권력자들은 문제의 방식을 사용하는 사람들에게 사형을 내리기도 했다. 대부분의 사회에서 이는 특히 나쁜 일이 벌어지리라는 예언이 정치적 불안정을 야기할 수도 있기 때문이었다. 일신교 사회에서는 여기에 인간의 예지력과 신의 권능 간 충돌이 더해졌다. 오늘날이라고 이러한 규제가 다 사라진 것은 아니다. 2017년 8월, 이와 관련된 흥미로운 사건이 벌어졌다. 2010년부터 2015년까지 그리스 통계청장을 역임한 안드레아스 게오르기우가 구제금융기금을 지원받고자 했던 그리

스 정치인들과 달리 자국 경제의 미래가 밝지 않다고 주장했다는 이유로 유죄 판결을 받았다.[1]

미래 예측 방식은 그 방식을 고안하고 활용한 사회를 반영했기에 한자리에 머무르지 않고 시간의 흐름에 따라 변해갔다. 즉 이 방식들은 자신을 세상에 태어나게 한 문화의 영향을 받았으며 심지어 좌우되기도 했다. 문화는 태도와 믿음이 결합된 것으로, 사람들은 태어나는 순간부터 이러한 문화를 주입받는다. 문화에서 벗어나기란 매우 어려운 일이며, 보통은 불가능하다. 이러한 문화의 신조는 너무 자명해 보이기에 사람들 대부분은 평소에 그런 것이 존재하는 줄도 모른다. 그렇기 때문에 시간과 장소에 상관없이, 가장 똑똑하고 교육 수준이 높은 사람을 포함한 압도적인 수의 사람들이, 오늘날 교육받은 서구인이라면 터무니없는 헛소리라 여길 만한 것을 믿었던 것이다. 그런 터무니없는 생각 중에는 미래를 이해하기 위해 만들어진 것들도 있었다. 반대로, 고대 이스라엘인과 그리스인, 로마인이 오늘날의 수학적 모델을 봤다면 너무 어리석다며 고개를 절레절레 흔들었을 것이다.

여러 미래 예측 방식의 또 다른 공통점은 상징과 비유를 매우 많이 사용한다는 것이다. 이는 점성술과 일반 점술, 징조의 해석, 숫자점처럼 다른 의식 상태로 넘어갈 필요가 없는 방법들도 마찬가지였다. 이 모든 방법의 기초는 자연이나 숫자 같은 특정 현상을 관찰한 뒤 그 안에 있다고 여겨지는 상징을 해독하는 것이었다.

이러한 방법을 사용한 사람 중 일부는 그 내용을 듣고 싶어 하는(때로는 듣고 싶어 하지 않는) 사람들에게 직접 말을 해주었다. 피티아나 예언적 꿈을 꾸는 사람들은 그 내용을 해석하는 전문가를 통해 예언이나 환영을 간접적으로 전달했다. 이런 전달자들이 자신이나 고객의 입맛에 맞게 예언의 내용을 조작한 경우도 분명히 있었을 것이며, 그렇게 하지 못한 사람은 아마 목숨이 위험해졌을 것이다. 그러나 가짜 예언에 관해 앞에서 얘기했듯이, 이 주제는 우리가 다루는 범위 밖에 있다.

미래를 '읽고' 미래에 일어날 일을 예측하려는 인간 노력의 역사에서 중요한 전환점은 먼저 과학 혁명이 일어난 후 계몽주의 시대가 열린 1650년에서 1780년 사이에 발생한 것으로 보인다. 이 시기는 '상상'이건 '사기'이건 '유령'과 '환영'은 진지한 사람들의 관심을 얻을 가치가 없다는 토머스 홉스의 비난으로 문을 열었고, 뒤이어 토머스 페인은 많은 동시대인과 마찬가지로 이성을 신과 동일시하며 미래 예측을 비롯한 모든 목적은 이성에 의지해야 한다고 보았다. 이 시기를 끝마친 것은 상징적이게도 자크 에베르와 막시밀리앙 드 로베스피에르 같은 극단적인 프랑스 혁명가들이었는데, 이들은 의회의 힘을 빌려 신을 없애고 그 자리에 이성을 앉혔다.

이 모든 과정에서 가장 중요한 한 가지 변화는 '열광' 상태 및 그와 관련된 영적 현상이 급격히 줄었다는 것이다. 파악 가능한 가장 먼 옛날부터 미래를 내다보는 매우 중요한(많은 사회에서 가장 중요한) 한 가지 방법은 일종의 변성의식상태에 빠지는 것이었다. 이러한 변성의식상태는 샤머니즘과 예언, 신탁, 해몽, 심령술의 공통점이기도 했다. 이 방법들에서는 반드시 평범한 세계를 떠나 새로운 세계로 이동해, 영이건 신이건 유일신이건 초자연적 존재와 접촉해야만 했다. 또는 죽은 사람과 만나기도 했는데, 죽은 자는 변성의식상태에 빠져든 사람의 입을 통해 말을 하거나 질문에 답을 해주었다.

호모 엑스타티쿠스(Homo ecstaticus, 무아지경에 빠진 사람)가 점차 사라지면서 사람들은 더 이상 미래를 보는 사람이 약에 취하거나 쓰러질 때까지 춤을 추거나 입에 거품을 물거나 의식을 잃거나 이해할 수 없는 말을 내뱉거나 기적을 일으켜 힘을 증명하길 기대하지 않았다. 이들은 더 이상 미스터리한 여행을 떠나 미지의 세상을 방문해 다양한 영을 만나고 주님의 이름으로 말을 하거나 주님과의 만남을 마련하지 않아도 되었다. 결국 자신이 이런 일들을 했다고(또는 할 수 있다고) 주장하는 사람은, 특히 선진국의 엘리트 사이에서는 예언자로 인정받는 대신 미친 사람 취급을 받을 가능성이 높은 지경이 되었다.

세 가지 요소가 이러한 변화를 불러왔다. 첫 번째는 특히 물리학을 비롯한 여러 분야의 과학이 전에는 초자연적 측면에서만 이해할 수 있었던 영역으로 확장된 것이었다. 두 번째는 세속화의 진행으로, 세속화는 많은 지역에서 규칙적인 생활과 맑은 정신, 합리성을 크게 강조했다.[2] 세 번째는 세속화가 진행된 시기에 관료주의적(이 단어는 1760년대에 처음 등장했다) 통제 방식이 꾸준히 확장된 것이었다. 관료주의적 통제 방식은 세속화가 강조한 세 가지에 더해 일관성과 규칙성, 신뢰성을 강조했다.[3] 즉 예측은 오래

전부터 이어진 성스럽고 마술적이고 비현실적인 특성을 벗어버렸다. 원래는 믿을 수 없는 것에 초점을 맞추던 예측이(테르툴리아누스가 그리스도의 재림을 언급하며 말했듯이[4] 어떤 것이 확실한 것은 그것이 불가능하기 때문이다) 최대한 믿을 수 있는 것처럼 보이려고 노력하기 시작했다. 그리고 그 과정에서 예측은 다른 많은 것들처럼 평범하고 합리적인 규칙을 따르게(또는 따르는 척하게) 되었다. 또한 그러한 합리성을 행사하려는 사람은 더 이상 기적을 행함으로써 스스로를 증명할 필요가 없었다.

그렇다고 이러한 초기의 방법들이 즉시, 또는 완전히 사라졌다는 뜻은 아니다. 오히려 이 방법들의 가장 인상적인 특징은 놀라운 지속성과, 이성적이고 과학적이라 여겨지는 현대 세계에서 살아남는 능력이다. 이 방법들은 특히 큰 변화가 일어나는 불확실하고 스트레스가 큰 시기에, 특히 종교적이고 교육 수준이 낮으며 궁핍한 환경에서 살아가는 사람들 사이에서 오래 살아남았다. 이러한 능력은 상징과 은유, 비유를 풍부하게 사용하는 데서 나오는데, 상징과 비유는 사람들의 생각에 훨씬 빨리 침투하고 훨씬 많은 사람을 끌어들이며, 이해하기 힘든 실험과 수학 등식을 활용하는 과학보다 훨씬 쉽게 훨씬 강렬한 인상을 남길 수 있기 때문이다. 분석심리학의 창시자인 카를 구스타프 융은 우리의 생각을 움직이는 것은 상징과, 상징의 기저에 있는 변성의식상태라고 말했을지 모른다.

오늘날에도 여전히 많은 사람이 온갖 종류의 영매에게 자문을 구한다. 1995년 당시 미국 일간지 70퍼센트에 별자리 운세가 실렸고, 전체 구독자 3분의 2가 적어도 일주일에 한 번은 별자리 운세를 확인했다. 그로부터 20년 후 미국의 점술가들은 1년에 20억 달러를 벌어들였다. 이탈리아에서는 2008년 경제 위기 이후 각종 점술가의 수가 다섯 배로 늘었다. 이탈리아의 전체 성인 인구 중 4분의 1이 주기적으로 점술가와 상담을 하는데, 그 비용이 연간 80억 유로에 달한다.[5] 이 책을 쓰는 동안 나는 이스라엘의 첫 번째 총리였던 다비드 벤구리온이 일부러 '초능력이 있는' 여성을 찾아가서 상담을 하곤 했다는 사실을 알게 되었다. 샐리 링커라는 이름의 이 여성은 텔아비브에서 넝마와 고양이에 둘러싸여 지독하게 가난하게 살았다. 한번은 벤구리온에게 나흘 뒤면 건강이 나아질 것이라 이야기해주었고, 한번은 그의 적수 중 두 명은 자신에게 권력이 있다고 생각하겠지만 벤구리온을 끌어내리지는 못할 것이라고 말해주었다.[6] 앞에서 살펴보았듯이 주기적으로든 일회성이든 이런 종류의 조언을 구한 유일한 지도자가 벤구리온만은 아니었다.

기존 방법들이 폐기되거나 주변부로 밀려나면서 새로운 방법이 등장했다. 그중 가장 처음이자, 무수히 많이 언급된 데서 알 수 있듯 가장 중요한 방법은 역사에 토대를 둔 방법이었다. 18세기 중반 이전에는 역사가 보통 '계속 되풀이되는 것'이었기에, 역사를 이용해서 미래를 예측한다는 것은 곧 반복되는 패턴이나 사이클을 찾는 것이었다. 그러나 산업혁명이 영향력을 떨치기 시작하면서 가장 중요한 것은 그동안 변하지 않았고 앞으로도 변하지 않을 것이라는 생각은 점점 힘을 잃었다. 심지어 대부분의 권위자들이 변하지 않는 것이라 여겼던 인간 본성조차도 점차 역사의 산물로, 그러므로 변화하는 것으로 여겨지기 시작했다. 일부 과학자는 이처럼 변화하는 성질과 그 덕분에 다양한 조건에서 살아남고 심지어 번성할 수 있는 능력을 인간 본성의 가장 중요한 요소로 여기기도 한다. 그 결과 역사가 과거에서 현재를 거쳐 미래를 향해 화살처럼 나아간다는 개념이 생겨났다. 여기서 말하는 미래는 (기원전 6세기 이후 처음에는 히브리인이, 그다음에는 그리스도교 예언자들이 저마다의 방식으로 이해했듯이) 세상의 종말이 아니라 여기 지구상에서의 미래였다.

역사의 본질이 변화라는 개념은 그러한 변화가 어떻게 발생하고 어디로 흘러가는지를 파악하려는 시도를 낳았다. 이 시도는 다음 두 가지 중 하나를 의미했다. 하나는 트렌드를 파악하고 그 트렌드에 외삽법을 적용하는 것으로, 처음 등장한 이후 크고 작은 수많은 분야에 적용되며 단연코 가장 널리 쓰이는 방법이 되었다. 한 단계 더 나아간 두 번째 방법은 변증법을 사용해서 서로 다른, 어쩌면 정반대의 방향에서 등장한 다양한 트렌드가 어떻게 상호작용하는지를 알아보는 것이었다. 이론상 이 방법들은 변성의식 상태나 상징, 또는 비유에 전혀 기대지 않는다. 신과 영, 꿈과 죽은 자들과도 작별을 고했다. 바로 이러한 이유로 카를 마르크스가 트렌드 파악과 변증법을 '과학적'이라고 주장했던 것이며, 그의 많은 추종자들은 오늘날까지도 그의 이 주장을 계속 반복하고 있다. 하지만 역사를 이용하는 이 두 가지 방법이 등장했다고 해서 이전의 방법이 잊히거나 완전히 폐기된 것은 아니었다.

비교적 최근에 등장한 미래 예측 방법은 다양한 형태의 설문조사다. 설문조사는 현재 사용되는 것 중 가장 민주적인 방법이다. 처음 설문조사를 시도한 곳이 19세기 초반의 미국인 것은 바로 이러한 이유 때문이다. 설문조사가 가능했던 것은 엽서에서 시작해 전화, 컴퓨터, 인터넷으로 이어진 현대적 의사소통 방식의 발전 덕분이었고, 그러므로 설문조사는 20세기 초반에야 이런저런 규모로 널리 사용되기 시작했다. 설문조사는 적절한 표본을 구성하기만 한다면 개인보다는 다수의 판단이 더 정확하리라는 가정에 기초한다. 또한 극단적 견해는 특히 시간이 흐르면서 서로 상쇄된다는 개념에 기초한다. 사람들의 음성은 곧 신의 음성이며, 우리는 이를 전적으로 믿을 수밖에 없다. 이런 설문조사의 부족한 점이 드러나면서 한편에서는 델파이 기법이 개발되고 다른 한편에서는 필립 테틀록의 좋은 판단 프로젝트가 진행되었다. 이 두 가지 방법은 각자의 방식으로 단순한 인원 수 세기에서 벗어나 조사 과정에 다시 전문가를 끌어들이려는 시도를 보여준다.

오늘날 미래 예측에 사용되는 가장 권위 있는 방법은 수학적 모델을 구성하는 것이다. 이 모델은 실제로 모형이 제작될 수도 있고, 그저 종이 위에만 존재하며(아마 대부분의 경우가 그러할 것이다) 톱니바퀴나 컴퓨터 칩을 통해 구현되지 않을 수도 있다. 가장 기본적인 수준의 모델은 그저 여러 가지 변수의 목록과 그 변수들이 상호작용하는 방식으로 이루어져 있다. 하지만 변수들의 관계는 가급적 언어가 아닌 일련의 규칙 또는 알고리즘으로 표현된다. 수천 년 전에 처음 등장한 가장 초기의 모델은 물리적 현상, 특히 해와 달, 행성과 항성의 움직임을 표현했다. 이러한 모델은 달력의 원리가 된 것 외에도 주로 점성술에 사용되었는데, 이 두 가지는 하나로 합쳐져 구분할 수 없을 정도가 되었다.

앞에서 살펴보았듯이 모델이 미래 예측에 미치는 영향력을 가장 처음 체감한 분야는 보험이었다. 모델은 지금껏 알려진 모든 미래 예측 방법 중 가장 성공적이었다. 그러나 여기에도 문제는 있었다. 모델의 성공은 개인의 미래를 예측하려는 시도를 포기하고 얻은 것이었다. 우리는 이런저런 범주에 속하는 사람들의 몇 퍼센트가 교통사고를 당하고 특정 질환에 걸리고 강도 피해자가 될지를 타당한 근거를 통해 정확히 파악할 수 있다. 실제로 보건과 경찰 분야를 비롯한 많은 공공 정책이 이러한 모델에 기초한다.[7] 우리가 파악할 수 없는 것은 정확히 누가 그렇게 될 것인가다. 보험 중개인이나 공중보건 관계자, 경찰이 아닌 대부분의 사람에게는 이것이야말로 가장 중요한 질문이다.

사회, 특히 인구통계가 작동하는 방식을 수학적 모델로 표현하고자 한 또 다른 시도는 1650년경에 처음 시작되었다. 19세기 하반기에 특별히 자료 수집을 위해 설립된 사무소들이 훨씬 개선된 자료 수집 방법을 고안하고 사용한 덕분에 수학 모델은 전 인구와 경제에 적용되기 시작했다. 그러나 모델이 오늘날과 같은 지위를 얻게 된 결정적 요소는 바로 컴퓨터였다. 컴퓨터의 도입은 일단 알고리즘을 만들기만 하면(즉, 컴퓨터를 프로그래밍하기만 하면) 엄청난 양의 자료를 엄청난 속도로, 여러 번, 저비용으로 처리할 수 있다는 뜻이었다.

어떤 모델은 모델을 고안하고 사용하는 사람이 모델을 구성하는 다양한 요소를 다양한 방식으로 수정하는 것 이상을 가능케 한다. 수정은 물론이고, 인간 또는 (컴퓨터의 형태로 된) 인공의 경쟁하는 팀 사이의 전략적 상호작용까지 표현하는 것이다. 이러한 모델은 전쟁 게임이라는 이름으로 불린다. 미래에 있을 군사 작전을 이해하기 위해 처음으로 전쟁 게임을 개발하고 체계적으로 활용한 것은 19세기 중반 프로이센/독일의 장교였다. 이후 전쟁 게임은 다른 군대로도 퍼져 나갔다. 제2차 세계대전 이후 전쟁 게임은 다른 분야로까지 확대되었다. 경영 분야도 그중 하나였는데, 숫자가 매우 중요한 역할을 하는 만큼 이 분야에서 전쟁 게임의 미래는 전도유망했으나 게임 결과가 얼마나 정확한지를 파악하려는 시도는 별로 이루어지지 않았다. 또 다른 분야는 정치였다. 그러나 이 분야에서 전쟁 게임은 훈련의 측면에서는 유용했지만 미래를 예측하는 데에는 그만큼 유용하지 않은 것으로 드러났다.

이 모든 방법은 언제나 '이 방법이 얼마나 효과적인지'를 자랑하는 대대적 선전으로 둘러싸여 있었다. 그중 일부는 오늘날의 기준에서 타당한 원칙까지는 아니더라도, 최소한 선의에서 나온 것이었다. 그러나 일부 광고는 노골적인 사기였으며, 이러한 사기는 프론티누스가 사령관들에게 병력의 사기를 드높이고 그들이 더 잘 싸울 수 있도록 점술의 결과를 신중하게 통제하라고 조언했던 때만큼이나 오늘날에도 팽배하다.

이러한 이유로, 다윈과 동시대에 진화론을 발전시킨 앨프리드 러셀 윌리스의 경고를 마음에 새기는 것이 좋다.

진실을 위하여, 모든 교리와 신념은 아무리 확고하고 신성해 보일지라도 주기적으로 이의를 제기해 그 신념이 사실과 추론으로 무장하고 논쟁이 벌어지는 열린 공간에서 적수와 만나 살아남을 자격을 두고 결투를 벌이도록 해야 한다. 그 어떤 신념도 이러한 결투를 면제받을 수 없는데, 신념은 현대 문명의 산물이며 수 세대 동안 수많은 식자들이 지지해온 것이므로, 그만큼 그들에게 유리하게 작용하는 편견으로 가득할 것이기 때문이다.[8]

17

예측은 왜 이렇게 어려운가?

마크 트웨인과 핵 과학자 닐스 보어를 비롯한 수많은 사람이 말했다. "예측은 힘들다. 특히 미래에 관해서는." 그동안 수없이 다양한 미래 예측 방법이 고안된 데서 알 수 있듯이 이 발언은 언제나 사실이었고 앞으로도 사실일 가능성이 높다. 다시 말하지만 여기서 각 방법의 문제점을 살피려는 것은 아니다. 가장 정교한 현대적 방법을 비롯한 모든 방법에는 나름의 장단점이 있다. 그러나 이른바 '블랙 스완',[1] 즉 너무도 이례적이지만 실제로 일어나는 사건이 반복해서, 때로는 큰 참사를 일으키며 발생하는 데서 알 수 있듯이 많은 경우 단점이 장점을 압도한다. 그건 오차가 우연히 서로 상쇄되지 않는 한 예측이 실현되려면 예측의 토대가 되는 가정과 예측의 세부 내용이 전부 정확해야 하기 때문일 것이다.

미래 예측은 원래 어려운 일이지만 특히 더 어려운 경우가 있다. 다른 조건이 같다면 다음 세 가지 요소가 미래 예측의 난이도를 결정한다. 첫째, 현재와 미래의 모습을 형성하는 데 물리적 요소가 아닌 심리적·사회적 요소의 역할이 클수록 미래를 예측하기 어렵다. 그 반대도 마찬가지인데, 이 규칙에는 두 가지 큰 예외가 있다. 하나는 날씨다. 전신 기술이 보급되면서 19세기 말에 불완전한 최초의 방법이 고안된 이후 날씨 예측 방법이 크게 발전한 것은 사실이다. 그러나 일기예보의 정보를 믿을 수 있는 것은 기껏해야 다음 주 정도까지다. 게다가 많은 경우 기상 상황은 수 시간 내에 완전히 바뀌어버리기에, 일부 기상 관측소는 매 시간 예보를 수정한다.[2] 두 번째 예외는 지진으로, 한 세기에 걸친 연구에도 사실상 이 분야에는 아무런 진전이 없었다. 모든 지역에서 지진이 똑같이 자주 발생하는 것은 아니라는 사실이 수 세기, 아니 수천 년 전부터 알려져 있었던 것은 사실이다. 그러나 지진에 취약한 지역에서는 이렇다 할 전조 없이 아무 때나 지진이 일어날 수 있다. 지금까지는 입증 가능한 방식에 따라 대규모 지진을 성공적으로 예측한 적이 없으며, 예측에 성공했다는 소수의 주장에는 논란의 여지가 있다.[3]

두 번째는 상세함의 문제다. 예측의 내용이 더 상세할수록 그 예측은 틀릴 확률이 높다. 그렇기 때문에 그리스의 신탁에 기원을 둔 미래학자들이 대개 개요나 애매한 윤곽 이상의 내용을 제공하지 않는 것이며, 그렇기 때문에 확률적 예측이 개발되고 발전된 것이다. 셋째, 예측하려는 미래가 멀수록 그 미래로 이어지는 일련의 사건들이 더 복잡해지고, 그럴수록 예측의 정확도는 떨어진다. 이러한 사실 때문에 약 1940년에 '예측 가능한 미래'라는 표현이 가까운 미래라는 뜻을 얻게 된 것이다. 구글 엔그램을 보면 알 수 있듯이, 이 표현은 처음 등장한 이후 사용 빈도가 비약적으로 증가했다. '예측 가능한 미래'라는 표현이 언제나 이러한 의미로 사용되는 것은 아니다. 종종 이 표현은 그저 헛소리나 상상력의 부족('변화 없는 변화'라고 불리기도 한다), 또는 둘 다를 드러내기 전의 서두로 사용되기도 한다.

이제 모든 미래 예측 방법이 공통으로 지닌 어려움에 대해 살펴보고자 한다. 첫째는 인간 본성에 뿌리를 둔 어려움, 둘째는 미래의 특성에서 비롯된 어려움, 셋째는 대부분의 예측이 가진 부정확한 표현 방법에서 나온 어려움, 넷째는 시간과 관련된 어려움, 다섯째는 알지 못하는 미래와 아는 미래 사이의 간극에서 비롯된 어려움이다. 이제 이 다섯 가지 어려움에 대해 차례차례 설명해보겠다.

먼저, 인간의 본성상 (그 내용이 무엇이든 간에) 어떤 지식을 얻고자 할 때 우리가 가장 많이 사용하는 방법은 감각을 통한 관찰이며, 이때 도구와 실험의 도움을 받을 수도 있고 그렇지 않을 수도 있다. 철학자 존 로크는 관찰이 우리가 지식을 얻을 수 있는 '유일한' 방법이라고 말했다.[4] 그가 이런 관점을 가진 첫 번째 인물은 결코 아니지만, 어쨌든 간에 우리가 직접 관찰을 하든, 다른 사람이 관찰을 통해 알게 된 내용을 우리에게 알려주든 우리가 가진 지식, 또는 우리가 가졌다고 생각하는 지식의 많은 부분이 관찰에서 나온다는 데에는 의문의 여지가 없다. 그러나 미래를 예측할 때 관찰은 아무 소용이 없다. 아직 일어나지 않은 일이나 존재하지 않는 것은 실험은 물론이요, 관찰조차 할 수 없다.

물리학 분야에서는 최소한 자연 법칙에 기댈 수 있다. 우리는 자연의 법칙을 통해 조건이 변하지 않는 한 같은 일이 반복해서 벌어질 것이라 장담할 수 있다. 그러나 그 밖의 분야에서 우리가 할 수 있는 최선은 트렌드를 찾고 외삽법을 적용하는 것이다. 그러나 실제로 이 방법은 매우 위험하다. 다음 시가 그 위험성을 매우 잘 표현해준다.

트렌드는 트렌드이고 트렌드이다
문제는 이것이다, 트렌드는 꺾이고
경로를 벗어날 것인가
예기치 못한 힘 때문에
때 이른 끝을 맞이할 것인가

더 큰 문제는, 외삽법이 아우프헤벤을 전혀 고려하지 않는다는 것이다. 오죽하면 영어와 수많은 유럽 언어에서 이 단어의 적절한 번역어가 아예 없을 정도다. 그러므로 외삽법은 질적 변화를 아우르지 못한다. 외삽법으로 가능한 것은 이미 존재하는 것이 더 늘어날지 줄어들지를 추정하는 것뿐이다. (여담으로, 이는 그렇게 많은 SF 소설이 그토록 지루한 근본 원인이기도 하다. 작가들은 등장인물이 지구상에서 총알을 이용해 괴물이나 서로를 죽이게 하는 대신 행성이나 은하계 사이의 공간에서 온갖 종류의 기이한 광선을 사용하게 만들곤 한다. 그게 뭐 그렇게 대단한 일인지.)

다음으로, 우리는 인간이 '객관적'인 예측이라는 것을 할 수 있는지를 반드시 물어야 한다. 물론 인간이 이성적 존재인 것은 사실이다. 인간은 목적과 수단을 구분하고 원인과 결과를 구분하며, 각 경우에 전자와 후자를 연결할 수 있다는 점에서 이성적이다. 우리가 할 수 없는 것은 첫째로 우리가 이미 아는 것, 또는 안다고 생각하는 것의 명백한 양상을 고려하지 않고 미래를 예측하는 것과 둘째로, 우리가 모르는 것 또는 우리가 이해할 수 없는 것을 배제하지 않고 미래를 예측하는 것이다.

사실 우리 인간에게는 순수한 이성만 있는 것이 아니다. 우리는 쉽게 실수를 저지를 뿐만 아니라 우리의 모든 생각은 정확할 수도, 그렇지 않을 수도 있는 기억의 산물이다. 또한 생각은 욕심과 희망, 즐거움, 기쁨, 사랑, 증오, 절망, 두려움, 슬픔, 분노, 억울함을 비롯한 여러 감정과 밀접하게 뒤섞여 있으며, 어느 정도는 감정의 산물이기도 하다. 위험하게 마구 뒤섞여 있는 이 감정들은 어느 정도 우리가 처한 상황에 의해 형성되며 우리의 관점을 지배하고 의견을 형성한다. 어쩌면 생각 자체는 그저 감정의 그림자일 뿐이라는 니체의 말이 사실일지 모른다. 어쩌면 생각은 감정을 합리화하고, 자신과 타인 앞에서 감정을 정당화하려는 헛되고 거의 절박하기까지 한 시도일지 모른다.[5]

어떤 사람은 낙관적이고, 어떤 사람은 비관적이다. 어떤 사람은 자신감이 넘치고, 어떤 사람은 자신감이 없다. 어떤 사람은 매우 예민하고, 어떤 사람은 소위 강심장을 가졌다. 게다가, 여기에는 순환 고리가 있을지 모른다. 예를 들어 자기 생각이 반복해서 옳았던 사람은 지나치게 자신만만해지고, 그 결과 편협해져서 점점 실수를 많이 저지르게 될 수 있다. 자기 생각이 반복해서 틀렸던 사람은 만약 그럴 만한 지적 능력이 있다면 자기 생각을 재고해 앞의 사람과는 정반대의 방향으로 움직일 수 있다. 테틀록의 용어를 사용하면 여우가 고슴도치로, 고슴도치가 여우로 바뀔 수 있는 것이다. 게다가 우리의 욕구와 호르몬은 아직 고려하지도 않았는데, 그중에는 유전자를 통해 우리에게 전달되는 것이나 어쩌면 우리가 아직 존재조차 모르는 것도 있을 수 있다.

이 모든 것의 뒤에는 우리의 뇌가 있다. 뇌의 모든 부위는 가장 최근에 생긴 것에서 가장 오래되고 원시적인 것에 이르기까지 전부 끊임없이 서로 접촉하며 영향을 주고받는다. 게다가 그 방식은 때마다 다 다르다. 이러한 이유로 오로지 대뇌피질 혼자서 일으킨 인상이나 생각, 결정, 행동 같은 것은 존재하지 않는다.[6] 간단히 말해서, 모든 것을 고려해볼 때 객관성이란, 객관적으로 불가능하다. 그 어떤 두 사람도 미래(를 비롯한 모든 것)를 정확히 동일하게 바라볼 수 없다.

싫든 좋든 우리가 가장 먼저 기대는 것은 매우 변덕스럽고 종종 설명하거나 이해할 수 없는 우리의 마음 상태다. 머릿속 지름길을 의미하는 휴리스틱heuristic에 의지하고, 눈앞에 있는 모든 것을 기존 패턴과 관련시키거나 (종종 아무 패턴이 존재하지 않을 때조차) 새로운 패턴을 만들어냄으로써 이해하는 인간의 경향도 별 도움이 되지 않는다.[7] 그렇다고 컴퓨터의 도움을 받아 모델과 알고리즘을 고안해서 문제를 대신 처리하게 할 수도 없다. 왜냐하면 그러한 모델과 알고리즘은 반드시 자신을 만든 인간의 마음을 반영하기 때문이다. 모델에 무엇을 입력하고 무엇을 배제할지뿐만 아니라 그렇게 고른 것을 어떤 순서로 배치할지, 무엇보다, 여러 다양한 요소에 각각 어느 정도의 중요성을 부여할 것이며 그러한 요소들을 어떻게 연결할지를 자신의 편견에 근거해 결정하는 것은 바로 인간이며, 이러한 결정은 결과에 영향을 미친다.

때때로 창작자가 전혀 생각지 못한 일을 벌임으로써 창작자를 놀라게 하는 인공지능 프로그램에도 문제는 있다. 그 좋은 사례는 자동 주식 거래 분야에서 찾아볼 수 있다. 한 추산에 따르면 2017년에 증권거래소에서 이루어진 모든 거래의 거의 45퍼센트가 컴퓨터로 이루어졌다. 다른 출처에 따르면 그 비율은 훨씬 더 높다. 수십억 달러가 자동 거래 시스템을 구축하는 데 들어갔다. 전자 거래의 한 가지 장점은 엔지니어로 증권 분석가를 대체함으로써 비용을 절약할 수 있다는 것인데, 엔지니어 한 명이 분석가 네 명을 대신할 수 있기 때문이다.[8] 또 다른 장점은 기술적 오류를 줄이면서도 인간이 절대 필적할 수 없는 빠른 속도로 훨씬 적은 비용을 들여 거래를 처리할 수 있다는 것이다. 또한 좋거나 나쁜 결정이 어떻게 나왔는지를 파악하기 위해 결정 과정을 추적하고 필요하다면 규칙을 수정하는 것 또한 훨씬 쉽다.[9]

그러나 기계에게 일자리를 빼앗긴 사람들보다 기계가 주식 시장의 미래를 더 잘 예측한다는 증거는 없다(주식보다 수량화가 훨씬 힘든 다른 문제는 말할 것도 없다). 일부 전문가는 자동 거래가 더 큰 수익을 내기는커녕 이른바 '섬광 사건flash event'이라는 것을 일으키는 경향이 있다고 본다. 섬광 사건은 단기간의 큰 가격 변동을 의미하는데, 예를 들면 2012년 8월 1일 한 기업은 30분 만에 연수입의 네 배에 달하는 돈을 잃었고, 결국 살아남기 위해 자사 주식을 팔고 다른 기업과 합병할 수밖에 없었다.[10] 이는 그저 기업의 '실제' 가치와 전혀 맞지 않는 개별 주식이 늘어나고 줄어드는 문제가 아니다. 더 전체적인 관점에서 봤을 때 섬광 사건은 주식 시장의 취약성을 증가시킨다. 이런 사건이 발생하면 타당한 근거를 통해 앞으로 일어날 일을 예측하는 것이 아예 불가능해지며, 어쩌면 사람들이 투자 대신 자산을 유동적 형태로 보유하는 것을 더 선호하는 상황이 올지도 모른다.

이 문제들도 충분히 복잡하지만, 미래의 특성 때문에 발생한 문제는 이보다 더 복잡할 수 있다. 여기서 핵심 문제는, 현재가 그러하고 과거가 그러했던 것과 같은 방식으로 미래도 존재할 수 있느냐 하는 것이다. 20세기의 가장 중요한 철학자 중 한 명인 버트런드 러셀은 미래가 존재한다고 생각했다. 그의 주장은, 현재가 실재한다고 가정한다면 현재와 미래를 구분하는 뚜렷한 선이 없으므로 미래 역시 실재할 수밖에 없다는 것이었다. 그게 사실이라면, 어쨌든 이론적으로 미래는 예측이 가능해야 한다.[11] 펼쳐지고 있는 카펫에 비유하자면, 미래를 예측하려고 노력하는 것은 아직 펼쳐지지 않은 부분의 무늬를 알아내려 하는 것과 같다. 어려운 일인 것은 사실이지만 적절한 도구(아직 알려지지 않은 종류의 엑스선 같은 것)가 주어진다면 원칙적으로 불가능한 것은 아니다.

그러나 모두가 이 생각에 동의하는 것은 아니다. 다른 철학자들은 미래가 급행열차처럼 우리를 향해 다가오는 확고한 현실이 아니라 그저 불확실한 예감 또는 추측의 총합일 뿐이라고 주장한다. 정확한 위치를 알아낼 수 없으므로(우리가 말하는 미래는 정확히 '어디에' 있는가?) 이러한 추측은 그저 우리의 뇌가 만들어낸 환상이며, 잘못 이해된 뇌의 활동이다. 그러한 점에서 이 환상은 '심리적 시간'이라고 알려진 것에 속한다.[12] 환상은 외부 세계와의 그어떤 연결도 없이 허공을 둥둥 떠다닌다. 현대 뇌과학자들의 말이 사실이라면 꿈도 마찬가지이며, 뇌과학자들은 꿈처럼 이러한 환상도 우리 뇌의 수만큼 그 형태가 다양할 것이라고 가정한다. 이 말이 사실이라면 미래의 수는 미래를 떠올리는 사람의 수만큼이나 다양할 것이다. 사실 그보다 더 많을 수도 있는데, 괴테의 파우스트는 이렇게 말했기 때문이다. "내 가슴속에는, 아아, 두 개의 영혼이 깃들어 있구나."[13] 그리고 그 무수히 많은 가능성 중에서 무엇이 현실이 될지 예측하는 것은 순전한 운 또는 기껏해야 직감이라고 알려진 모호한 것의 도움을 받지 않고서는 불가능하다.

19세기 초 프랑스의 박식가인 피에르 시몽 라플라스(그리고 수천 년 전의 유물론자들)의 말처럼, 모든 사건은 이전에 일어난 사건에 의해 유발된다는 점에서 이미 결정되어 있다는 것이 사실일지 모른다. 그렇다면 존재하는 모든 것과 그들 사이의 관련성을 완벽하게 이해하는 '악마'는 미래에 대해서도 완벽하게 이해할 수 있어야만 한다.[14] 그러나 지난 2세기 동안 과학이 아무리 진보했어도 200년 전보다 현재 그러한 지식에 더 가까워졌다는 증거는 어디에도 없다. 과학자들이 미스터리 하나를 해결할 때마다 또 다른 미스터리가 나타난다. 미래를 예상할 때 우리가 모른다는 것을 모른다는 사실을 고려할 수 있는 방법 또한 없다.

심지어 이제는 하이젠베르크의 불확정성 원리와 관찰자 효과, 카오스 이론이 미래에 대한 지식을 얻는 것이 불가능한 이유를 알려준다.[15] 불확정성 원리에 따르면 아원자 수준에서 소립자의 위치와 운동량 중 하나는 측정이 가능하지만 두 개를 동시에 측정하는 것은 불가능하다. 이 원리를 확장시킨 관찰자 효과에 따르면 무엇인가를 관찰하려는 시도가 그것의 변화를 일으킨다. 관찰 대상의 크기가 작을수록 이 효과가 더 크게 나타난다.

카오스 이론은 초기 조건에서의 아주 작은 변화가 이해하기 힘든 복잡한 일련의 사건을 거쳐 처음과 전혀 다른 결과로 이어질 수 있다고 주장한다. 이는 기이하지만 사실상 실재하는 하이브리드, 즉 결정론적 우연성이라는 것을 낳는다.[16] 예를 들어 폭이 머리카락 1,000분의 1보다 작은 입자가 폭풍을 강화하고 구름의 크기를 키우고 더 많은 비를 내리게 할 수 있다.[17] 베이징에 있는 나비의 날갯짓이 플로리다에 허리케인을 일으킬 수도 있다. 또는 베이징과 플로리다 사이에서 무슨 일이 일어나느냐에 따라 플로리다가 아닌 아이티에 허리케인이 일어날 수도 있고, 아예 허리케인이 생성되지 않을 수도 있다.

그러므로 물리학 분야에서조차 모든 사건이 전에 일어난 사건에 의해 미리 결정된다는 것을, 또는 완벽한 예측이라는 것을 가능케 할 만큼 충분한 지식이 우리에게 있다는 것을 의심할 충분한 이유가 있다. 게다가 물리학에서 심리학과 사회학으로 넘어가면 방정식에 개인과 집단의 자유의지라는 문제가 개입된다. 어떻게

든 미래를 내다볼 수 있는 고등 생명체가 어느 정도 소유한 것으로 보이는 자유의지, 이 생명체들이 어디로 가고 싶고 무엇을 하고 싶은지를 스스로 결정하게 하는 이 자유의지는 실제로 존재할까? 자유의지가 실제로 존재하며 다음에 일어날 일에 영향을 미칠 수 있다고 가정해보자. 그렇다면 미래를 예측하려는 모든 시도는 이미 실패할 운명이 아닌가?

여기에서 이것이 사실인지 아닌지를 다루지는 않을 것이다. 어떻게 해석하느냐에 따라 다르지만 자유의지가 그저 환상에 불과하다고 처음 주장한 사람은 기원전 300년경의 그리스 철학자 에피쿠로스였다. 그때부터 매우 유명한 인물을 비롯한 수많은 사상가가 같은 입장을 취했다. 자유의지를 우회해 언젠가 인간의 생각과 행동을 예측 가능하게 해줄 공식을 찾아내는 것은 오늘날 모든 뇌 과학자뿐만 아니라 아마존과 구글, 페이스북 같은 거대 기술 기업, 경찰력, 그리고 비슷한 기술에 의지하는 정보기관의 빛나는 목표가 되었다. 그러나 '기계 속 유령'이라고 불리기도 하는 정신을 고려하지 않고 개인과 집단으로서의 인간 행동을 어떻게 설명할 것인가 하는 문제는 그동안 아주 조금도 변하지 않았다. 뇌세포와 가지돌기, 축삭돌기, 시냅스, 화학 촉진제, 전기 방전에 대한 그 모든 논의에도 불구하고 많은 면에서 오늘날 우리는 20여 세기 전보다 해결책에 조금도 더 가까워지지 않았다.[18] 실제로 이 문제를 해결하려 하는 것은 신기루를 붙잡으려 하는 것과 비슷하다. 가까이 다가갈수록 해결책은 더 멀어진다.

엄밀히 말하면 예측은 100퍼센트 맞거나 100퍼센트 틀리거나 둘 중 하나다. 우리는 자동차 사고를 당하거나 당하지 않는다. 비는 오거나 오지 않는다. 전쟁은 발발하거나 발발하지 않는다. 그 사이에 위치하는 예측은 어떻게 보면 예측이 아니라 회피하려는 시도다. 하지만 실제로 물리학의 영역 밖에서(기상학처럼 때로는 물리학의 영역에서도) 대부분의 예측은 그 둘 사이에 위치한다. 어떤 상황은 '발생할 가능성이 매우 높을 수' 있고, 어떤 상황은 '아마도' 발생하지 않을 것이다. 어떤 사건은 발생할 '확률'이 높고, 어떤 사건은 발생할 '공산'이 낮다. 주식 X의 가격은 오르거나 내려갈 '수도' 있다(경제 전문지 《블룸버그*Bloomberg*》를 보면 모든 문장에 '~할 수 있다'는 표현이 들어 있다). 문제는 많은 사람이 저마다 다른 기질과 정신 및 신체 상태에 따라 이 표현을 분명 매우 다르게 이해하리라는 것이다. 어떤 사람에게는 감수할 가치가 있는 리스크가 어떤 사람에게는 위험한 도박으로 보일 수 있다. 어떤 사람에게는 식은 죽 먹기 같은 일이 어떤 사람에게는 거대한 장애물로 보일 수 있다.

이 문제에 대처하는 표준 방식은 퍼센트를 사용하는 것이다.[19] 기상캐스터는 "내일 비가 올 것입니다"라고 말하지 않고 "내일은 60퍼센트의 확률로 비가 올 것입니다"라고 말한다. 정보장교는 상관에게 "전쟁이 발발할 것입니다"라고 말하는 대신 "전쟁이 발발할 확률은 10퍼센트입니다"라고 말할 것이다. 예측을 내놓는 사람의 입장에서 보면 여기에는 누구도 자신에게 불만을 품을 수 없다는 장점이 있다. 비가 오든 오지 않든, 전쟁이 발발하든 발발하지 않든 예측은 언제나 옳다. 하지만 60퍼센트, 또는 40이나 20

퍼센트 같은 숫자는 도대체 무엇을 의미할까? 이번에도 숫자의 의미는 예측을 보거나 듣는 사람의 정신 상태와 사회적 위치 등에 따라 달라진다. 비 올 확률이 60퍼센트일 때 어떤 사람은 우산을 챙기고, 어떤 사람은 우산을 두고 나갈 수 있다. 10퍼센트의 전쟁 발발 확률은 어떤 지휘관에게는 꽤 높은 숫자로, 어떤 지휘관에게는 매우 낮은 숫자로 보일 것이다.

실제 있었던 일인지는 확실치 않지만 다음 일화는 이러한 문제를 잘 보여준다. 1970년대 말에 능글맞은 유머 감각으로 유명했던 이스라엘의 장군 라파엘 에이탄은 참모총장직을 맡고 있었다. 공군의 군사 작전을 허가해야 했던 그는 책임자에게 날씨가 어떨 것 같으냐 물었고, 20퍼센트의 확률로 비가 올 것이라는 이야기를 들었다. 그러자 그는 이렇게 말했다. "틀렸어. 비 올 확률은 50퍼센트야. 비가 오거나 안 오거나 둘 중 하나지."

예측을 방해하는 또 다른 장애물은 시간에서 비롯된다. 프리드리히 니체는 한 권 이상의 저서에서 영원회귀 개념을 언급했다.[20] 니체가 이 개념을 처음, 혹은 유일하게 언급한 철학자는 아니며, 프랑스의 사회혁명가 루이 오귀스트 블랑키(1805~1881)도 수학적 방법을 이용해 영원회귀의 존재를 입증하려 노력했다. 근본 개념은 단순하다. 뉴턴의 주장대로 공간과 시간이 무한하다고 가정해보자. 반면 지금까지 존재해왔고, 지금 존재하거나 앞으로 존재할 수 있는 것들의 수는 한정적이다. 그렇다면 이러한 것들은 무한한 시간 속에서 반드시 다시 발생할 수밖에 없다. 한 저서에서 니체가 한 말처럼, "모든 고통과 모든 기쁨, 모든 친구와 모든 적수, 모든 희망과 모든 실수, 모든 풀잎과 모든 햇살, 너의 삶을 구성하는 모든 것"이 되풀이되는 것이다.[21]

멈춰 선 시계조차 하루에 두 번은 올바른 시간을 가리킨다. 니체의 말이 사실이라면, 합리적이든 터무니없든 간에 모든 예측은 언젠가 사실이 된다. 어쩌면 달이 치즈가 된다거나, 치즈가 달이 된다는 예언도 사실이 될지 모른다. 하지만 그 반대 역시 가능하다. 상황이나 사건의 발생 시각을 정확히 기술하지 않은 예측은 틀렸음을 입증할 수 없다. 누군가가 문제를 제기하면 그저 "기다려봐. 곧 보게 될 테니까"라고 말하면 된다. 이는 '종말'을 보았다는 수많은 선지자가 지난 3천 년간 해온 행동이며[22] 1796년의 토머스 맬서스 이후 인구 과잉과 자원의 부족이 빈곤과 기근, 전쟁을 일으킬 것이라 예측한 수많은 사람이 지금까지 해왔고 바로 지금도 하고 있는 행동이다. 매번 이들의 예언은 실현되지 않았다. 그리고 매번 이들은 그 시기를 뒤로 미뤘다.

마르크스의 광적인 추종자로, "자본주의는 (……) 이제 불가능해질 것이다"[23]라고 말했던 로자 룩셈부르크와 20세기 전반기 내내 공산주의의 '불가피한' 승리를 기다리며 "우리가 당신들을 묻어버릴 것이다"라고 말한 니키타 흐루쇼프도 마찬가지다. 심지어 오늘날에도 어떤 사람들은 여전히 고집스럽게 마르크시즘을 '미래의 철학'으로 여긴다.[24] 이미 여러 번 그 시기를 뒤로 미룬 것을 보면, 기계 지능이 인간의 뇌를 넘어선다는 특이점에 관한 레이 커즈와일의 예측 역시 같은 길을 따를지 모른다. 바로 이러한 문제를 해결하기 위해 테틀록이 전문가의 정치적 판단 프로젝트를 출범한 것이었다. 이 프로젝트를 통해 테틀록은 미래를 정확히 이해하는 가장 좋은 방법은 가장 능력 있고(가장 호기심이 많다는 의미) 열린 사고를 가졌으며 가장 교조주의적이지 않은 사람을 고용하는 것이라는, 결코 새롭지 않은 결론을 얻었다.

무기한 연기되는 예측의 좋은 사례는 '운명의 날 시계'다. 1947년에 처음으로 《핵과학자 회보Bulletin of Atomic Scientists》에 이 시계를 실은 물리학자들은 이를 통해 대중에게 핵전쟁의 위험성을 경고하고 군비 축소를 요구하고자 했다. 그러나 70년 동안 이 시계의 시침과 분침은 자정에서 17분 이상 멀어진 적이 없었다. 2017년 말 도널드 트럼프가 김정은을 '꼬마 로켓맨'이라고 불렀을 때 시계는 자정을 2분 30초 앞둔 시각에 맞춰졌다. 하루를 이루는 1,440분 중 겨우 2분 30초가 남았다면 운명의 날에 정말 가까워진 것이다! 하지만 이 시계는 그동안 단 한 번도 전쟁이 정확히 언제 발발할 것인지를 말하지 않았다. 내일일까? 1년 내? 5년 내?

이는 매우 중요한 문제다. x의 주가가 상승하리라는 것을 아는 것과 그 사건이 y라는 시기에 일어날 것을 아는 것은 전혀 별개의 일이다. 만약 어떤 사건이 바로 다음 날 일어나리라는 것을 안다면 그 사건을 철저히 준비할 시간은 없을 것이다. 만약 그 사건이 5년 뒤에 일어나리라 예측한다면 우리는 다른 종류의 예방 조치를 다른 속도로 취할 것이다. 오랜 시간이 흘러도 핵무기로 인한 학살은 일어나지 않았고, 이러한 정확성 부족은 운명의 날 시계가 그저 교묘한 수법일 뿐이며 핵전쟁이 얼마나 남았는지를 말해줄 능력이 전혀 없다는 사실을 분명히 드러냈다. 아마 《핵과학자 회보》의 편집자들이 시계의 분침과 초침을 정하는 방식을 바꾸기로 결정한 것도 이러한 이유에서였을 것이다. 지금도 이들은 핵전쟁이 머지않았다고 주장한다. 하지만 몇 년 전부터 지구온난화와 생물보안, 사이버 전쟁을 비롯한 다른 수많은 위험을 같이 고려하기 시작했다.[25] 이들이 테러와 소행성 충돌까지 고려하는 건 시간문제일 뿐이다.

마지막으로, 이 모든 어려움을 극복해 미래를 알 수 있다고 가정해보자. 그때 우리는 우리가 알게 된 미래가 우리가 모르던 미래와 전혀 다른 종류의 것임을 깨닫게 될 것이다. 변증법의 논리에 따르면 모두가 '알고 있다'라는 사실은 종종 그것이 사실이 아니거나 곧 사실이 아니게 된다는 의미다. 반대로, 미래를 알 수 없거나 상상할 수 없다면 미래를 향해 달려가거나 미래에서 도망치려는 시도조차 할 수 없다. 앞에서 언급한 '블랙 스완'이 그러한 상황을 잘 보여준다. 우리가 할 수 있는 유일한 선택은 계속 삶을 살아나가면서 모든 달걀을 같은 바구니에 담지 않는 것(혹은 바구니를 최대한 튼튼하게 만드는 것)과 같은 합리적인 예방 조치를 취하고, 최선을 기대하며 사건이 알아서 발생하게 두는 것이다.

운명을 믿는 사람의 경우 미래를 아는 데 성공한다 하더라도 그 지식은 아무 소용이 없다. 어떤 운명이 자신을 기다리는지 알게 된 오이디푸스는 그 운명에서 벗어나기 위해 최선을 다하지만 결국 신탁의 내용대로 자기 아버지를 죽이고 어머니와 결혼하게 된다. 또한 많은 예언이 자기 충족적이다. 3세기 초 그리스 로마 시대의 역사가인 헤로디아누스는 당대 황제였던 카라칼라의 일화를 전한다. 많은 권력자들처럼 카라칼라 역시 점쟁이에게 자신이 어떻게 죽느냐고 물어보았다가 장군 중 한 명이었던 마크리누스가 자신의 뒤를 이어 황제가 된다는 사실을 알게 된다. 훗날 이 예언을 담은 편지를 우연히 보게 된 마크리누스는 자기 목숨을 구하기 위해 카라칼라를 죽일 수밖에 없었다.[26]

무언가를 피할 수 없다는 사실을 안다면, 예를 들면 태양이 점점 더 많은 복사에너지를 내뿜어서 결국 우리 모두를 불태워 죽이리라는 것을 안다면, 그 일을 예방하려 노력하는 게, 아니 그 일에 대해 생각하는 게 다 무슨 소용이란 말인가? 한편 『성경』 속 선지자들이 살던 시기에는 많은 예측이 조건부였고 명백하게 사람들의 행동을 바꾸려는 목적을 가지고 있었다. 사람들은 행동을 바꿈으로써 선지자가 예측한 미래를 피할 수 있었다. "회개하라, 그렇지 않으면 지옥에 가게 될 것이니." 요시야 왕이 다스리던 시기처럼 가끔은 그 경고가 효과를 발휘했다(「열왕기하」 22). 오늘날도 다르지 않다. 만약 어떤 주식이 오르거나 내리리라는 것을 많은 사람이 안다면, 또는 자신이 안다고 생각한다면, 그 주식을 사거나 팔음으로써 실제로 그러한 일이 발생하는 데 일조할 가능성이 높다. 만약 충분히 많은 사람이 여론조사가 예측한 선거 결과를 믿는다면, 이 지식은 실제 선거 결과에 영향을 미칠 확률이 높다. 유권자가 선거 결과가 이미 정해졌다고 확신할 경우 승리하는 쪽에 합류하거나 일부러 반대할 수도 있고, 단순히 투표장에 나타나지 않을 수도 있다.[27] 심지어 설문조사가 여론의 의견을 파악하는 것 못지않게 여론을 형성할 수 있다는 주장도 있다.[28]

양떼 효과라는 이름으로 알려진 이 현상은 미래에 대한 생각뿐만 아니라 그러한 생각을 형성하는 데 사용된 방식에도 적용될 수 있다. 어떠한 방식이 발표되면, 그 방식은 마치 전염병처럼 한 사람에게서 다른 사람에게로 퍼져나가기 시작할 수 있다. 모두가 같은 시스템을 사용하게 되면 변동 폭이 더 극심해질 가능성이 높다. 양떼 효과는 2007~2008년 경제 위기가 발생하는 데에도 핵심 역할을 했다고 한다.[29] 유명한 내비게이션 앱 '웨이즈'는 어떤 길이 혼잡하다고 알림으로써 운전자들이 다른 길을 찾게 만들 수 있고, 결국 혼잡했던 길은 교통 체증이 완화될 수 있다. 그리고 물론 그 반대도 가능하다.

즉, 그 정보가 정확하든 부정확하든 미래에 대해 알게 된 결과 미래가 변하는 사례는 무척 많다. 『신약』은 이를 다음과 같이 간결하게 표현한다. "집주인이 도둑이 언제 들지를 안다면, 그는 도둑이 집에 쳐들어오도록 내버려두지 않을 것이다(「루가의 복음서」12:39)." 예측이 가능하다면 우리가 예측한 것이 실제로 발생하지 않도록 막는 것 또한 가능하다. 이는 결코 사소한 문제가 아니다. 미군이 일본군의 진주만 공격에 대해 알았다면, 또는 적어도 상상을 해봤더라면, 일본군의 공격은 그렇게 충격적이지 않았을 것이다. 당시 사령관이었던 허즈번드 E. 키멀이 썼듯이, 만약 일본군의 계획을 미리 알았더라면 미군은 할 수 있는 모든 조치를 취했을 것이다.[30] 적어도 미군의 사상자 수는 크게 줄었을 것이고, 일본군의 사상자 수는 크게 늘었을 것이다. 일본 정보 요원이 진주만 공습 계획이 새어 나갔다는 소문을 들었거나 미군이 방어 태세를 갖쳤을 거라 추측했다면 아예 공격을 하지 않았을 수도 있다. 아랍의 공격이 임박했다는 정보가 있었음에도 1973년 10월 6일 아침 이스라엘이 군대를 동원하지 않은 한 가지 이유는, 그렇게 할 경우 자신들이 피하고자 했던 바로 그 전쟁이 일어날까 봐 두려웠기 때문이다.

18

우리의 실력은 나아지고 있는가?

문제가 얼마나 다양하고 복잡한지를 감안할 때, 오늘날 우리가 선조들보다 예측에 더 뛰어나다고 믿을 근거가 있을까? 지진을 제외하면 물리 법칙의 지배를 받는 현상의 경우 확실히 그렇다. 그렇지 않다면 17세기부터 이어진 엄청난 기술의 발전은 불가능했을 것이다. 위성과 컴퓨터의 보급 덕분에 일기예보도(아직 완벽과는 거리가 멀긴 하지만) 우리가 한 세기나 한 세대 전에 사용하던 것보다 훨씬 나아졌다고들 말한다. 확률 이론과 지금까지 이 책에서 거의 다루지 않은 분야인 의학 및 예후 진단도 마찬가지다. 물론 환자들이 '돌연' 사망하거나 이런저런 질병에서 '기적적으로' 회복하는 일은 오늘날에도 매일같이 발생하지만, 어쨌거나 존 머필드가 숫자점을 이용해 어떤 환자가 살아남고 어떤 환자가 사망할지를 추측하던 시대는 거의 끝이 났다.

그러나 지구에 사는 모든 사람의 삶에 직접적으로 영향을 미치는 분야를 비롯한 다른 분야에서 저 질문의 대답은 거의 확실히

'아니요'다.¹ 그 이유 중 하나는, 미래를 기차에 빗댄 이미지를 다시 떠올려보면, 미래가 너무 빠른 속도로 다가와서 확실한 평가를 내리는 것이 불가능하기 때문이다. 우리가 현재를 이해하자마자, 또는 이해했다고 생각하자마자 현재는 사라지고 다른 무언가로, 때로는 근본적으로 다른 것으로 대체된다. 예측 능력을 향상시키려는 우리의 노력이 실패하지 않았더라면, 샤머니즘과 점성술처럼 오래된 방법들은 고대 그리스에서부터 시작된 비난 공세에서 살아남지 못했을 것이다.

어쨌거나, 통계학 법칙에 따르면 절대 발생할 수 없으나 그럼에도 발생한 사건을 의미하는 블랙 스완은 오늘날에도 여전히 똑같이 급작스럽고 흔하며 치명적이다. 이 사실은 제2차 세계대전 당시 나치의 강제 수용소, 9·11 테러, 2004년 인도양의 지진과 쓰나미, 2005년 뉴올리언스의 허리케인과 홍수, 2011년 후쿠시마 원전 사고, 2016년 도널드 트럼프의 대통령 당선에서도 잘 드러난다. 실제로 정치학자들이 '지진' 같다고 표현하는 변화들이 여전히 거의 매일같이 발생한다고 해도 과언이 아닐 것이다. 이는 경제학 분야도 마찬가지다. 그렇지 않다면, 단순한 외삽법을 적용했을 때 우리 모두는 이미 오래전에 말도 안 되게 부유해졌어야 옳다. 누군가는 뉴턴 식의 역사 인식에서 비롯되어 현재 가장 널리 쓰이는 예측 방법이 되었으나 한편으로는 질적 변화를 고려하지 못하는 외삽법이 미래를 가장 호도하고 있다고 주장할 수도 있다.

일반적으로 좋은 결과를 기대하지 않고 행동에 나서는 사람은 거의 없다. 세무서를 속이려는 게 아니라면, 돈을 잃을 것이라 기대하면서 새로운 사업을 시작하는 사업가는 없다. 그러나 출처에 따라 그 수치는 다르지만, 그 어느 때보다도 많은 기업이 3년 또는 5년, 10년 이내에 문을 닫고 있다. 수익을 낸 주식 투자자가 있으면 돈을 잃은 투자자도 있다. 그렇기 때문에 한 분석가가 내게 해준 말처럼 투자자는 모든 경우의 51퍼센트만 성공하면 된다. 오랜 시간 동안 이만큼 해내는 것은 매우 어려운 일이며, 이보다 좋은 실적을 내는 것은 경이에 가까울 정도로 어렵고 이례적인 일이다.

워런 버핏이 거의 850억 달러를 깔고 앉아 있다는 사실은 반증이 될 수 없다. 그는 존 D. 록펠러, 네이선 로스차일드, 루이 드 예르, 야코프 푸거, 마르쿠스 리키니우스 크라수스(자산에서 나오는 이자만으로 군대를 먹여 살릴 수 없다면 부자가 아니라고 말했다고 전해진다)[2]처럼, 말 그대로 10억 명 중 한 명꼴로 나오는 드문 인물이다. 크라수스가 살던 시대보다 거의 500년 전에는 피티오스라는 이름의 리디아인이 있었다. 그는 아테에스의 아들이자, 지금도 이름이 부자와 동의어로 사용되는 크로이소스의 손자였다. 헤로도토스는 피티오스가 페르시아에서 그리스로 진군하던 크세르크세스의 500만 군대를 "참으로 화려하게" 대접했다고 전한다. 그의 관대함에 깜짝 놀란 크세르크세스의 질문에, 피티오스는 아직도 먹고살 수 있는 충분한 돈이 남았다고 답했다.[3] 심지어 이 목록은 이집트 파라오에서 시작해 로마 황제를 거쳐 블라디미르 푸틴까지 이어지는, 언제나 세계 최고의 부자였던 수많은 절대 권력자를 아직 포함하지도 않았다. 오늘날의 일부 예측 방법이 과거의 방법에 비해 훨씬 더 복잡하고 훨씬 큰 비용이 드는 것은 사실이다. 하지만 전체적으로 봤을 때 오늘날의 방법이 더 성공적이라 믿을 만한 근거는 없다.

심지어 모든 것의 기초가 되는 물리학에서도 하이젠베르크의 불확정성 원리와 카오스 이론이 여전히 작동하고 있으며 미래에도 계속 그러할 가능성이 높다. 아마 가장 강력한 증거는 군대의 역사에서 나올 것이다. 모든 전쟁에서는 오로지 한 국가만이 승리를 거둘 수 있다. 즉, 모든 교전국의 정확히 절반은 미래를 예측한 뒤 그에 따라 행동하는 데 실패한 결과 전쟁에서 패배하고, 어쩌면 전멸할 수도 있다는 의미다. 흔히 인간과 비교되는 원숭이도 이쯤은 해낼 수 있었을 것이다! 그러나 1만 년이 지난 후에도 (고고학자들에 따르면 첫 번째 전쟁에 등장한 후 1만 년이 흘렀다) 무력 충돌은 줄어들 기미가 없다. 이른바 미래에 대한 과학이라는 것은 지금도 이전만큼이나 요원하다.

19

불확실성 없는 세계?

지금까지 우리는 미래 예측의 어려움을 크나큰 적으로 치부하며 그동안 그 어려움을 없애거나 최소한 줄이기 위해 고안된 방법들에 대해 알아보았다. 그리고 끝에서는 미래 예측을 방해하는 장애물과 미래 예측이 그토록 어려운 이유에 대해 살펴보았다. 실제로 미래 예측은 무척이나 어려운 일이기에 현재 사용 가능한 과학과 기술에도 불구하고 오늘날 우리가 가수 상태에 빠지거나 '칼데아인'처럼 하늘을 관찰하던 우리 조상보다 미래를 더욱 잘 예측하는지 의심스러울 정도다. 그러나 책을 마치기 전에 질문의 방향을 돌려 사고 실험을 해보는 것도 재미있을 것이다.

제일 먼저 우리는 라플라스의 악마와 오늘날의 '빅데이터' 전문가들이 무엇을 알아야만 불확실성을 제거하고 모든 일을 정확하게 예측할 수 있을지를 질문할 수 있다. 둘째, 불확실성을 없애는 것이 가능하다면 이 세상에서 불확실성이 사라졌을 때 우리 인간은 어떻게 될 것인지 그리고 셋째, 그러한 세상은 어떤 모습일지를 물을 수 있다.

　모든 시대의 결정론자들이 그래왔듯이 이 세상에서 일어나는 모든 일은 일어날 수밖에 없다고, 즉 일어나는 이유가 있다고 가정해보자. 이 경우 첫 번째 질문의 답은 명백하다. 악마가 가진 정보는 모든 것을 완벽하게 아울러야 한다. 엘리자베스 1세의 점성술 고문이었던 존 디의 말처럼, 자연과 우주에 있는 모든 소립자의 과거와 현재의 위치 및 움직임에서부터, 우리 모두의 뇌를 구성하는 수천 억 개의 세포와 수조 개의 연결 고리(시냅스)까지, 모든 정보가 완벽하게 옳고 정확하며 최신(오늘날의 표현으로는 '실시간')이어야 한다. 이 모든 것들 간의 관련성 역시 완벽하게 파악해야 한다.

　이러한 세계에서, 마치 지구의 지각판에서 늘 일어나고 있는 변화처럼 그 어떤 의도도 없이 오로지 물리 법칙의 지배를 받는 변화는 여전히 발생 가능하다. 밀물과 썰물, 화산 폭발과 지진은 계속해서 일어난다. 기온은 계속 올랐다 내려가고, 태풍도 계속해서 발생했다가 사라지며, 소행성도 여전히 다른 행성과 충돌할 것이다. 별들도 계속 태어나고, 에너지를 전부 발산하면 붕괴하다가 죽음을 맞이할 것이다. 그러나 우연과 필연적 사건의 구분은 사라져 오로지 모든 것을 지배하는 엄정한 인과관계만이 남을 것이다. 미래에 관한 모든 질문(그때도 그러한 질문이 남아 있다면)은 묻기 전에 답을 얻을 것이며, (다른 방향으로 흘러간다는 의미에서) 일탈적인 모든 생각과 행동은, 그러한 것이 가능하다면 말이지만, 생각이 일어나거나 행동을 취하기 전에 예방될 것이다. 생각이 그저 뇌 속에서 발생하는 특정 전기화학적 과정의 결과일 뿐이라는 것이 사실이라면, 어쩌면 그 방식은 (비교적 덜 알려진 1923년의 소설 『신과 같은 인간*Men Like Gods*』에서 H. G. 웰스가 상상한 것처럼) 일탈하려는 뇌와 뇌의 소유자를 제거하는 것일지도 모른다.

상상을 조금 더 밀고 나가보자. 우리가 미래의 모든 것을 남김없이 안다면 (우리 인간을 비롯한) '모든 것'은 스스로 선택을 내리지 않고 오직 예정된 길만 걸어갈 것이다. 호박 속에서 굳어버린 곤충처럼 인간은 컴퓨터 같은 무기물과 인간을 구분해주는 것들을, 전부는 아니더라도 대부분 잃어버릴 것이다. 미지의 것에서 오는 신비로움과 설레는 기대감, 예상치 못한 상황과 맞붙는 도전 의식은 전부 사라질 것이다. 상상력도 사라질 것이며(미래가 확실하다면 상상력이 왜 필요하겠는가?) 의도, 목적, 성취하고 싶은 목표를 선택하는 능력도 사라질 것이다. 그러한 목표를 성취할 수 있는 가장 좋은 방법에 대해서도 더 이상 생각하지 않을 것이다. 물론 희망도 사라진다. 결정을 내릴 능력이 있는 의식적인 삶도, 개인과 집단으로서의 인간 행동에서 나타나는 "찬란한 예측 불가능성"[1](미래를 '모른다'는 사실에서 비롯되어 우리 삶의 본질을 이루는, 그리고 다른 무엇보다도 우리의 삶에 고유의 향취를 더해주는 바로 그 예측 불가능성)도 존재하지 않을 것이다.

하지만 여기서 끝이 아니다. (말하거나 쓴) 단어와 문장뿐만 아니라 수학과 컴퓨터 프로그램을 전부 포함한 언어는 특정 소리와 표시를 선택해 그것들이 다른 것을 대표하게(대신하게) 함으로써 작동한다. 그러나 이때는 어쩔 수 없이 언어와 그 의미 사이에 간극이 생긴다.[2] 같은 언어를 쓰는 사람들조차 서로를 종종 오해하는 이유는 바로 이러한 간극 때문이다. 반대로 모든 것을 완벽하게 이해한다면 이러한 간극은 사라질 것이다. 언어를 의미하는 기표는 기의와 정확히 일치해야만 한다. 이때 기의란 이 세상과 이 세상 안에 있는 모든 것을 의미하며, 특히 여기에는 우리의 생각도 포함된다. 언어가 생각에 입각한 것이긴 하지만, 생각 자체도 생각의 대상이 될 수 있고 실제로 종종 그러하기 때문이다. 즉 인식하는 주체와 그의 생각, 그 생각을 표현하는 언어, 인식의 대상은 정확히 일치해야 한다.

그 하나의 것(그것이 어떠한 것이라면) 바깥에는 아무것도 없을 것이다. 빈 공간조차도 없을 텐데, 아인슈타인과 상대성 이론이 우리에게 공간 역시도 하나의 '것'임을 알려주었기 때문이다. 공간은 그 안에 있을 수 있는 모든 물체와 아무런 관련 없이 독자적으로 존재하며, 이러저러한 특성이 있고, 중력에 의해 휘고 비틀어질 수 있는 어떠한 것이다. 또한 시간도 존재할 수 없는데, 시간은 공간의 한 양상이며 공간과 밀접하게 엮여 있기 때문이다. 즉 과거와 미래도 사라지고, 과거와 미래가 그저 인간이 떠올린 생각이 아니라 실제로 존재한다고 가정하는 것 또한 불가능해짐으로써, 오로지 영원한 현재만이 남는다는 의미다.

간단히 말해서 불확실성이 사라진다는 것은 곧 빅뱅 이전으로(그 이전이 있다면) 돌아간다는 뜻이다. 그것은 아마 한없이 작고, 한없이 밀도가 높은 하나의 점일 것이다. 그 안에는 모든 우주가 담겨 있으나 오로지 홀로 존재하기 때문에 그 범위는 자기 자신에게 국한된다. 이 점이 생각을 할 수 있다고 가정한다면, 이 점은 자기 생각의 주체이자 대상이며, 영원히, 끊임없이 자기 자신에 대해서만 생각할 것이다. 중세에 익명의 시인이 쓴 이후 유대교의 기도서에 포함된 다음 시는 이러한 개념을 완벽하게 표현해준다. 매우 시적이라는 점을 제외하면 스티븐 호킹이 쓴 글에서 가져온 것처럼 보이기도 한다.

아직 무엇도 창조되지 않았을 때
온 우주를 다스리는 신이 있었다.
그의 의지로 모든 것이 만들어졌을 때
그는 왕으로 인정받았다.
모든 것이 끝이 나도
그는 여전히 혼자서 모든 것을 다스릴 것이다.
그는 영예로웠고, 영예로우며
앞으로도 계속 영예로울 것이다.
그는 혼자이며, 그와 비교하거나 함께할
다른 이는 없다.
시작도 없고, 끝도 없이
모든 주권과 권력은 그에게 속한다.

정말로 이러한 변화가 일어난다면 분명 빅뱅 이후로 가장 중요한 '특이점'이 될 것이다. 이는 지난 몇십 년간 발생한 컴퓨팅 분야의 발전에 외삽법을 적용한 레이 커즈와일이 자랑스레 알린 초인공지능의 발달보다 훨씬 더 중요한 사건이며, 진보한 외계 문명과의 우연한 만남보다도 훨씬 더 중요하다.

그와 현대의 다른 예언자들이 무어라 말하든, 이러한 변화가 곧 일어날 위험은 없어 보인다.

주

머리말

1   Sophocles, *Antigone*, 589–90.

2   무엇보다 다음을 참조. F. Brentano, *Psychology from an Empirical Standpoint* [1874] (London, 1995), pp. 88–9.

3   S. Herculano-Houzel, 'The Human Brain in Numbers: A Linearly Scaled-up Primate Brain', *Frontiers in Human Neuroscience*, 9 November 2009, www.frontiersin.org.

4   F. de Waal, *The Bonobo and the Atheist* (New York, 2014).

5   이에 대한 간략한 논의는 다음을 참조. A. Ault, 'Ask Smithsonian: Can Animals Predict Earthquakes?', www.smithsonian.com, 10 August 2016.

6   J. Balcombe, *What a Fish Knows* (Kindle edition, 2016), passim.

7   C.D.L. Wynne, *Do Animals Think*? (Princeton, nj, 2004), pp. 59, 229.

8   T. Hobbes, *Leviathan* [1652] (London, 1952), p. 130.

9   J.-J. Rousseau, *Émile* [1762] (Portland, or, 2009), p. 413. 내가 이 구절에 주목하게 해준 나의 아들 엘다드에게 감사를 전한다.

10   이를테면 다음을 참조. R. J. Szczerba, 'Fifteen Worst Tech Predictions of All Time', www.forbes.com, 5 January 2015.

11 D. B. Redford, ed., *The Oxford Encyclopedia of Ancient Egypt* (Oxford, 2001), vol. ii, p. 301.

12 이에 관해서는 다음을 참조. A. M. Weaver, 'The "Sin of Sargon"', Iraq, lxvi (2004), p. 63.

13 U. Koch-Westenholz, *Mesopotamian Astrology* (Copenhagen, 1985), p. 12.

14 Ptolemy, *Tetrabiblos*, 1.2.

15 이 흥미로운 이야기에 관해서는 다음을 참조. 'Berlin's Wonderful Horse', *New York Times*, 4 September 1904.

1 영과 소통하는 존재, 샤먼

1 이 단어의 여러 해석에 관해서는 다음을 참조. S. Krippner, 'The Epistemology and Technologies of Shamanic States of Consciousness', *Journal of Consciousness Studies*, vii/11-12 (2000), p. 93; B. Laufer, 'Origin of the Word Shaman', *American Anthropologist*, xix (1917), 특히 pp. 363-7.

2 J. Narby and F. Huxley, *Shamans Through Time* (New York, 2001), p. 18.

3 이에 관해서는 다음을 참조. L. D. O'Malley, 'The Monarch and the Mystic: Catherine the Great's Strategy of Audience Enlightenment in The Siberian Shaman', *Slavic and East European Journal*, xli/2 (Summer 1997), pp. 224-42.

4 샤머니즘을 보존하고 되살리기 위한 시도에 관해서는 다음을 참조. M. Harner, 'The History and Work of the Foundation for Shamanic Studies', *Shamanism*, xvii/1-2 (Summer 2005), pp. 1-4.

5 M. Eliade, *Shamanism: Archaic Techniques of Ecstasy* [1951] (Princeton, nj, 1972), p. 7.

6 M. van Creveld, *The Rise and Decline of the State* (Cambridge, 1999).

7 J.-P. Chaumeil, 'Varieties of Amazonian Shamanism', *Diogenes*, xl/158 (June 1992), pp. 101-13 참조.

8 F. McClenon, 'Shamanic Healing, Human Evolution, and the Origin of

Religion', *Journal for the Scientifc Study of Religion*, xxxvi/3 (September 1997), pp. 345–54.

9   이러한 측면에 관해서는 다음을 참조. A. R. Radcliffe-Brown, *The Andaman Islanders* [1922] (New York, 1964), p. 15; W. Arens, 'Evans-Pritchard and the Prophets', *Antropos*, vii/1–2 (1983), pp. 1–16.

10 C. D. Worobec, *Possessed: Women, Witches and Demons in Imperial Russia* (DeKalb, il, 2002), p. 79.

11 W. H. Kracke, 'He Who Dreams: The Nocturnal Source of Transforming Power in Kagwahiv Shamanism', in *Portals of Power: Shamanism in South America*, ed. E. Jean Matteson Langdon and Gerhard Baer (Albuquerque, nm, 1992), pp. 1–16.

12 Arnold Ludwig, A. P. Garcia-Romeu and C. T. Tart, 'Altered States of Consciousness and Transpersonal Psychology', in *The Wiley-Blackwell Handbook of Transpersonal Psychology*, ed. Harris L. Friedman and Glenn Hartelius (London, 2013), p. 129에서 인용됨.

13 Max Planck Institute, 'Trance State of Consciousness is associated with a Specifc Brain Network Signature and Perceptual Decoupling', Press Release, www.cbs.mpg.de, 8 July 2015.

14 더 자세한 설명은 다음을 참조. A.-L. Siikala, 'The Siberian Shaman's Technique of Ecstasy', *Scripta Instituti Donneriani Aboensis*, xi (1982), pp. 103–21.

15 J. M. Allegro, *The Sacred Mushroom and the Cross* (London, 1970).

16 P. Hadot, 'Shamanism and Greek Philosophy', in *The Concept of Shamanism: Uses and Abuses*, ed. Henri-Paul Francfort and Roberte M. Hamayon (Budapest, 2001), pp. 389–401; W. T. Stace, *A Critical History of Greek Philosophy* [1920] (Kindle edition, 2018), loc. 3835 참조.

17 J. M. Cruikshank, 'Legend and Landscape: Convergence of Oral and Scientifc Traditions in the Yukon Territory', *Arctic Anthropology*, xviii/2 (1981), pp. 67–93 참조.

18 R. R. Desjarlais, 'Healing Through Images: The Magic Flight and Healing

Geography of Nepali Shamans', *Ethnos*, xvii/3 (September 1989), p. 289.

19 J. J. O'Hara, Sostratus Suppl. Hell. 733: 'A Lost, Possibly CatullanEra Elegy on the Six Sex Changes of Teiresias', *Transactions of the American Philological Association*, cxxvi (1996), pp. 173-8 참조.

20 Aristotle, *Eudemian Ethics*, 1248b.

21 Sophocles, *Oedipus Rex*, 284-5.

22 이어지는 내용에 관해서는 다음을 참조. R.G.A. Buxton, 'Blindness and Limits: Sophocles and the Logic of Myth', *Journal of Hellenic Studies*, c (1980), pp. 28-9.

23 Euripides, *Hecuba*, 1036 and 1260-95.

24 A. L. Miller, 'Myth and Gender in Japanese Shamanism: The Itako of Tohoku', *History of Religions*, xxxii/4 (May 1993), pp. 343-67 참조.

25 J. Y. Lee, 'The Seasonal Rituals of Korean Shamanism', *History of Religions*, xii/3 (February 1973), pp. 271-87.

26 Lee E-Wha, *Korea's Pastimes and Customs*, trans. Ju-Hee Park (Paramus, nj, 2001), p. viii.

27 S. Osborne, 'Baba Vanga: Who is the Blind Mystic Who "Predicted the Rise of isis"?', *The Independent*, 8 December 2015.

28 'Category: Fictional Blind Characters', https://en.wikipedia.org, accessed 28 March 2019 참조.

2 주님의 이름으로

1 이를테면 다음을 참조. 「열왕기하」9:6-11, 「호세아」9:7, 「예레미야」29:8-9.

2 이 문제에 관해서는 다음을 참조. R. R. Wilson, 'Prophecy and Ecstasy: A Reexamination', *Journal of Biblical Literature*, xcviii/3 (September 1979), pp. 321-5.

3 'Prophecy in the Old Testament', Lexicon of Jewish Culture [in Hebrew], https://lexicon.cet.ac.il, accessed 28 March 2019.

4　「역대기상」29:29 참조.

5　「사무엘하」12, 「열왕기상」1:1-22.

6　「열왕기상」11:19-39, 17:1-4, 7, 12-3.

7　이를테면 「이사야」2:2-3, 「호세아」3:4-5를 참조.

8　이어지는 내용에 관해서는 다음을 참조. J. Blenkinsop, *A History of Prophecy in Israel* (London, 1996), locs 1070-127.

9　위의 책, loc. 1102; G. Dossin, 'Sur le prophétisme a Mari', in *La divination en Mésopotamie ancienne* (Paris, 1966), pp. 85-6. 번역은 Blenkinsop.

10　전체 이야기는 다음을 참조. K. Radner, 'The Trials of Esarhaddon: The Conspiracy of 670 bc', *Isimu*, vi (2003), pp. 165-84.

11　이 비문에 관해서는 다음을 참조. J. Hoftijzer and G. van der Kooij, eds, *Aramaic Texts from Deir 'Alla Documenta et Monumenta Orientis Antiqui*, xix (1976).

12　Plutarch, *Alcibiades*, 17.4.

13　Plato, *Phaedrus*, 244b.

14　Cicero, *On Divination*, 1.114.

15　Cicero, *On Divination*, 1.31.66-7.

16　「마카베오상」9:27, 4:44-6, 14:41.

17　Bava Batra 10b.

18　전체 주제에 관해서는 다음을 참조. L. S. Cooke, *On the Question of the 'Cessation of Prophecy' in Ancient Judasim* (Tübingen, 2011), and B. D. Sommer, 'Did Prophecy Cease? Evaluating a Reevaluation', *Journal of Biblical Literature*, cxv/1 (Spring 1996), pp. 31-47.

19　「데살로니카인들에게 보낸 둘째 편지」2; 「사도행전」11:27, 13:1, 15:32; 「고린토인들에게 보낸 둘째 편지」12-14. 초기 교회에서의 예언에 관해서는 다음을 참조. J. L. Ash, 'The Decline of Ecstatic Prophecy in the Early Church', *Theological Studies*, xxxvii/2 (1976), pp. 226-52.

20　이를테면 다음을 참조. I. A. Ahmad, 'Did Muhammad Observe the Canterbury 95 Meteoroid Swarm?' *Archaeoastronomy*, xi (1989), p. 95.

21　Islam/Religion, 'The Prophecies of Muhammad', www.islamreligion.com, accessed 28 March 2019 참조.

22 Gregory of Tours, *The History of the Franks* [573-94], trans. Lewis Thorpe (Harmondsworth, 1974), pp. 465-7.

23 익명의 저자가 쓴 *Liber Mirabalis* (1524): www.bibliotecapleyades.net, accessed 28 March 2019 참조.

24 R. E. Lerner, 'Medieval Prophecy and Religious Dissent', *Past and Present*, lxxii/1 (August 1976), pp. 8-9 참조.

25 B. Newman, 'Hildegard of Bingen: Visions and Validation', *Church History*, liv/2 (June 1985), pp. 163-75 참조.

26 *Analecta Sacra*, ed. J. B. Pitra (Monte Cassino, 1882), vol. viii, p. 576, Letter No. 164.

27 J. Gerson, 'On Distinguishing True from False Revelations', in *Early Works*, trans. Brian Patrick McGuire (Slough, 1998), pp. 334-64.

28 여성 예언자에 관한 제르송의 비난에 관해서는 그의 다음 두 논문을 참조. 'De probatione spirituum', 'De distinctione verarum visionum a falsis', in Jean Gerson, *Oeuvres complètes*, ed. Palémon Glorieux, Paris, 1960-1973, 각각 vols ix, pp. 177-85, iii, 36-56.

29 이어지는 내용에 관해서는 다음을 참조. J. N. Bremmer, 'Prophets, Seers, and Politics in Greece, Israel, and Early Modern Europe', *Numen*, xl/2 (May 1993), pp. 168-71.

30 A. Prosperi, 'Dalle "divine madri" ai "padri spirituali"', in *Women and Men in Spiritual Culture*, ed. E. S. van Kessel (The Hague, 1986), pp. 71-90.

31 J. Bilinkoff, 'A Spanish Prophetess and Her Patrons: The Case of Maria de Santo Domingo', *Sixteenth Century Journal*, xxiii/1 (Spring 1992), pp. 21-34.

32 J. Calvin, *Commentary on Jeremiah 27:15*. 전체 주제에 관해서는 다음을 참조. W. Berends, 'Prophecy in the Reformation Tradition', *Vox Reformata*, lx (1995), pp. 30-43.

33 M. Luther, *Werke*, Kritische Gesamtausgabe (Weimar, 1883-2009), 46, 60, 34-40.

34 R. W. Scribner, 'Incombustible Luther: The Image of the Reformer in Early

Modern Germany', *Past and Present*, cx/1 (February 1986), p. 41.

35 P. Mack, 'Women as Prophets during the English Civil War', *Feminist Studies*, viii/1 (Spring 1982), pp. 18–45 참조.

36 C. Burrage, 'Anna Trapnel's Prophecies', *English Historical Review*, xxvi/103 (July 1911), pp. 526–35 참조.

37 D. Leverenz, *The Language of Puritan Feeling: An Exploration in Literature, Psychology, and Social History* (New Brunswick, nj, 1980), p. 1에서 인용됨.

38 W. Frijhoff, 'Prophetie et societe dans les Provinces-Unies aux xviie et xviiie siècles', in *Prophites et sorcièrs dans les Pays-Bas, xvie–xviiie siècles*, ed. M.-S. Dupont-Bouchat et al. (Paris, 1978), pp. 263–362.

39 J. Green, *Printing and Prophecy* (Ann Arbor, mi, 2011), passim.

40 *The Doctrines and Covenants of the Church of Jesus Christ of Latter-day Saints*, 87 and 84:44.

41 위의 책, 97:10–12.

42 'Saint Athanasia of Egaleo: The Visions and Misspellings of the Virgin Mary' [in Greek], www.crashonline.gr, 2 January 2018.

3 피티아와 시빌라의 신탁

1 Cicero, *On Divination*, 1.3.

2 Origen, *Against Celsus*, 8.45에서 인용됨.

3 Plutarch, *On the Pythian Oracles*, 405c.

4 J. Z. de Boer and J. R. Hale, 'New Evidence for the Geological Origins of the Ancient Delphic Oracle (Greece)', *Geology*, xxix/8 (August 2001), pp. 707–10.

5 Plutarch, *On the Pythian Oracles*, 438b.

6 Herodotus, *The Histories*, 1.47.

7 이 신탁들의 목록에 관해서는 다음을 참조. 'List of Oracular Statements from Delphi', https://en.wikipedia.org, accessed 20 June 2019.

8   Plutarch, *On the Pythian Oracles*, 11.

9   Herodotus, *The Histories*, 1.50.

10   Plutarch, *Alexander*, 14.6–7.

11   Heraclitus, Fragment 92.

12   Plato, *Phaedrus*, 244b.

13   시빌 예언집을 참고한 사례는 다음을 참조. 'Sibylline Books', https://en.wikipedia.org/wiki, accessed 20 June 2019.

14   Tacitus, *Annals*, 6.12.

15   Plutarch, *Quaestiones Romanae*, 83.

16   이에 관해서는 다음을 참조. C. C. Coulter, 'The Transfguration of the Sibyl', *Classical Journal*, xvi/2 (November 1950), pp. 65–6.

17   St Augustine, *City of God*, 18.23.

18   이 일화에 관해서는 다음을 참조. R. Raybould, *The Sibyl Series of the Fifteenth Century* (Leiden, 2016), p. 37.

19   J. L. Malay, 'Performing the Apocalypse: Sibylline Prophecy and Elizabeth i', in *Representations of Elizabeth i in Early Modern Culture*, ed. A. Petrina and L. Tosi (London, 2011), pp. 175–92 참조.

4 기억해야 할 꿈

1   Aristotle, *On Divination in Sleep*, 1.463a31-b1.

2   C. Lac, 'A Brief History and Scientifc Look at Dream Analysis and Interpretation', www.skepticink.com, 17 October 2013.

3   J. M. Siegel, 'Rem Sleep: A Biological and Psychological Paradox,' *Sleep Medicine Reviews*, xv/3 (June 2011), pp. 139–42 참조.

4   L. Oppenheim, 'The Interpretation of Dreams in the Ancient Near East', *Transactions of the American Philosophical Society*, xxxvi/3 (1956), pp. 250, 274–5, 293.

5   D. Ogden, *Greek and Roman Necromancy* (Princeton, nj, 2001), passim 참조.

6   Polybius, *The Histories*, 33.21.3.

7   Herodotus, *The Histories*, 1.108.

8   Plutarch, *Alexander*, 2; Cicero, *On Divination*, 1.22; Suetonius, *Caesar*, 81.

9   Aristophanes, *The Wasps*, 52–4.

10 Herodotus, *The Histories*, 7.15.

11 Pindar, Fragment 116b.

12 Xenophon, *Cyropaedia*, 8.7.21; Cicero, *On Divination*, 1.63–5; Aeschylus, *Eumenides*, 104; Iamblicus, *On the Mysteries of Egypt*, 3.3.

13 Plutarch, *Quaestiones convivales*, 8.10.2.

14 Athanasius, *Contra gentes*, 31.38–44.

15 Juvenal, *Satires*, 6.546–7.

16 Plato, *Laws*, 909e–910a.

17 Galen, *Corpus medicorum graecorum*, 16.222–3.

18 아르테미도로스에 관해서는 다음을 참조. S.R.F. Price, 'The Future of Dreams: From Freud to Artemidorus', *Past and Present*, cxiii/3 (November 1986), pp. 3–37.

19 가장 최근의 그리스어-영어 판본은 D. E. HarrisMcCoy, *Artemidorus' Oneirocritica: Text, Translation and Commentary* (Oxford, 2012).

20 위의 책, 2.25.

21 Sahih Muhammad ibn Ismail al-Bukhari, *The Translation of the Meanings of Sahih al-Bukhari* (Lahore, 1979), 9.91.

22 이어지는 문단에 관해서는 다음을 참조. N. Bland, 'On the Muhammedan Science of Tâbír, or Interpretation of Dreams', *Journal of the Royal Asiatic Society of Great Britain and Ireland*, xvi (1856), pp. 119–40.

23 I. R. Edgar, 'The Inspirational Night Dream in the Motivation and Justifcation of Jihad', *Nova Religio*, xi/2 (November 2007), pp. 59–76.

24 이 이야기는 다음 출처에서 발견함. A. Lines, 'Sick Videotape Proves bin Laden was the Evil Mastermind Behind the Horrors of Sept 11', *The Mirror*, 14 December 2001.

25 테르툴리아르누스에 관해서는 다음을 참조. P. C. Miller, *Dreams in Late*

Antiquity (Princeton, nj, 1998), pp. 66–70.

26 S. F. Kruger, *Dreaming in the Middle Ages* (Cambridge, 1992), pp. 40–41 참조.

27 이 책의 번역과 해설은 다음을 참조. S. M. Oberhelman, *The Oneirocriticon of Achmet: A Medieval Greek and Arabic Treatise on the Interpretation of Dreams* (Lubbock, tx, 1991).

28 Kruger, *Dreaming in the Middle Ages*, pp. 45–52.

29 위의 책, p. 109.

30 H. Goldberg, 'The Dream Report as a Literary Device in Medieval Hispanic Literature', *Hispania*, lxvi/1 (March 1989), pp. 21–31 참조.

31 이 일화에 관해서는 다음을 참조. R. Boone, 'Empire and Medieval Simulacrum: A Political Project of Mercurino di Gattinara, Grand Chancellor of Charles v', *Sixteenth Century Journal*, lxii/4 (Winter 2011), pp. 1027–49.

32 D. Barrett, *The Committee of Sleep: Dreams and Creative Problem Solving*, Department of Psychiatry, Harvard Medical School, Boston, mA, n.d, www.researchgate.net/publication/265122910, accessed 1 April 2019.

33 R. Lewinsohn, *Science, Prophecy and Prediction* (New York, 1961), pp. 120–23 참조.

34 이를테면 Alchera Dream Software, http://mythwell.com; 이 밖에도 여러 가지가 있다.

35 'What Do Dreams Mean? Software Provides Dream Interpretation to Learn Their Meanings', www.healthynewage.com, 28 January 2016 참조.

36 인용한 모든 문장은 다음 출처에서 찾아볼 수 있다. G. Holloway, *The Complete Dream Book* (Kindle edition, 2006), locs 243, 327, 549, 740, 1110–15, 1153–8.

37 M. Lennox, *Llewellyn's Complete Dictionary of Dreams: Over 1,000 Dream Symbols and Their Universal Meanings* (Kindle edition, 2015).

5 죽은 자와의 상담

1 이를테면 다음을 참조. 'Dying Words: The Last Words Spoken by Famous People at Death, or Shortly Before', www.corsinet.com, accessed 28 March 2019.

2 이어지는 단락은 다음 출처에 근거함. I. L. Finkel, 'Necromancy in Ancient Mesopotamia', *Archiv für Orientforschung*, xxix–xxx (1983–4), pp. 1–17.

3 이어지는 내용은 다음을 참조. B. J. Collins, 'Necromancy, Fertility and the Dark Earth: The Use of Ritual Pits in Hittite Cult', in *Magic and Ritual in the Ancient World, ed. P. Mirecki and M. Meyer* (Leyden, 2002), pp. 224–6.

4 이에 관해서는 다음을 참조. B. B. Schmidt, *Israel's Benefcent Dead: AncestorCult and Necromancy in Ancient Israelite Religion and Tradition* (Tübingen, 1994).

5 이에 관한 여러 해석은 다음을 참조. H. E. Mendez, 'Condemnations of Necromancy in the Hebrew Bible: An Investigation of Rationale', mA dissertation, University of Georgia, Athens, gA (2009), pp. 57–62.

6 「출애굽기」 22:1; 「이사야」 8:19 참조.

7 Mishnah Sanhedrin 7, 여러 유형의 범죄자가 받은 처벌을 다루는 부분이다.

8 M. Ben-Chaim, 'Consulting the Dead', www.mesora.org, accessed 28 March 2019.

9 Strabo, *Geography*, 15.2.39.

10 Aeschylus, *Persians*, 739–41.

11 D. Ogden, *Greek and Roman Necromancy* (Princeton, nj, 2001), pp. 243–4에서 인용됨.

12 Virgil, *Aeneid*, 6.756–902.

13 위의 책, 6.847–53.

14 Plutarch, *Cimon*, 6.4–6.

15 S. I. Dakaris, 'The Acheron Necromancy Excavation', *Greek Archeological Society Records* [in Greek] (Athens, 1964), pp. 44–53 참조.

16 이에 관해서는 다음을 참조. N. W. Slater, 'Posthumous Parleys: Chatting up

the Dead in the Ancient Novels', in *The Greek and the Roman Novel: Parallel Readings*, ed. M. Paschalis et al. (Eelde, 2007), pp. 57–69.

17 Lucian, *Pharasalia*, 238–40.

18 Heliodorus, 'An Ethiopian Story', trans. J. R. Morgan, in *Collected Ancient Greek Novels*, ed. B. P. Reardon (Berkeley, cA, 1989), pp. 19–24.

19 Apuleius, *The Golden Ass*, 2.28–9.

20 Gerald of Wales, *Giraldi Cambrensis opera*, ed. John S. Brewer (London, 1861–91), vol. vi, pp. 57–60.

21 M. D. Bailey, 'From Sorcery to Witchcraft', *Speculum*, lxxvi/4 (October 2001), pp. 960–67.

22 C. Marlowe, *The Tragic History of Doctor Faustus*, introduction, line 24.

23 D. B. Morris, 'Gothic Sublimity', *New Literary History*, xvi/2 (Winter 1985), pp. 299–319 참조.

24 영국의 사례는 다음을 참조. L. Hunt, 'Necromancy in the uk: Witchcraft and the Occult in British Horror', in *British Horror Cinema*, ed. S. Chibnall and J. Petley (London, 2001), pp. 82–96.

25 이에 관해서는 다음을 참조. J. Oppenheim, *The Other World: Spiritualism and Psychical Research in England, 1850–1914* (Cambridge, 1985).

26 Arthur Conan Doyle, *The New Revelation: The Coming of a New Spiritual Paradigm* (London, 1918) 참조.

27 P. J. Bowler, *Reconciling Science and Religion: The Debate in Early-twentieth-century Britain* (Chicago, il, 2014), p. 35 참조.

28 A. Conan Doyle, The History of Spiritualism [1926] (Kindle edition, 2010), loc. 46.

29 케이턴에 관해서는 다음을 참조. M.A.B. Brazier, 'The History of the Electrical Activity of the Brain as a Method for Localizing Sensory Function', *Medical History*, vii/3 (July 1963), pp. 204–6.

30 C. F. Varley와 심령주의의 관계에 관해서는 다음을 참조. B. J. Hunt, 'Varley, Cromwell Fleetwood (1828–1883)', *Oxford Dictionary of National Biography*(Oxford, 2004).

31 이어지는 내용에 관해서는 다음을 참조. A. Einstein, 'Aether and the Theory of Relativity', 1922, www-history.mcs.st-andrews.ac.uk, accessed 28 March 2019; Adam Amorastreya, 'The End of the Aether', 16 February 2015, https://resonance.org, accessed 25 October 2019.

32 Anon., 'Spiritualism and Electromagnetism', www.mathpages.com, accessed 28 March 2019.

33 Conan Doyle, *The History of Spiritualism*, locs 154, 159.

34 C. P. Scheitle, 'Bringing Out the Dead: Gender and Historical Cycles of Spiritualism', *Omega*, l/3 (2004−5), pp. 329−34.

35 E. Gomel, 'Spirits in the Material World: Spiritualism and Identity in the Fin De Siècle', *Victorian Literature and Culture*, xxxv/1 (2007), pp. 201−2 참조.

36 B. Bearak, 'Dead Join the Living in a Family Celebration', *New York Times*, 5 September 2010; A. Bennett, 'When Death Doesn't Mean Goodbye', *National Geographic*, 31 March 2016 참조.

37 이 주제에 관한 개요는 다음을 참조. C. Zaleski, *Other World Journeys: Accounts of Near-death Experiences in Medieval and Modern Times* (Oxford, 1987).

38 'Near-Death Experiences of the Hollywood Rich and Famous', www.near-death.com, accessed 28 March 2019.

39 S. Taylor, 'Near Death Experience and dmt', *Psychology Today*, 28 October 2018 참조.

40 'Seven Surprising Truths Near-death Experiences Reveal about the Universe', 30 October 2017, https://bibledice.wordpress.com.

41 B. Greyson, 'Near-death Encounters With and Without Near-death Experiences: Comparative nde Scale Profles', *Journal of Near-death Studies*, viii/3 (Spring 1990), pp. 151−61 (p. 157); 'The Future and the Near-death Experience', www.near-death.com, accessed 26 March 2019.

42 www.near-death.com, accessed 28 March 2019 참조.

43 'Most People Believe in Life after Death, Study Finds', *The Telegraph*,

13 April 2018; L. J. Francis and E. Williams, 'Paranormal Belief and the Teenage World View', *Journal of Research on Christian Education*, xviii/1 (2009), pp. 20-35.

44 D. W. Moore, 'Three in Four Americans Believe in Paranormal', https://news.gallup.com, 16 June 2005.

45 C. Ikonen, 'Michael Jackson Speaks Beyond the Grave to Reveal "Truth about Death"', www.dailystar.co.uk, 24 February 2018.

46 이에 관한 개요는 다음을 참조. Francis and Williams, 'Paranormal Belief'.

47 'True Miracle: "Brain Dead" Boy Revives after Parents Sign Consent for Organ Donation', www.rt.com, 7 May 2018.

48 S. Shemer, 'Israeli Scientists Uncover Innovative Method to Read Memories – Even after Death', www.nocamels.com, 16 April 2018. 더 자세한 설명은 다음을 참조. D. Mukherjee et al., 'Salient Experiences are Represented by Unique Transcriptional Signatures in the Mouse Brain', Elife, 7 February 2018, doi: 10.7554/eLife.31220.

6 하늘을 관찰하다

1 A. Marshack, *The Roots of Civilization: The Cognitive Beginnings of Man's First Art, Symbol and Notation* (London, 1972), p. 81 참조.

2 J. M. Steele, 'Eclipse Prediction in Mesopotamia', *Archive for the History of Exact Sciences*, liv/5 (February 2000), pp. 412-54 참조.

3 J. L. Cooley, 'Propaganda, Prognostication, and Planets', in *Divination, Politics and Ancient Near-Eastern Empires*, ed. A. Lenzi and J. Stökl (Atlanta, gA, 2014), pp. 7-32에서 인용됨.

4 F. Rochberg-Halton, 'Elements of the Babylonian Contribution to Hellenistic Astrology', *Journal of the American Oriental Society*, cviii/1 (March 1988), p. 54에서 인용됨.

5 U. Koch-Westenholz, *Mesopotamian Astrology* (Copenhagen, 1985), p. 13

참조.

6   Josephus, *Jewish Antiquities*, 1.166−8.

7   '칼데아인'에 함축된 여러 의미에 관해서는 다음을 참조. A. Y. Reed, 'Abraham as Chaldean Scientist and Father of the Jews', *Journal for the Study of Judaism*, xxxv/2 (April 2004), pp. 119−58.

8   J. C. Greenfeld and M. Sokoloff, 'Astrological and Related Omen Texts in Jewish Palestinian Aramaic', *Journal of Near Eastern Studies*, xlviii/3 (July 1989), pp. 201−14 참조.

9   J.E.S. Thompson, 'Maya Astronomy', *Philosophical Transactions of the Royal Society*, cclxxvi/1257 (May 1974), pp. 87−8 참조.

10 카르네아데스에 관해서는 다음을 참조. A. A. Long, 'Astrology: Arguments Pro and Contra', in *Science and Speculation*, ed. J. Banes (Cambridge, 2005), pp. 165−92.

11 바르다이산과 그의 글에 관해서는 다음을 참조. Tim Hegedus, 'Necessity and Free Will in the Thought of Bardaisan of Edessa', *Laval théologique et philosophique*, lix/2 (2003), pp. 333−44. 바르다이산의 글은 다음 출처에서 열람할 수 있다. www.newadvent.org, accessed 28 March 2019.

12 St Augustine, *Confessions*, 7.6.8.

13 이에 관해서는 다음을 참조. S. J. Tester, *A History of Western Astrology* (Woodbridge, 1987), pp. 151−3.

14 Abu Ma'shar, *The Abbreviation of the Introduction to Astrology*, trans. and ed. C. Burnett et al. (Leiden, 1994).

15 J. Samso, 'The Early Development of Astrology in al-Andalus', *Journal of the History of Arabic Science*, iii (1979), pp. 329−30, at www.medievalists.net, accessed 28 March 2019 참조.

16 H. Lemay, 'The Stars and Human Sexuality: Some Medieval Scientifc Views', Isis, lxxi/256 (March 1980), p. 127 n. 1.

17 Geoffrey Chaucer, 'The Wife of Bath's Prologue', ll. 609−20. 또한 다음을 참조. B. F. Hamlin, 'Astrology and the Wife of Bath: A Repinterpretation', *Chaucer Review*, ix/2 (1974), pp. 153−65.

18 Joseph Crane, 'Chaucer's Wife of Bath Needs a New Astrological Chart', www.astrologyinstitute.com, 20 March 2017.

19 Lemay, 'The Stars and Human Sexuality', p. 133.

20 R. Lewinsohn, *Science, Prophecy and Prediction* (New York, 1961), p. 84.

21 J. S. Lucas, *Astrology and Numerology in Medieval and Early Modern Catalonia* (Leiden, 2003), p. xix.

22 Regiomontanus, 'Oratio Iohannis de Monteregio', *Opera Collectanea*, ed. F. Schmeidler (Osnabrück, 1972), p. 52.

23 A. Warburg, *Heidnisch-antike Weissagungen in Wort und Bild zu Luthers Zeiten* (Hamburg, 1919), p. 85에서 인용됨.

24 J.G.H. Hoppman, 'The Lichtenberger Prophecy and Melanchthon's Horoscope for Luther', *Culture and Cosmos*, i/3 (Autumn–Winter 1997), pp. 49–59 참조.

25 D. A. Phllips, *The Complete Book of Numerology* (Kindle edition, 2005), loc. 2545.

26 R. Dunn, 'The True Place of Astrology among the Mathematical Arts of Late Tudor England', *Annals of Science*, li/2 (1994), pp. 151–63.

27 이를테면 다음을 참조. A. B. Lang et al., 'Activity Levels of Bats and Katydids in Relation to the Lunar Cycle', *Oecologia*, cxlvi/4 (January 2006), pp. 659–66.

28 D. Lehoux, 'Observation and Prediction in Ancient Astrology', *Studies in the History and Philosophy of Science*, xxxv/2 (June 2004), pp. 227–46 참조.

29 이에 관한 수많은 문헌 중 다음을 참조. J. Chotal et al., 'Variations in Personality Traits among Adolescents and Adults According to Their Season of Birth in the General Population', *Elsevier*, xxxv/4 (September 2003), pp. 897–908; S. Knapton, 'People Born in Summer are Taller than Those with Winter Birthdays', *The Telegraph*, 12 October 2015.

30 Tester, *A History of Western Astrology*, pp. 68–9에서 인용됨.

31 폼포나치에 관해서는 다음을 참조. E. Garin, *Astrology in the Renaissance* (London, 1976), pp. 12–14.

32 W. Soakland, 'Supernova and Nova Explosion's Space Weather', *Journal of Earth Science and Engineering*, vii (2017), pp. 136–53.

33 S. W. Hawking and G. F. Rayner Ellis, *The Large Scale Structure of Space–Time* (Cambridge, 1973), p. 1.

34 W. Shumaker, ed., *John Dee on Astrology: Propaedeumata Aphoristica, 1558–68* (Los Angeles, cA, 1978), pp. 130–31.

35 Brian Baulsom, 'What is the Logic Behind Astrology?', *Quora*, 4.3.2017, www.quora.com, accessed 28 March 2019.

36 G. Dean and A. Mather, eds, *Recent Advances in Natal Astrology: A Critical Review, 1900–1976* (London, 1977), pp. 442–3.

37 N. Campion, 'How Many People Actually Believe in Astrology?', http://theconversation.com, 28 April 2017; B. Hays, 'Majority of Young Adults Think Astrology is a Science', www.upi.com, 12 February 2014; National Science Foundation, 'Chapter 7. Science and Technology: Public Attitudes and Understanding', www.nsf.gov/statistics/seind14, accessed 28 March 2019.

38 G. van Rheenen, *Communicating Christ in Animistic Contexts* (Pasadena, cA, 1991), p. 66.

39 R. Harmanci, 'How Nancy Reagan Became Forever Linked with Astrology', www.atlasobscura.com, 6 March 2016 참조.

40 'Star Wars – the Discount Model', *The Economist*, 8 January 1998, www.economist.com.

7 명백한 징조와 전조들

1 Francesca Rochberg, 'Natural Knowledge in Ancient Mesopotamia', in *Wrestling with Nature: From Omens to Science*, ed. Peter Harrison et al. (Chicago, il, 2011), p. 13.

2 Semonides of Amorgos, 1.1–4.

3 Theognis, 133–6 and 141–2.

4 Thucydides, *The Peloponnesian War*, 5.54.1, 5.55.3, 5.56.1; Xenophon, *Hellenica*, 3.4.3, 3.5.7, 4.7.2, 5.1.3, 5.3.14, 5.4.37, 5.4.47, 6.5.12.

5 Arrian, *Anabasis*, 4.4.3.

6 Cicero, *On Divination*, 1.4.3.

7 Polybius, *The Histories*, 2.17.2 and 9.12–20; Onasander, 25.10.

8 Frontinus, *Stratagemata*, i.11.14–15.

9 Livy, *Roman History*, 43.13.1–2.

10 Suetonius, *Caesar*, 88; Cassius Dio, 45.7.1; Servius, *Commentary on the Aeneid*, 6.81.

11 R. Lattimore, 'Portents and Prophecies in Connection with the Emperor Vespasian', *Classical Journal*, xxix/6 (March 1934), pp. 441–9 참조.

12 St Augustine, *On Christian Doctrine*, 2.23–4.

13 Einhard, *Vita Caroli*, 32.

14 S. Gerson, *Nostradamus* (Kindle edition, 2012), locs 2096–101.

15 Mario Reading, *Nostradamus: The Complete Prophecies for the Future* (Kindle edition, 2015), locs 28–132.

16 Gerson, *Nostradamus*, loc. 378.

17 E. Garin, *Astrology in the Renaissance* (London, 1976), p. 100에서 인용됨.

18 B. Roeck, *Eine Stadt in Krieg und Frieden: Studien zur Geschichte der Reichstadt Augsburg* (Göttingen, 1993), p. 523에서 언급됨.

19 S. J. Tester, *A History of Western Astrology* (Woodbridge, 1987), pp. 196–202; J. Thiebault, 'Jeremiah in the Village: Prophecy, Preaching, Pamphlets, and Penance in the Thirty Years' War', *Central European History*, xxvii/4 (1994), pp. 441–60.

20 F. Oberholzner, 'From an Act of God to an Insurable Risk: The Change in the Perception of Hailstorms and Thunderstorms since the Early Modern Period', *Environment and History*, xvii/1 (February 2011), pp. 133–52.

8 새와 내장으로 보는 점술

1   Plato, *Timaeus*, 72b.

2   Homer, *Iliad*, 69–70.

3   Homer, *Odyssey*, 15.493–597.

4   E. L. Hicks, *The Collection of Ancient Greek Inscriptions in the British Museum* (Oxford, 1896), vol. iii, no. 678 참조.

5   Xenophon, *Anabasis*, 6.1.20.

6   M. Jastrow, 'The Liver as the Seat of the Soul', in *Studies in the History* of *Religions*, ed. David Gordon Lyon and George Foot Moore (New York, 1912), p. 143; Mary R. Bachvarova, 'The Transmission of Liver Divination from East to West', *Studi Micenei ed Egeo-Anatolica*, liv (2012), pp. 143–64 참조.

7   Philostratus, *Life of Apolonius*, 8.7.15.

8   Pausanias, *Description of Greece*, 6.2.4; Juvenal, *Satires*, 3.44.

9   W. Burkert, *The Orientalizing Revolution: Near Eastern Influence on Greek Culture in the Early Archaic Age*, trans. M. E. Pinder and W. Burkert (Cambridge, mA, 1992), p. 50.

10 다음 출처의 번역을 사용함. D. Collins, 'Mapping the Entrails: The Practice of Greek Hepatoscopy', *American Journal of Philology*, cxxix/3 (September 2008), p. 335.

11 Suetonius, Caesar, 81; Plutarch, Caesar, 63.5–6.

12 Cicero, On Divination, 1.38.82–3.

13 Ammianus Marcelinus, 6.16.

14 Jon G. Abbink, 'Reading the Entrails: Analysis of an African Divination Discourse', *Man*, xxviii/4 (December 1993), pp. 705–26.

15 Gallup News, 16 June 2005, news.gallup.com, accessed 28 March 2019.

9 숫자의 마법

1 전체 주제에 관해서는 다음을 참조. R. C. Archibald, 'Mathematics before the Greeks', Science, n. ser., lxxi/1831 (January 1930), pp. 109-21.

2 Christopher Dunn, *Lost Technologies of Ancient Egypt* (Kindle edition, 2010) 참조.

3 피타고라스와 그의 추종자들에 관해서는 다음을 참조. www.storyofmathematics.com, accessed 28 March 2019.

4 다음 출처의 영어 번역을 사용함. T. Tobias, *Number: The Language of Science* (London, 1930), p. 42.

5 D. Grewal, 'People See Odd Numbers as Male, Even as Female', *Scientifc American*, 31 August 2011.

6 이 단락에 나온 숫자들에 관해서는 다음을 참조. 'Philo Judaeus' at www. newworldencyclopedia.org, accessed 23 June 2019.

7 W. T. Stace, *A Critical History of Greek Philosophy* [1920] (Kindle edition, 2010), loc. 2348 참조.

8 Plato, *Republic*, 537b-d.

9 Plato, *The Laws*, 5.737-38.

10 '42 (Number)', at https://en.wikipedia.org, accessed 23 June 2019 참조.

11 Benjamin Jowett in the introduction to his translation of Plato, *The Laws* (Oxford, 1892).

12 A. F. Stewart, 'The Canon of Polykleitos: A Question of Evidence', *Journal of Hellenic Studies*, xcvii (November 1978), pp. 122-31 참조.

13 Vitruvius, *On Architecture*, 3.1.

14 이를테면 다음을 참조. Piotr Sorokowski and B. Pawlowski, 'Adaptive Preferences for Leg Length in a Potential Partner', *Evolution and Human Behavior*, xxix/2 (March 2008), pp. 86-91.

15 이에 관한 몇 가지 설명은 다음을 참조. I. Stewart, *The Beauty of Numbers in Nature* (Cambridge, mA, 2017).

16 E. Finn, *What Algorithms Want: Imagination in the Age of Computers* (Kindle

edition, 2017), loc. 235.

17 L. Fanthorpe and P. Fanthorpe, *Mysteries and Secrets of Numerology* (Toronto, 2013), p. 28.

18 G. M. Browne, 'The Composition of the Sortes Astrampsychi', *Bulletin of the Institute of Classical Studies*, xvii/1 (December 1970), pp. 95–100.

19 더 자세한 설명은 다음을 참조. https://digitalambler.wordpress.com, accessed 28 March 2019.

20 유대교의 숫자점과 카발라에 관해서는 다음을 참조. K. Barry, *The Greek Kabbalah: Alphabetical Mysticism and Numerology in the Ancient World* (York Beach, me, 1999).

21 N. Bland, 'On the Muhammedan Science of Tâbír, Or Interpretation of Dreams', *Journal of the Royal Asiatic Society of Great Britain and Ireland*, xvi (1856), pp. 139–40.

22 이에 관해서는 다음을 참조. G. A. Miller, 'The Magical Number Seven, Plus or Minus Two', *Psychological Review*, lxiii/2 (March 1956), pp. 81–97; R. E. Reynolds, '"At Sixes and Sevens" and Eights and Nines: The Sacred Mathematics of Sacred Orders in the Early Middle Ages', *Speculum: Journal of Medieval Studies*, liv/4 (October 1979), pp. 669–84.

23 A. Cusimano, 'Importance of Medieval Numerology and the Effects upon Meaning in the Works of the Gawain Poet', mA thesis, University of New Orleans, 2010 참조.

24 'Medieval Numerology: A Brief Guide', https://web.cn.edu, accessed 28 March 2019; C. A. Patrides, 'The Numerological Approach to Cosmic Order during the English Renaissance', *Isis*, xlix/4 (December 1958), pp. 391–7.

25 R. A. Peck, 'Number as Cosmic Language', in *Essays in the Numerical Criticism of Medieval Literature*, ed. C. D. Eckhardt (London, 1979), p. 17.

26 J. Edge, 'Licit Medicine or "Pythagorean Necromancy"? The "Sphere of Life and Death" in Late Medieval England', *Historical Research*, lxxxvii/238 (November 2014), pp. 611–32 참조.

27 Lecture to the Institute of Civil Engineers, 3 May 1883, in *Popular Lectures*

and Addresses (London, 1889), p. 72.

28 L. D. Balliett, *The Day of Wisdom According to Number Vibration* (Atlantic City, nj, 1917), pp. 30, 32, 39.

29 J. Williams, *Numerology* (Kindle edition, 2016), passim.

30 'Find Your Master Number', at www.numerology.com, accessed 23 June 2019.

31 D. Sharp, *Simple Numerology* (San Francisco, cA, 2001), 뒤표지.

32 'Numerology as Sacred Language and Numbers' Deeper Meanings', www.kasamba.com, accessed 28 March 2019 참조.

33 L. Thomas, 'Numerology', www.leethomas.co.za, accessed 23 June 2019.

34 C. Covell, *Ecstasy: Shamanism in Korea* (Elizabeth, nj, 1983), pp. 54–5.

35 A. D. Berkowitz, 'Biblical Numerology Predicts Trump Will Usher in Messiah', www.breakingisraelnews.com, 16 May 2016. 또한 다음을 참조. 'The Gematria of Hillary Clinton and Donald Trump', https://mosaicmagazine.com, 25 May 2016.

36 https://en.wikipedia.org/wiki/Yosef_Hayyim, accessed 23 June 2019.

37 D. Haber, 'Foretelling the Future by the Numbers: An Introduction to Arithmancy', www.beyondhogwarts.com, accessed 28 March 2019.

38 Axel Munthe, *The Story of San Michele* (New York, 1929), p. 110.

10 성경 해독하기

1 H. J. James, 'From Calabria Cometh the Law', *Mediterranean Historical Review*, xx/2 (December 2005), p. 188 참조.

2 이에 관해서는 다음을 참조. M. Reeves, *The Influence of Prophecy in the Later Middle Ages* (Oxford, 1969), pp. 360–61.

3 이를테면 다음을 참조. 'The Number 666 According to Muslims', https://heavenawaits.wordpress.com, accessed 28 March 2019.

4 럽튼과 그의 후계자들에 관해서는 다음을 참조. D. Brady, '1666: The Year of

the Beast', *Bulletin of the John Rylands Library*, lxi/2 (1979), pp. 314–15.

5 숫자 7의 신비한 특성에 관해서는 다음을 참조. https://en.wikipedia.org/wiki/7, https://en.wikipedia.org/wiki/777, accessed 23 June 2019.

6 L. Linthicum, 'It's Now u.s. Route 491, Not u.s. Route 666', *Albuquerque Journal*, 31 July 2003.

7 뉴턴이 사용한 방식에 관한 쉬운 설명은 다음을 참조. Josh Jones, 'In 1704, Isaac Newton Predicts the World Will End in 2060', www.openculture.com, 14 October 2015.

8 「요한의 묵시록」 11:2–3, 12:6.

9 이러한 종류의 계산에 관해서는 다음을 참조. 'Bible Codes: A Day Can Equal a Year', www.bible-codes.org, accessed 29 March 2019.

10 Gregory of Tours, *The History of the Franks*, 4.16.

11 이를테면, https://dailyverses.net/random-bible-verse, accessed 29 March 2019.

12 M. Laitman, 'The Ties between Letters, Words, and Numbers', www.kabbalah.info, accessed 28 March 2019.

13 'Bible Codes Made Simple', www.biblecodedigest.com, accessed 28 March 2019 참조.

14 C. R. Echelbarger, 'Bible Codes', *The Real Truth*, https://rcg.org, accessed 29 March 2019.

15 'Bible Code', http://download.cnet.com, accessed 29 March 2019 참조.

16 이 두 신사의 것이라는 업적에 관해서는 다음을 참조. 'Nathan Jacobi, PhD: Interview – Pt i' and 'Directory of Moshe Aharon Shak's Articles', www.biblecodedigest.com, both accessed 29 March 2019.

17 이 방법에 관해서는 다음을 참조. G. Scholem, *Major Trends in Jewish Mysticism* (New York, 1961), p. 100.

18 M. Drosnin, *The Bible Code* (New York, 1997).

19 A. E. Berkowitz, 'North Korea's Nuclear Tests May Set Off Apocalyptic War of Angels, Warns Bible Codes', www.breakingisraelnews.com, 20 March 2017.

20 위의 책.

21 사용 가능한 여러 프로그램을 비교한 내용은 다음을 참조. R. A. Rheinhold, 'Bible Code Software Comparsions,' Prophecy Truths, 1 March 2007, at http://ad2004.com.

22 이러한 논란에 관한 간략한 개요는 다음을 참조. https://en.wikipedia.org의 'Bible Code' 항목의 목차 중 'Wrr Authors', accessed 23 June 2019.

11 패턴에서 사이클까지

1   G. Santayana, *Reason in Common Sense* (New York, 1905), p. 284.

2   Thucydides, *The Peloponnesian War*, 1.22.

3   A. H. Bernstein, 'Thucydides and the Teaching of Strategy', *Joint Force Quarterly*, xiv (1996-7), pp. 126-7 참조.

4   J. Needham, *Time and Eastern Man* (London, 1965), Occasional paper No. 21, pp. 8-9; M. F. Lindemans, 'Ragnarok', *Encyclopedia Mythica*, 1997, www.pantheon.org; N. M. Farris, 'Remembering the Future, Anticipating the Past: History, Time, and Cosmology among the Maya of Yucatan', *Comparative Studies in Society and History*, xxix/3 (July 1987), pp. 566-93.

5   M. Eliade, *The Myth of the Eternal Return*, trans. Willard R. Trask (Princeton, nj, 1965), pp. 3-11, 155 참조.

6   L. N. Vodolazhskaya, 'Reconstruction of Vertical and L-shaped Ancient Sundials and Methods for Measuring Time', *Archaeology and Ancient Technologies*, ii/2 (August 2014), pp. 1-18.

7   Livy, *History of Rome*, Preface, 4.

8   Marcus Aurelius, *Meditations*, 5.13.

9   이러한 시각을 드러낸 고대 저자에 대한 논의는 다음을 참조. A. W. Lintott, 'Imperial Expansion and Moral Decline in the Roman Republic', *Historia*, xxi/4 (fourth quarter, 1972), pp. 626-38.

10 William Shakespeare, *Henry v*, iii.6; *King Lear*, ii.2 and iv.7; *As You Like It*, i.2.

11 E. Garin, *Astrology in the Renaissance* (London, 1976), p. 99에서 인용됨.

12 Aṅguttara-Nikǎya, R. Hooper, *End of Days: Predictions of the End from Ancient Sources* (Sedona, Az, 2011), p. 156에서 인용됨.

13 P. Crone, *The Nativist Prophecies of Early Islam* (Cambridge, 2014), pp. 245–7; 'Kalpa (aeon)', https://en.wikipedia.org, accessed 23 June 2019; Eliade, *Myth of the Eternal Return*, pp. 113–14.

14 Polybius, *The Histories*, 36.17.5–7.

15 위의 책, 5.15.

16 Petronius, *Satyricon*, 116.

17 Julius Caesar, *Commentarii de bello gallico*, 7.13.1.

18 K. van Lommel, 'The Recognition of Roman Soldiers' Mental Impairment', *Acta Classica*, lvi (2013), pp. 155–84.

19 Charles de Montesquieu, *The Spirit of the Laws* (1748), 11.6.

20 위의 책.

21 Charles de Montesquieu, *Considerations on the Causes of the Greatness of the Romans and their Decline* (Ithaca, ny, 1968), introduction.

22 F. Orestano, 'Picturesque Reconsidered – and Preserved', in *Britain and Italy in the Long Eighteenth Century*, ed. R. Loretelli and F. O'Gorman (Newcastle, 2010), pp. 16–30 참조; 나치 독일에 관해서는 다음을 참조. A. Speer, *Inside the Third Reich*, trans. R. and C. Winston (New York, 1970), pp. 56, 154.

23 식민지 미국에 관해서는 다음을 참조. S. Persons, 'The Cyclical Theory of History in Eighteenth-century America', *American Quarterly*, vi/2 (Summer 1954), pp. 147–63.

24 T. Barnard, *A Sermon, Delivered on the Day of National Thanksgiving, February 19, 1795* (Salem, mA, 1795), pp. 21–2.

25 자세한 내용은 다음을 참조. S. Zitto, 'Lessons from the Center of the World', *Washington Examiner*, 24 September 2017.

26 T. Snyder, *The Road to Unfreedom* (Kindle edition, 2018), locs 991, 1002, 1306, 1433 참조.

27 'Second Day after Easter' (1827), http://spenserians.cath.vt.edu, accessed 29 March 2019.

28 William H. McNeill, *Arnold J. Toynbee: A Life* (Oxford, 1989), p. 287.

29 R. Harris, 'Does Rome's Fate Await the u.s.?', *Mail on Sunday*, 12 October 2003 참조.

30 www.globalfrepower.com, accessed 23 June 2019.

31 Vilfredo Pareto, 'The Circulation of Elites' [1916], in *Theories of Society: Foundations of Modern Sociological Theory*, ed. T. Parsons et al. (Glencoe, il, 1961), vol. ii, pp. 551–7.

32 특히 초기의 방식에 관해서는 다음을 참조. W. A. Friedman, *Fortune Tellers: The Story of America's First Economic Forecasters* (Kindle edition, 2014), locs 114–25, 215–319.

33 J. C. Ott, *When Wall Street Met Main Street* (Cambridge, mA, 2011), p. 2.

34 D. Izraeli, 'The Three Wheels of Retailing', *European Journal of Marketing*, vii/1 (1973), pp. 70–74.

35 이 문제에 관해서는 다음을 참조. D. Coyle, *gdp: A Brief but Affectionate History* (Kindle edition, 2014), passim.

36 I. Petev, L. Pistaferri and I. S. Eksten, 'Consumption and the Great Recession', Stanford, cA, 2011, www.tau.ac.il, accessed 29 March 2019.

37 M. Gorbanev, 'Sunspots, Unemployment, and Recessions', mpra, 2012, https://mpra.ub.uni-muenchen.de.

38 이를테면 다음을 참조. P. Schwartz, *The Long Boom: The Coming Age of Prosperity* (New York, 1999); H. Kahn, *The Coming Boom: Economic, Political, and Social* (New York, 1982).

12 헤겔과 마르크스의 예측 방법

1 유대인의 선처럼 흐르는 역사 발명에 관해서는 다음을 참조. G. J. Whitrow, *Time in History: Views of Time from Prehistory to the Present Day* (Oxford,

1988), pp. 51-2, 55. 더 대중적인 자료로는 다음을 참조. T. Cahill, *The Gifts of the Jews: How a Tribe of Desert Nomads Changed the Way Everyone Thinks and Feels* (New York, 1999).

2   Whitrow, *Time in History*, p. 47, n. 15에서 인용됨.

3   그 증거는 다음을 참조. D. N. McCloskey, *Bourgeois Equality: How Ideas, Not Capital or Institutions, Enriched the World* (Kindle edition, 2017), locs 735-2185.

4   D. S. Landes, *Revolution in Time* (Cambridge, 1983), p. 231.

5   이에 관해서는 다음을 참조. G. S. Stent, *Paradoxes of Progress* (San Francisco, CA, 1979), pp. 28, 31-2.

6   H. G. Wells, *An Experiment in Autobiography* (London, 1934), vol. ii, p. 645.

7   J.M.F., 'What Are Bellwether Counties and Can They Actually Predict Elections?', *The Economist*, 6 November 2016, www.economist.com.

8   이 논쟁에 관해서는 다음을 참조. D. E. Luscombe, Peter Abelard's Ethics (Oxford, 1971), pp. 55-7.

9   헤겔의 체계에 관한 훌륭한 설명은 다음을 참조. N. G. Limnatis, *The Dimensions of Hegel's Dialectics* (London, 2010).

10   A. Woods and T. Grant, *Reason in Revolt: Marxist Philosophy and Modern Science* [1995] (Kindle edition, 2015), loc. 2102.

11   아우프헤벤에 관해서는 다음을 참조. W. Kaufman, *Hegel: A Reinterpretation* (New York, 1966), p. 144.

12   G.W.F. Hegel, *The Philosophy of History* [1837] (Kindle edition, 2010), loc. 1520.

13   이에 관해서는 다음을 참조. P. Paolucci, *Marx's Scientifc Dialectics: A Methodological Treatise for a New Century* (Leiden, 2007), esp. pp. 69-206.

14   K. Marx, Capital [1867] (London, 2016), p. 19.

15   Karl Marx, 'Estranged Labor', *Economic and Philosophical Manuscripts of 1844*, www.marxists.org, accessed 29 March 2019.

16   V. I. Lenin, 'Prophetic Words' [29 June 1918], www.marxists.org, accessed 29 March 2019.

17 Francis Fukuyama, 'The End of History?', *National Interest*, xvi (Summer 1989), pp. 1–18.

18 R. Lydall, 'Revealed: How the Average Speed of Traffic in London Has Plummeted to Just 7.8 Miles per Hour', *Evening Standard*, 9 December 2016, www.standard.co.uk.

19 이를테면 다음을 참조. M. K. Dodo, 'My Theory on the Trump Phenomenon', *Journal of Alternative Perspectives in the Social Sciences*, vii/4 (2016), pp. 593–661.

20 Karl Marx, 'The Eighteenth Brumaire of Louis Napoleon' [1852], www.marxists.org, accessed 29 March 2019, p. 1.

13 물어라, 그러면 답을 얻으리니

1 D. Slider, 'Party-Sponsored Public Opinion Research in the Soviet Union', *Journal of Politics*, xlvii/1 (February 1985), pp. 209–27.

2 'What the Future of Online Surveys Looks Like', www.surveypolice.com, 7 October 2016.

3 N. Silver, 'Google or Gallup? Changes in Voters' Habits Reshape Polling World', *New York Times*, 11 November 2012, www.nytimes.com.

4 E. Siegel, 'The Science of Error: How Polling Botched the 2016 Election', *Forbes*, 9 November 2016, www.forbes.com 참조.

5 P. Squire, 'Why the 1936 Literary Digest Poll Failed', *Public Opinion Quarterly*, lii/1 (Spring 1988), pp. 125–33 참조.

6 R. Poynter, 'No Surveys in Twenty Years?', http://thefutureplace.typepad.com, 24 March 2010.

7 B. Clark, 'Facebook and Cambridge Analytica', https://thenextweb.com, 21 March 2018 참조.

8 그 방식에 관해서는 다음을 참조. J. Landeta, 'Current Validity of the Delphi Method in Social Sciences', *Technological Forecasting and Social Change*,

lxxiii/5 (June 2006), pp. 467-82.

9   B. Schwarz et al., *Methods in Future Studies* (Boulder, co, 1982), pp. 12-14.

10   Y. Dror, *The Prediction of Political Feasibility* (Santa Monica, cA, 1969), passim. 훨씬 더 자세한 내용은 다음을 참조. G. J. Skulmoski, F. T. Hartman and J. Krahn, 'The Delphi Method for Graduate Research', *Journal of Information Technology Education*, vi (2007), pp. 1-21.

11   R. Lewinsohn, *Science, Prophecy and Prediction* (New York, 1961), pp. 137-8.

12   P. E. Tetlock and D. Gardner, *Superforecasting: The Art and Science of Prediction* (Portland, or, 2013) 참조.

13   J. Achenbach, 'Analysis: Obama Makes Decisions Slowly, and with Head, Not Gut', *Washington Post*, 25 November 2009 참조.

14   R. Haskins and R. Margolis, *Show Me the Evidence: Obama's Fight for Rigor and Results* (Washington, dc, 2014) 참조.

14 강력한 예측 도구, 모델

1   B. Frier, 'Roman Life Expectancy: Ulpian's Evidence', *Harvard Studies in Classical Philology*, lxxxvi (1982), pp. 213-51 참조.

2   C. Klosterman, *But What If We're Wrong? Thinking about the Present As If It Were the Past* (Kindle edition, 2016), loc. 1389.

3   Muhammad Imdad Ullah, 'The Word Statistics was First Used by a German Scholar, Gotfried Achenwall: Introduction to Statistics', http://itfeature. com, 26 February 2012.

4   H. T. Buckle, 'History and the Operation of Universal Laws' [1856], in *Theories of History*, ed. P. L. Gardiner (New York, 1959), pp. 114-16.

5   L. H. Tribe, 'Mathematics: Precision and Ritual in the Legal Process', *Harvard Law Review*, lxxxiv/6 (April 1971), pp. 1329-93.

6   이에 관해서는 다음을 참조. M. Campbell-Kelly and M. Croaken, eds, *The*

History of Mathematical Tables: From Sumer to Spreadsheets (Oxford, 2003), p. 10.

7 모니악 컴퓨터에 대한 설명은 다음을 참조. K. Vela Vilupillai, 'Introduction to the Phillips Machine and the Analogue Computing Tradition in Economics', Department of Economics, University of Trento, discussion paper, December 2010, at https://core.ac.uk/reader/6610489.

8 C. McKenzie, 'Has Computer Programming Really Changed Much Since Lovelace's Time?', www.theserverside.com, January 2012.

15 전쟁 게임

1 이어지는 내용 전반에 관해서는 다음을 참조. M. van Creveld, *Wargames: From Gladiators to Gigabytes* (Cambridge, 2013).

2 전략의 본질에 관해서는 다음을 참조. E. N. Luttwak, *Strategy: The Logic of War and Peace* (Cambridge, mA, 1987), pp. 3-68.

3 이러한 게임에 대한 인류학자들의 설명은 다음을 참조. R. M. Berndt, 'Warfare in the New Guinea Highlands', *American Anthropologist, new ser.*, lxiv/4:2 (August 1964), p. 183; W. Lloyd Warner, *A Black Civilization: A Social Study of an Australian Tribe* (New York, 1937), pp. 174-6; K. F. Otterbein, 'Higi Armed Combat', *Southwestern Journal of Anthropology*, xxiv/2 (Summer 1968), pp. 202-3.

4 Juvenal, *Satires*, 10.81.

5 게임의 정치적 이용에 관해서는 다음을 참조. O. Hekster, *Commodus: An Emperor at the Crossroads* (Amsterdam, 2002), pp. 128-9, 138-50.

6 Tacitus, *Annals*, 13.25.

7 Jean le Bel, *Chronique* [1904], ed. J. Viard and E. Déprez (Adamant, 2005), vol. ii, p. 35.

8 1937년 독일의 전술 훈련에 관해서는 다음을 참조. F. Halder, 'Warum Manöver?', *Die Wehrmacht*, 28 September 1937; and, for the American

ones of 1940-41, P. Lauterborn, 'Louisiana Maneuvers (1940-1941)', www. historynet.com, 25 November 2008.

9   S. B. Patrick, 'The History of Wargaming', in *Wargame Design*, ed. staff of the *Strategy and Tactics magazine* (New York, 1983), pp. 30-44; N. Palmer, *The Comprehensive Guide to Wargaming* (New York, 1977), pp. 13-17 참조.

10 게임 방법 원본을 영어로 번역한 것은 다음을 참조. by von Reisswitz, *Kriegsspiel: Instructions for the Representation of Military Maneuvers with the Kriegsspiel Apparatus'*, trans. Bill Leeson, [1824] (Hemel Hempstead, 1983).

11 Matthew Handrahan, 'Wargaming Looks toward $200 Billion Industry Revenue', www.gamesindustry.biz, 25 September 2013.

12 T. Zuber, *Inventing the Schlieffen Plan: German War Planning, 1871-1914* (Oxford, 2002), pp. 145-9.

13 1894년에 실시한 게임 설명은 다음을 참조. Generalstab des Heeres, ed., *Die Grossen Generalstabsreisen - Ost - aus den Jahren 1891-1905* (Berlin, 1938), pp. 1-50.

14 소비에트 연방 침공을 앞두고 실시한 전쟁 게임에 관해서는 다음을 참조. R. Hofmann, *German Army War Games* (Carlisle Barracks, pA, 1983), pp. 37-66; B. I. Fugate, *Operation Barbarossa: Strategy and Tactics on the Eastern Front, 1941* (Novato, cA, 1984), p. 73.

15 진주만 공격 전에 실시한 전쟁 게임에 관해서는 다음을 참조. R. Wohlstetter, *Pearl Harbor: Warning and Decision* (Stanford, cA, 1962), pp. 355-7, 377, 미드웨이 작전 전에 실시한 전쟁 게임에 관해서는 다음을 참조. A. P. Tully, *Shattered Sword: The Untold Story of the Battle of Midway* (Washington, dc, 2005), pp. 61-2, 67, 410.

16 게임을 전문으로 조직하는 기업이 제공한다고 주장하는 것에 관해서는 다음을 참조. John E. Treat, G. E. Thibault and A. Asin, 'Dynamic Competitive Simulation: Wargaming as a Strategic Tool', *Strategy + Business*, 3 (second quarter, 1996), at www.strategy-business.com, 1 April 1996.

17 (과거와 현재의) 그 방식에 관해서는 다음을 참조. William M. Jones, *On Free-form Gaming* (Santa Monica, cA, 1985), passim, at www.rc.rand.org,

accessed 31 March 2019; S. Ghamari-Tabrizi, 'Simulating the Unthinkable: Gaming Future War in the 1950s and 1960s', *Social Studies of Science*, xxx/2 (April 2000), pp. 172–6; S. F. Grifn, *The Crisis Game* (Garden City, ny, 1965), pp. 71–86.

18 T. B. Allen, *War Games* (New York, 1987), pp. 196–7.

19 자세한 내용은 다음을 참조. R. Todd, 'War Games in '99 Predicted Iraq Problems', www.cbsnews.com, 5 November 2006.

16 뒤를 돌아보며

1 Reuters, 'Former Greek Statistics Chief Found Guilty of Breach of Duty', www.reuters.com, 1 August 2017.

2 M. Heyd, *'Be Sober and Reasonable': The Critique of Enthusiasm in the Seventeenth and Early Eighteenth Centuries* (Leiden, 1995) 참조.

3 B. S. Turner, ed., *From Max Weber: Essays in Sociology* [1921] (Oxford, 1958), pp. 196–245 참조.

4 Tertullian, *De Carne Christi*, 5.

5 P. Marinova, 'These Execs Say Psychics are Helping Them Make a Fortune', www.fortune.com, 21 September 2015; N. Squires, 'Boom Time for Fortune-tellers and Tarot Card Readers in Italy as Economic Crisis Bites', *The Telegraph*, 2 October 2017, www.telegraph.co.uk.

6 T. Segev, *David Ben Gurion: A State at All Costs* [in Hebrew] (Tel Aviv, 2018), p. 635.

7 모델이 적용되는 방식과 모델이 사회에 끼친 영향에 관해서는 다음을 참조. C. O'Neil, *Weapons of Math Destruction: How Big Data Increases Inequality and Threatens Democracy* (London, 2016), passim.

8 A. R. Wallace, *Miracles and Modern Spiritualism* (London, 1881), p. 1.

17 예측은 왜 이렇게 어려운가?

1   N. N. Taleb, *The Black Swan: The Impact of the Highly Improbable* (New York, 2010) 참조.

2   L. Ragnhild Sjursen, 'Studying Shooting Stars to Improve Weather Prediction', http://sciencenordic.com, 29 October 2014.

3   무엇보다 다음을 참조. R. J. Geller et al., 'Earthquakes Cannot Be Predicted', Science, cclxxv/5306 (14 March 1997), p. 1616.

4   J. Locke, *An Essay Concerning Human Understanding* [1689] (London, 1998), 2.1.

5   F. Nietzsche, The Gay Science [1882] (New York, 1974), sec. 92.

6   R. Sapolsky, *Behave: The Biology of Humans at Our Best and Worst* (Kindle edition, 2018), locs 518, 22, 531–41, 2159–362 참조.

7   D. Kahneman, *Thinking Fast, Thinking Slow* (New York, 2013), pp. 79–88 참조.

8   N. Byrnes, 'As Goldman Sachs Embraces Automation, Even the Masters of the Universe Are Threatened', www.technologyreview.com, 7 February 2017.

9   J. Folger, 'Automated Trading Systems: The Pros and Cons', www.investopedia.com, 12 May 2019.

10 G. Cespa and X. Vives, 'High Frequency Trading and Fragility', *European Central Bank Working Paper Series 2020*, www.ecb.europa.eu, February 2017.

11 B. Russell, *Our Knowledge of the External World* [1914] (London, 1993), pp. 159–89.

12 관련 논의는 다음을 참조. R. Lucas, *The Future: An Essay on God, Temporality and Truth* (Oxford, 1989), pp. 1–4.

13 G. W. von Goethe, Faust, 1.1112.

14 P.-S. Laplace, *A Philosophical Essay on Probabilities* [1825], trans. F. W. Truscott (New York, 1902), p. 4.

15 'The Uncertainty Principle', *Stanford Encyclopedia of Philosophy*, https://
plato.stanford.edu, 12 July 2016; Weizmann Institute of Science, 'Quantum
Theory Demonstrated: Observation Affects Reality', www.sciencedaily.com,
27 February 1998; C. Wendt, 'What Are the New Implications of Chaos for
Unpredictability?', *British Journal for the Philosophy of Science*, lx/1 (2009),
pp. 195-220 참조.

16 이 개념에 관한 대중적 설명은 다음을 참조. G. Musser, 'Is the Cosmos
Random?', *Scientifc American*, cccxiii/3 (September 2015), pp. 88-93.

17 'Tiny Particles Have Outsize Impact on Storm Clouds and Precipitation',
www.sciencedaily.com, 25 January 2018.

18 이러한 실패에 관해서는 다음을 참조. Sapolsky, *Behave*, locs 9365, 9423-9,
9438-99, 9646.

19 이어지는 내용에 관해서는 다음을 참조. P. E. Tetlock and D. Gardner,
Superforecasting: The Art and Science of Prediction (Portland, or, 2013),
passim.

20 Nietzsche, *The Gay Science*, sec. 285 and 341; *Repetition and Notes on the
Eternal Recurrence*, in *The Complete Works of Friedrich Nietzsche* [1915], ed.
O. Levy (n.p., 2017), vol. xvi.

21 F. Nietzsche, *The Gay Science* [1882], book 4, section 341, 다음 주소에서 열
람 가능함. https://theanarchistlibrary.org, accessed 18 December 2019.

22 그동안 있었던 종말 예측의 목록은 다음을 참조. 'List of Predictions of the
End of the Word', https://rationalwiki.org, accessed 25 June 2019.

23 R. Luxemburg, *The Accumulation of Capital* [1913], trans. A. Schwarzschild
(London, 1951), pp. 364-5.

24 A. Wood and T. Grant, *Reason in Revolt: Marxist Philosophy and Modern
Science* (Kindle edition, 2015), loc. 363.

25 *Bulletin of the Atomic Scientists*, 2017, https://thebulletin.org/doomsday-
dashboard.

26 Herodian, *Roman History*, 4.12-14.

27 A. G. Greenwald et al., 'Increasing Voting Behavior by Asking People if

they Expect to Vote', *Journal of Applied Psychology*, lxxii/2 (May 1987), pp. 315–18 참조.

28 C. Holtz-Bacha and J. Strömbäck, eds, *Opinion Polls and the Media* (London, 2012), esp. pp. 225–81 참조.

29 F. Lugo and others, 'Herding Behavior and Rating Convergence among Credit Rating Agencies: Evidence from the Subprime Crisis', *Review of Finance*, xix/4 (July 2015), pp. 1703–31.

30 H. E. Kimmel, *Admiral Kimmel's Story* (Washington, dc, 1955).

18 우리의 실력은 나아지고 있는가?

1 이를테면 다음을 참조. H. Rosa, 'Social Acceleration', *Constellations*, x/1 (April 2003), pp. 3–33.

2 Plutarch, *Crassus*, 7.3.

3 Herodotus, *The Histories*, 7.27–9.

19 불확실성 없는 세계?

1 J. R. Elton, *Return to Essentials: Some Reflections on the Present State of Historical Study* (Cambridge, 1991), p. 8.

2 이 개념에 관한 훌륭한 개요는 다음을 참조. 'Course in General Linguistics', at https://en.wikipedia.org, accessed 26 June 2019.

더 읽을거리

Blenkinsop, Joseph, *A History of Prophecy in Israel* (London, 1996)

Eliade, Mircea, *Shamanism: Archaic Techniques of Ecstasy* [1951], trans. Willard R. Trask (Princeton, nj, 1972)

——, *The Myth of the Eternal Return*, trans. Willard R. Trask (Princeton, nj, 1965)

Friedman, Walter A., *Fortune Tellers: The Story of America's First Economic Forecasters* (Princeton, nj, 2016)

Garin, Eugenio, *Astrology in the Renaissance: The Zodiac of Life* (London, 1976)

Gerson, Stéphane, *Nostradamus: How an Obscure Renaissance Astrologer Became the Modern Prophet of Doom* (London, 2012)

Lenzi, Alan, and Jonathan Stökl, eds, *Divination, Politics and Ancient Near-Eastern Empires* (Atlanta, ga, 2014)

Lewinsohn, Richard, *Science, Prophecy and Prediction* (New York, 1961)

Miller, Patricia C., *Dreams in Late Antiquity* (Princeton, nj, 1998)

Ogden, Daniel, *Greek and Roman Necromancy* (Princeton, nj, 2001)

Reeves, Marjorie, *The Influence of Prophecy in the Later Middle Ages: A Study in Joachimism* (Oxford, 1969)

Taleb, Nassim N., *The Black Swan: The Impact of the Highly Improbable* (New

York, 2010)

Tester, S. J., *A History of Western Astrology* (Woodbridge, 1987)

Tetlock, Philip E., and Dan Gardner, *Superforecasting: The Art and Science of Prediction* (Portland, or, 2013)

Whitrow, Gerald James, *Time in History* (Oxford, 1988)

감사의 말

이제껏 내가 했던 것 중 가장 어려웠던 이 책의 자료 조사에 알게 모르게 나를 도와준 모든 분들께 감사를 전하고 싶다. 최측근을 제외한 가족 구성원인 토르스텐 브루크너 대령(은퇴), 모셰 벤다비드 박사, 래리 쿰머, 모리츠 슈워츠 장군(은퇴), 에리히 바드, 아비후 자카이 교수는 모두 훌륭한 지식인이며, 감사하게도 두서없는 나의 횡설수설을 언제나 귀 기울여 들어주었다. 작은 규모지만 매우 엄선된 청중에게 내 아이디어를 소개할 첫 번째 기회를 준 루이제 바드와 계속해서 내게 적절한 질문을 던져준 아주 오래된 친구 드로라 레바논에게도 감사를 전한다.

또 무어라 말할 수 있을까? 모두에게 축복이 있기를.

찾아보기